Über den Autor
Lebt und arbeitet als Barfußdoktor in London, hat ein
Buch über taoistische Künste geschrieben, das in zwanzig
Sprachen übersetzt wurde – auch ins Chinesische –, und
betreut den Gesundheitsteil eines Lifestyle-Magazins.

Der Barfußdoktor

Handbuch
für den gewitzten Stadtkrieger
Ein spiritueller Überlebensführer

Deutsch von Erika Ifang

Rowohlt Taschenbuch Verlag

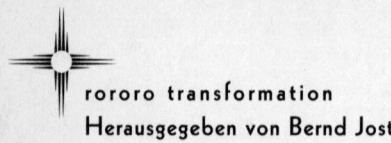

rororo transformation
Herausgegeben von Bernd Jost

Deutsche Erstausgabe
Veröffentlicht im Rowohlt Taschenbuch Verlag
GmbH, Reinbek bei Hamburg, Februar 2000
Copyright © 2000 by Rowohlt Taschenbuch Verlag
GmbH, Reinbek bei Hamburg
Die Originalausgabe erschien 1998
bei Judy Piatkus (Publishers) Ltd.,
London, unter dem Titel
«Barefoot Doctor's Handbook
For The Urban Warrior»
Copyright © 1998 by Stephen Russell
Umschlaggestaltung Walter Hellmann
(Fotos: Isabelle Rozenbaum)
Satz Minion, Kabel und Du Chirico PostScript,
QuarkXPress 4.0
Gesamtherstellung Clausen & Bosse, Leck
Printed in Germany
ISBN 3 499 60812 X

Ich widme dieses Buch Walter und allen, die den Mut haben, tiefer zu blicken und ihren eigenen Weg zu finden, um zu überleben, besser gesagt: um zu blühen und zu gedeihen auf diesem sich drehenden Irrenhaus von Planeten — für dessen Erhaltung und besonders für die Jugend.

Inhalt

Warnung 9

Vorstellung von
Barfußdoktor und
Handbuch 11

Blick auf den
Hintergrund 13

Definitionen 16
• Stadt 16
• Krieger 17
• Der Taoismus und
das Tao 19
• Faschismus 22
• Chi 24
• Yin-Yang 25
• Voll und leer 29

Training 31

Heiliger Raum 32

Ein Allerheiligstes 34

Die Atmung 35

Die Vier-Stufen-
Atmung 40

Körperbewußtsein 41

Achtsamkeit 43

Zentrieren 44

Haltung 45

Entspannung 48

Sinken 50

Die Füße 52

Die Lebensgeister
heben 54

Die drei Tantiens 57
• Visualisation
der inneren
Landschaft 58
• Visualisation der
drei freundlichen
Gottheiten 61

Die psychische
Schleife 65
• Psycholooping 66

Alles verknüpfen 67

Der mentale
Schutzschild 70
• Die Hula-Hoop-
Schleife 70
• Das mentale Ei 73

Der Geistkörper 76

Locker ans Werk 78

In Verlust
investieren 81
• Die Niemand-
Kontemplation 82

Intention 83

Wahre Stärke 85

Sanftheit 87

Meditation 88
• Beobachtung statt
Beurteilung 91

Spagat zwischen
zwei Welten 93

Loslassen 95
• Die Unterscheidung
  von voll und leer 97
• Die Angst vor
  der Leere 99
Muße statt
  Aufschieben 101
Urheberschaft 103
Vertrauen 105
• Haben Sie Vertrauen zu
  sich selbst 107
Welt und Weltbild 109
Meinungen 110
Fokus 112
Besorgnis 114
Zweifel 116
Nachgeben oder
  Dranbleiben 117
Vier Unzen 119
Unauffälligkeit 123
Laufen 125
Spontaneität 128
Die Einheit der
  Gegensätze 130
Moral und Unmoral 132
Bewußtheit im gegenwärti-
  gen Augenblick 135
Selbstmitleid 137
Negativität ableiten 139
Verletzlichkeit 142
Stabilisierungskontemplation
  im Stand 143

Beifall 145
Weltuntergangs-
  stimmung 148
Panik 149
Orientierung 150
Visualisation 152
• Das blaue Lasso 154
Manifestation 155
• Die Bedeutung anderer
  Menschen 155
• Konzentration aufs
  Wesentliche 158
• Erfolg ohne
  Mühe 159
• Vordrängeln 161
• Discokultur 162
Affirmationen 164
Segnen und
  Verfluchen 166
Beten 167
Geduld 168
Vorbereitung 170
Besondere
  Leistungen 172
• Astralreisen 172
• Aus dem eigenen
  Hinterkopf
  heraustreten 174
Intuition 176
Mißerfolg 177
Angst 179
Der Tod 181

Grunderfordernisse 183
- • Obdach 184
- • Luft 186
- • Wasser 187
- • Nahrung 187
- • Outfit 189
- • Hygiene 192
- • Schlaf 193
- • Menschliche
  Berührung 195
- • Werkzeuge 196

Meditation über das
  Kacken und Pinkeln 196
Sex 198
Kondome 201
Transport 203
Auslandsreisen 205
Sich einfügen in die
  Infrastruktur 206
Drogen 208
Kulte, Gurus, Meister und
  Meisterinnen 216
Coolsein 217
Aussteigen aus dem
  System 219
Weltweite Unterstützung:
  die Menschen-
  familie 221

Beziehungssurfen 223
Das Lebenswerk 224
Graffiti 225
Das Berufsleben – die fünf
  hohen Künste 227
Heilung 228
Wahnsinn 230
Gewalt 232
Großzügigkeit 233
Geld 235
Besitz 237
Risiko 238
Tugendhaftigkeit 238
Vereinbarungen 239
Umgangsformen 240
Zweierbeziehungen 242
Kinder 243
Position beziehen 244
Veränderung 245
Zeiteinteilung 246
Die Umwandlung von
  Schadstoffen 247
- • Medienmüll 248
Scheiden tut weh 250
Register 251

Warnung

Hinweis: Was jetzt folgt, ist reine Propaganda; der Autor ist ein Scharlatan und Betrüger.

Den Informationen, Ideen und Vorschlägen dieses Buches liegt ein System zugrunde, das möglicherweise unterminierend wirkt. Es tritt im wesentlichen für ein Leben ohne Moral und die Rückkehr zum wahren Selbst ein, von dem man annimmt, daß es unschuldig und unverstellt ist.

Das hat tiefgreifende Auswirkungen auf Ihr eigenes Leben und das Leben der Menschen in Ihrem Umkreis. Ob die Auswirkungen positiv oder negativ, nützlich oder schädlich sind, hängt allein von Ihnen, lieber Leser, ab. Zwar soll der Gebrauch dieses Handbuches Ihre Erfahrung der Wirklichkeit vertiefen helfen, aber jeder Katalysator für Veränderungen in Ihrem Leben wirkt notwendigerweise experimentell, und was dabei herauskommt, ist unvorhersagbar. Der Autor übernimmt daher keinerlei Verantwortung für irgend etwas, das sich aus dem Gebrauch des vorliegenden Buches ergibt.

Was diesen Autor betrifft, so stimmt es, daß er Tausende in den taoistischen Künsten unterrichtet und ein entsprechendes Buch geschrieben hat, das in zwanzig Sprachen einschließlich Chinesisch übersetzt und bis jetzt von über einer halben Million Menschen in aller Welt gelesen wurde, daß er heilende Trancemusik produziert hat, die auf allen Kontinenten Freude verbreitet, und daß er der Gesundheitsredakteur eines fetzigen Lifestyle-Magazins ist, aber trotz all dieser eindrucksvollen Leistungen wäre es grotesk, wenn er sich anmaßen würde, ein Experte für dieses uralte «System» zu sein. Als Experte für ein System, das absolute Meisterschaft anstrebt, kann er nur ein Schwindler sein, da er ebenso kaputt, verwirrt und weit von Meisterschaft entfernt ist wie jeder andere auch.

Im Grunde ist er ein Künstler. Ein Künstler mit einem unüblichen Blickwinkel und exzentrischem Geschmack, der sein ganzes Leben nach traditioneller taoistischer Manier als Kunstwerk betrachtet, egal, ob es dadurch besser oder schlechter gerät, als seine ureigene Schöpfung, eine voll interaktive, mobile Multimedia-Installation, durch die er seitdem wie ein betrunkener Affe hindurchstolpert.

Wie jeder Künstler ist er letztlich nichts anderes als bloß Interpret, der für sich die taoistische Tradition des Kriegers erwählt und zwanzig Jahre damit gearbeitet, gespielt, getanzt und gerungen hat und nun nach der schweren Geburt und vollbrachter tollkühner Tat an den Punkt gekommen ist, wo er mit bescheiden-stolzem Lächeln auf dem Gesicht und diesem Buch in der Hand ausruft: «Ich hab's!»

Dieses Handbuch gibt den Eindruck wieder, den der Autor heute von einem alten System gewonnen hat, das zwar chinesischen Ursprungs, aber dennoch universell anwendbar ist und das er jetzt sowohl aus Menschenfreundlichkeit wie auch aus Eigennutz mit Ihnen, lieber Leser, teilen möchte.

Jetzt wissen Sie Bescheid. Urteilen Sie nicht vorschnell, und lesen Sie weiter (auf eigene Gefahr).

Vorstellung von Barfußdoktor und Handbuch

Darf ich mich diskret vorstellen: Ihr Barfußdoktor.

Im fernen Orient wanderte einst der Barfußdoktor in aller Bescheidenheit auf nackten Füßen durch seine Gegend, von Dorf zu Dorf, und half den Menschen, gesund und munter zu bleiben.

Das gelang ihm durch heilsame Kräuter und Tinkturen, Akupunktur, Massage und Energieübertragung, durch Unterweisung in den Kampfkünsten, in allerlei Übungen und Meditationstechniken, durch «Wundertaten» und Musik, die er auf einer *Pipa* (Laute) oder Bambusflöte spielte und zu der er magische Verse rezitierte.

Er bot seine umfassenden Dienste zum Wohle der Gesundheit mit dem liebevollen Herzen des echten Kriegers an, ohne nach materiellem oder persönlichem Erfolg zu streben. Im Gegenzug für seine Großherzigkeit sorgten die Dorfbewohner für all seine Bedürfnisse und achteten darauf, daß es ihm an nichts fehlte.

Meine Wenigkeit, ein Barfußdoktor mit dem Ansehen eines modernen taoistischen Volkshelden, lebt und arbeitet (buchstäblich barfuß) in Übereinstimmung mit diesen Prinzipien und weist keinen Heilungsuchenden ab, der nichts bezahlen kann.

Ich betreue durchschnittlich sechzig Leute pro Woche, von denen manche so krank sind, daß sie nicht arbeiten können, und andere arbeitslos, so daß sie kein Geld haben. Sie bringen mir Blumen, Eßwaren und sogar kleine Stückchen «heiliges» Räucherholz für mein Feuer mit.

Aber ich will mich hier nicht selber bauchpinseln – ich bin nicht mehr und nicht weniger ichbezogen als jeder andere Barfußdoktor auch. Ich will bloß sagen, daß ich diese Rolle sehr engagiert und ehrlich spiele und mein Bestes gebe, so daß Sie sich einfach bequem zurücklehnen und dieses Buch genießen können, ohne nervös zu werden.

Obwohl mir als Privatperson nachgesagt wird, ich sei ein alter

Gauner, bin ich inzwischen über zwanzig Jahre lang praktizierender taoistischer Stadtkrieger und habe furchtlos mit diesem System experimentiert, zum Zeitpunkt des Buchschreibens ein alter Narr von 42 Jahren, der für Abertausende von Menschen in aller Welt Lehrer und Ansprechpartner gewesen ist, sowohl durch direkten Kontakt als auch indirekt durch Veröffentlichungen, Musik und Radiosendungen.

Ich selbst bin bei hervorragenden Meistern der «ersten Generation» in die Schule gegangen, darunter R. D. Laing, Meister Han Tao, Sonny Spruce, Nakovitch und F. B. Kramer, und es ist auch ihr Werk, das ich in aller Bescheidenheit auf meine Weise weiterführe.

Dieses Handbuch ist zum Teil eine Frucht all jener unschätzbaren Erfahrungen, die ich jetzt voller Liebe darbiete. Die Beziehung, die Sie dazu aufbauen werden, könnte sich für Sie zu einem großen Experiment mit Ihrer eigenen Wirklichkeit auswachsen; aber es soll in erster Linie Freude machen, beim Lesen wie auch in seinen Auswirkungen auf Ihr Leben. Inhaltlich mag manches schweres Geschütz sein, deswegen ist es wichtig, leicht damit umzugehen.

Obwohl das Buch alle Informationen enthält, die Sie brauchen, um den Geist des Kriegers in Ihr Betriebsprogramm einzubauen, sind diese Informationen unterhaltsam verpackt und gehen daher «runter wie Butter».

Dabei handelt es sich keineswegs um die rein zweidimensionale intellektuelle (oder «platte») Erklärung eines Systems, sondern um ein totales, alle Sinne erfassendes, vierdimensionales, interaktives Leseerlebnis.

Ich appelliere an Ihre wahre Intelligenz jenseits Ihres Verstandes, an die Intelligenz Ihres Körpers. Die dritte Dimension stellt sich ein, wenn Sie die Ideen in Ihr Alltagsleben übertragen.

Die vierte Dimension taucht im Verlauf Ihrer Entfaltung auf, die mit der allmählichen Entfaltung der Informationen einhergehen dürfte.

Wenn Sie den Hinweisen Schritt für Schritt folgen, haben Sie damit den seidenen Faden, der Sie fast unmerklich zum umfassenden Verständnis des taoistischen «Systems» des Kriegers führen wird.

Wenn Sie das Buch an einer zufälligen Stelle aufschlagen, können Sie es als persönliches Orakel oder magischen Ratgeber benutzen; Sie erhalten Antwort auf jede Frage, die Ihnen gerade in den Sinn kommt, werden ein Stück weit freundlich begleitet, zum Lachen angeregt und bekommen ein bißchen Auftrieb auf Ihrem Weg.

Konzentrieren Sie sich auf etwas, das Ihnen im Augenblick am meisten Sorgen bereitet, und schließen Sie dann Augen und Buch. Klappen Sie nun das Buch absichtslos irgendwo auf, und lesen Sie die betreffende Seite.

Vielleicht gibt es Ihnen Aufschluß über Ihre Situation, vielleicht auch nicht. Auf jeden Fall kann es unendlich vorteilhaft für Sie sein, wenn Sie es lesen.

Blick auf den Hintergrund

Wenn Sie das Leben auf der Erde vom Standpunkt des Heilers aus betrachten würden, wäre es verzeihlich, wenn Sie den Patienten als ziemlich krank diagnostizierten.

Es bringt nichts, an dieser Stelle die verschiedenen Krankheiten und Störungen aufzuzählen, die unsere Überlebenschancen auf dem Erdball zum gegenwärtigen Zeitpunkt beeinflussen. Keine lebendige Menschenseele weiß, ob wir beim Ausplündern und Verschmutzen unserer Umwelt den Punkt, an dem eine Umkehr noch möglich ist, schon überschritten haben oder nicht; ob das Schmelzen der Polkappen wirklich die Meere ansteigen läßt, so daß alle auf Höhe des Meeresspiegels befindlichen Orte überflutet werden; oder ob vielleicht bald einmal Kriege um Wasserrechte ausbrechen und ob dann jemand so wahnsinnig ist, als letzten Trumpf giftige Nervengase einzusetzen. Niemand kann sicher sein, ob der Hale-Bopp-Komet wirklich der Vorbote der Apokalypse war oder nur einer von vielen Himmelskörpern, die zufällig mit 170 000 km/h unsere Erdbahn kreuzen.

Vor kurzem ging im Londoner Stadtteil East End ein junger Schwarzer voller Lebensfreude allein spazieren, als ihn ohne jeden Grund vier junge Weiße überfielen, mit Benzin übergossen, anzündeten und zusahen, wie er brannte, bis er starb. Für ihn und seine Familie ist die Apokalypse schon da.

Vor über 2000 Jahren haben die Hopis prophezeit, daß eine Zeit kommen würde, in der die Menschen über Spinnennetze in der Luft miteinander kommunizieren und eine Station im Weltraum bauen würden. Sie sagten voraus, daß hier alles vollkommen verrückt spielen würde. Das Wetter würde unberechenbar werden, die Gesellschaft aus den Fugen geraten, die Ressourcen würden knapp werden, der Erdboden wanken und die lebenspendende Sonne unser Feind werden. Der Schluß der Prophezeiung ist zu grauenhaft, um ihn hier zu beschreiben. Bleibt nur festzustellen, daß der Patient (das Leben auf der Erde) jetzt in diesem Zustand ist und die Aussichten nicht gerade rosig sind.

Sie haben nun die Wahl. Entweder ignorieren Sie die Situation noch eine Zeitlang teilweise oder ganz, oder Sie sind vor Angst wie gelähmt, oder Sie werden ein Stadtkrieger (bzw. eine Kriegerin) und stürzen sich mit Lust in das spektakulärste, tragikomische Science-«fiction»-Drama, das (wahrscheinlich) je auf diesem Planeten stattgefunden hat, bis die Lichter ausgehen. Und dabei soll Ihnen dieses Handbuch helfen.

Wenn genügend von uns diesen Pfad einschlagen, besteht natürlich immer die Möglichkeit, daß wir mit vereinter Intelligenz noch einen Aufschub herausholen und in unserem kollektiven Wahnsinn dann ein wenig länger überleben können.

UM KEHR

UNMÖGLICH

Definitionen
Stadt

Seid gegrüßt, Bürger der Weltmetropole!

Seit wir aus dem Weltraum aufgenommene Bilder von der Erde sehen konnten, haben wir gelernt, mit unserem Geist buchstäblich den ganzen Planeten zu umfassen. Wir haben außergewöhnliche Fortschritte in der Kommunikation und in der Computertechnik gemacht. Gleichzeitig haben sich mit rasender Geschwindigkeit Reisemöglichkeiten im In- und Ausland für uns aufgetan, so daß wir relativ bequem innerhalb von 24 Stunden an jeden Punkt der Erde gelangen können.

Infolgedessen gibt es keinen Flecken auf der Erde mehr, keine Luft, kein Gewässer, kein Stück Erdboden, das nicht durch uns vergiftet wäre. Wir haben eine riesige elektronisch verschmutzte Gebärmutter geschaffen. Deren Plazenta hat angefangen, sich aufzulösen, und kämpft schwer darum, ihr Gleichgewicht wiederzuerlangen und sich zu erneuern.

Zugleich gibt es keine Stelle, sei es der höchste Berggipfel oder die tiefste Tiefe des Meeres, wo wir nicht miteinander in Kontakt kommen oder bleiben können, um unsere Ideen miteinander auszutauschen.

Eine Stadt ist das Ergebnis von Ideen. Sie kommen auf die Idee, ein Haus zu bauen. Sie geben einem Architekten den Auftrag, Ihre Idee in eine genauere Vorstellung umzusetzen; der wiederum gibt einem Bauunternehmer Anweisung, ein entsprechendes Bauwerk zu errichten, bei dessen Entstehung noch Verschiedenes nötig wird wie etwa Strom- und Wasserleitungen, die letztendlich auch wieder bestimmten Ideen entsprungen sind. Das Haus steht an einer Straße, die zu einem Straßennetz gehört, das ebenfalls ursprünglich einer Idee zu verdanken ist. Man könnte sagen, daß der verbindende Grundfaktor einer Stadt, das, was sie zur Stadt macht, die Kraft der Ideen ist.

Man könnte ferner sagen, und das tue ich hiermit, daß wir mit unserem Kommunikations- und Transportnetz durch die vereinte Kraft all unserer Vorstellungen eine riesige Siedlung von globalen Ausmaßen geschaffen haben. Und darin befinden wir uns gerade. Wo immer Sie auch sein mögen, während Sie dies lesen, selbst am abgeschiedensten, einsamsten Ort, Sie sind immer drin, sind Teil eines riesigen, weltumspannenden Netzes von Bevölkerungszentren, die durch Flugzeuge, Autos, Boote, Telefonleitungen, Stromkabel, Ölpipelines, Handys, Radiowellen, das Internet, Fernsehsignale, Satelliten, Postdienste und Brieftauben miteinander verbunden sind.

Es gibt kein Entkommen. Widerstand nützt nichts. Die einzige lebensfähige Strategie ist die, das zu akzeptieren, das Beste daraus zu machen und jeden Augenblick in vollen Zügen zu genießen.

Die Stadt ist schmutzig, die Stadt ist spannend, die Stadt ist gefahrvoll, und die Stadt ist das, worin Möglichkeiten schlummern, wo unsere sehnlichsten Herzenswunsche in Erfullung gehen, wenn wir nur risikobereit sind.

Holen Sie jetzt langsam und tief Luft, kommen Sie wieder zu sich, und stellen Sie fest, daß Sie genau da sind.

Krieger

Sie sind ein Stadtkrieger.

Wenn Sie irgendwo in dem globalen Städtenetz dieses Buch lesen und sich mit einem gewissen Grad von Bewußtsein Ihrer Realität stellen, sind Sie ein Stadtkrieger. Beim Wort «Krieger» werden Ihnen alle möglichen Bilder in den Sinn kommen, vom muskelbepackten Gladiator bis hin zum zierlichen Tai-Chi-Meister. Aber das sind nur Archetypen. Sprachlich haben «Krieger» und «Krieg» die gleiche Wurzel, wenn Sie also von sich behaupten, ein Krieger zu sein, heißt das, daß Sie sich im Krieg befinden.

Dieser Krieg spielt sich im Innern, im spirituellen Bereich, zwischen den Mächten des Lichts und der Finsternis überall im Universum und speziell in uns selbst ab.

Seit Anbeginn der Zeit liegt die regenerative, lebenspendende Kraft im Streit mit der degenerativen, entropischen, lebensverneinenden Kraft, ein Drama, das wir ahnungslosen Marionetten Jahrtausend für Jahrtausend in Szene setzen.

Krieg herrscht im inneren Mikrokosmos eines jeden von uns und in unterschiedlichem Maße im Makrokosmos unserer globalen Gesellschaft, und die Folge davon ist die Welt, die wir heute um uns herum sehen.

Das ist weder eine negative noch eine positive Feststellung, sondern nur die Beschreibung einer Situation.

Als Krieger stehen wir vor der Herausforderung, mit dieser Situation erfolgreich klarzukommen, um entspannt und mit unerschütterlicher, unangreifbarer Ganzheit mitten im Trubel der Ereignisse zu blühen, statt bloß unser Leben zu fristen.

Um dies zu erreichen, bringen wir die Kräfte des Lichts und der Finsternis in uns dazu, unaufhörlich und gleichberechtigt zu tanzen, statt sich immer und ewig Straßenschlachten zu liefern. Allerdings müssen dann all unsere Energiekanäle offen sein, damit wir unter allen Umständen zentriert sind, einen klaren Kopf behalten und bewußt, wachsam, positiv und liebevoll sind, um das Wunder unseres Daseins zu allen Zeiten hochschätzen und genießen zu können.

Wenn die beiden gegensätzlichen Kräfte in unserem Innern in Einklang sind, spiegelt sich das in unserer Umwelt wider, so daß wir überall Harmonie verbreiten.

Als Krieger übernehmen wir die Verantwortung dafür, das Gleichgewicht zwischen Licht und Finsternis in unserem Innern zu bewahren, es so auch auf unsere Umgebung auszudehnen und schließlich, wenn wir tief genug gehen, auf das Universum.

Eine schwere Verantwortung ist das, im Grunde die größte überhaupt, deren wir uns, wenn wir sie einmal übernommen haben, nicht mehr entledigen können, die uns aber auch den größten Gewinn überhaupt einträgt – absolute Freiheit und bis an unser Ende ein wundervolles, streßfreies Leben voller Wohlstand, Frieden, Freude und Bewußtheit.

Wenn Sie also beim Freudentanz dabeisein wollen, sagen Sie jetzt sofort: «Ich bin ein Stadtkrieger. Ich bin gewillt, die Verantwortung für mein Kriegertum zu übernehmen und ab sofort in den Genuß aller damit verbundenen Wohltaten zu kommen.»

Klingt vielleicht ein bißchen verrückt, aber wenn Sie ein Krieger sein wollen, brauchen Sie nun mal ein paar verrückte kleine Rituale, die Sie daran erinnern.

Der Taoismus und das Tao

Der Taoismus ist ein abenteuerliches Unterfangen.

Taoismus gibt es eigentlich gar nicht. Er ist keine Religion. Er ist keine Institution. Er ist nicht einmal ein Ismus. Er ist eine Idee, eine Sammlung von Methoden zur Schaffung von Frieden und zur Verlängerung des Lebens. Sonst nichts. Sie brauchen an nichts zu glauben und auf nichts blind zu vertrauen. Sie brauchen keine Gelübde abzulegen. Sie müssen lediglich ein paar Grundgedanken beherzigen (die nächsten 20 Abschnitte …) und regelmäßig ein paar leichte psychophysische Übungen durchführen, und schon können Sie sich Taoist nennen. Tun Sie es bitte mit einem Lächeln, denn das Wort selbst ist eigentlich ein Widerspruch in sich und so etwas wie ein Witz für Insider.

«Tao» läßt sich halbwegs treffend mit «Weg» übersetzen und bezieht sich auf das, was zufällig auf dem Weg oder der großen Straße des Lebens passiert. Das gilt ebenso für die Landung eines Marienkäfers auf Ihrem Sommerhemd wie für die Entstehung des Universums. Das Tao, das die Risse und Lücken der Wirk-

19

DEFINITIONEN

lichkeit erfüllt und durchströmt, ist die ursprüngliche Zeugungskraft von Sein und Nichtsein gleichermaßen.

In den vergangenen Jahrhunderten haben ein paar Übereifrige zwar versucht, die Idee des Taoismus zu institutionalisieren und ihn in eine Art Religion umzuwandeln, aber ihre Versuche waren lächerlich, und das, was sie bei anderen, erfolgreicheren Religionen geschafft haben, ist ihnen hier nicht gelungen: Sie haben den lebendigen Geist des Tao nicht umbringen können. Der Taoismus, die Kunst, den Möglichkeiten entsprechend zu leben, die sich von selbst ergeben – deshalb ist er so abenteuerlich –, hat immer schon eher die Freigeister unter uns angesprochen, weswegen er auch in der gegenwärtigen Epoche des Individualismus weltweit eine solche Verbreitung gefunden hat. Aufgekommen ist er im alten China, niemand weiß, wie oder durch wen, aber der Legende nach wurde er durch eine Schar von Leuten überliefert, die «Kinder des gespiegelten Lichts» genannt wurden, angeblich über zwei Meter groß waren, seltsame Kleidung trugen und irgendwo hoch oben in den Bergen hausten. Sie sollen dieses unermeßliche Wissen besessen haben und spurlos verschwunden sein, sobald sie es an die Einheimischen weitergegeben hatten.

Dieses Wissen sickerte über die Jahrtausende durch, wobei es auch in den Buddhismus, den Konfuzianismus und sogar in das Christentum Einlaß fand, bis es schließlich in Form von Tai-Chi, I-Ging, Akupunktur und Feng-Shui, um nur einige der bekannteren Überlieferungsformen zu nennen, zu uns modernen Menschen gelangte.

Sie brauchen keiner einmal gefaßten Überzeugung und keinem Glauben – einschließlich des Materialismus – abzuschwören, um an diesem Spiel teilzunehmen. Ebensowenig wird Ihre Beschäftigung mit dem Taoismus mit irgend etwas kollidieren, das Ihnen lieb und teuer ist. Im Gegenteil, wenn Sie sich dem natürlichen Lauf der Dinge überlassen, also dem Tao, wird Ihr Leben in allen bestehenden Aspekten davon profitieren und darüber hinaus ein paar vorteilhafte Neuerungen erfahren.

Im Grunde gibt es nur ein einziges Wesen hier, das viele verschiedene Gesichter hat: Sein Name ist «Tao».

Dieses eine zentrale, allgegenwärtige Wesen sitzt für alle Ewigkeit im undifferenzierten Absoluten und tut absolut nichts. Es langweilt sich zu Tode. In seiner Langeweile wird es unruhig, und mit wachsender Unruhe wird es neugierig, und so entwickelt es, ohne es recht zu merken, ein Selbstgefühl. Daraus folgt allerdings, daß es noch etwas anderes gibt als es selbst, und schon beginnt das große universale Versteckspiel. Das Wesen zeugt ein «anderes», was zwei ergibt, Yin und Yang (siehe *Yin-Yang*, S. 25). Das Yin-Yang pflanzt sich stark fort, wie diese Dinge es zu tun pflegen, die zehntausend Dinge entstehen aus sich selbst, und am Ende haben wir diese ganze Welt der Erscheinungen.

So vergnügt sich das Große Wesen und spielt unweigerlich dieses unwiderstehliche, unaufhaltsame, endlose Versteckspiel mit sich selbst, wobei es sich in Myriaden von Versionen der ursprünglichen holographischen Grundform aufteilt. Dann tut es so, als hätte es das vergessen, und so kommt es, daß Bob oder Joan, Ronald oder Snod, Nakovitch oder wer auch immer jetzt herumlaufen und sich ernsthaft für getrennte, autonome Gebilde halten. Und da setzt die Verwirrung ein, werden Angst und Habgier geboren, brechen Kriege aus usw.

Wenn sich alle im gesamten Universum, jede Frau, jeder Mann, jeder Tausendfüßler, Marsmensch, Hai, Hund, Kamikazeflieger, Heilige, Schmetterling, Hurenbock, Frömmler, Reflexologe und Taxifahrer, gleichzeitig in eine fortgeschrittene, erstklassige, intensive Meditation begeben und tief genug nach innen gehen würden, würden wir alle, einschließlich all derer, die je gelebt haben, in einem vollkommen verrückten, riesigen Innenraum zusammenkommen und zu unserem (natürlich gespielten) Erstaunen entdecken, wir, du und ich, daß nur einer von uns die ganze Zeit über da war.

«Tao» bedeutet, wie bereits gesagt, «Weg», genauso wie das ja-

panische «do» bei «Aikido» – dem Weg der Lebenskraft, «Judo»
– dem sanften Weg, oder «Doofdo» – dem Weg der Dummheit.
Jedes Geschöpf, alles, was da kreucht und fleucht, hat sein urei-
genes Tao, seinen ureigenen Weg. Jede Situation hat ihr Tao,
nimmt ihren Lauf. Sogar jeder Hund hat sein Tao.

Das Tao ist aber nicht Gott. Gott ist Gott, Tao ist Tao, und
Worte sind Worte. Man kann das Tao nicht verstehen, das hat
noch nie jemand geschafft, also versuchen Sie's gar nicht erst.
Wenn Sie wollen, können Sie zu ihm beten, aber es hört weder
zu, noch schert es sich darum, so zufrieden ist es damit, den Dingen ihren eigenen Lauf zu lassen. Doch wenn Sie sich entspannen und auf das Tao vertrauen, gibt es Ihnen alles, was Sie für Ihr
Leben und darüber hinaus brauchen.

Falls Ihnen nach einem metaphysischen Spaß zumute ist, tun Sie
für die nächsten 17 Minuten so, als wären Sie das höchste Wesen,
und dann sollten Sie eine Tasse Tee trinken.

Faschismus

Das Gegenteil von Taoismus ist Faschismus.

Taoismus heißt im wesentlichen, den Weg des geringsten Wider-
standes zu gehen und dabei immer das Wohl und die Freiheit
aller anderen Wesen im Auge zu behalten und zu achten. Faschismus heißt, Kontrolle über das Verhalten anderer auszuüben
und sie so zu manipulieren, daß sie dem eigenen Modell der
Wirklichkeit entsprechen, nötigenfalls mit Gewalt. Wenn Sie ein
besonders charismatisches, überzeugendes Wesen haben, können Sie ziemlich leicht eine Anhängerschaft um sich scharen,
denn perverserweise lassen sich die Menschen gern von jemand
anders Vorschriften machen. Dann fühlen sie sich sicher und
wiegen sich eine Zeitlang in der Illusion, nicht selbst für ihr Le-

ben verantwortlich zu sein. Diese armen Leute sind die Anti-Krieger.

Faschistische Tendenzen müssen vermieden werden, sowohl bei einem selbst als auch bei anderen, weil sie den Energiefluß behindern und irgendwann schließlich zur Erkrankung einzelner wie auch ganzer Gesellschaften führen.

Faschisten kommen in unterschiedlichster Aufmachung daher, nicht bloß in heißen, sexy wirkenden Uniformen. Besonders besorgniserregend sind sicherlich die spirituellen Faschisten: die Sektierer, die ihren Weg als den einzig gangbaren betrachten; die «erleuchteten» Meister, Meisterinnen und spirituellen Führer mit ihrem Troß aus Gefolgsleuten und Killern, die ihren Anhängern ihre Sicht der Dinge aufzwingen, indem sie ihnen angst machen und mit Exkommunizierung drohen; die Heiler, die verlangen, daß man einzig und allein ihren Rat beherzigt, weil sonst etwas schiefginge im Leben; oder der Ehemann, der seiner Frau sagt, ohne ihn wäre sie ein Nichts, und dergleichen mehr.

Der Faschismus nimmt den Weg des Machens, des Erzwingens, während der Taoismus der Weg des Annehmens all dessen ist, was von selbst geschieht, auch Liebe genannt.

Stellen Sie sich als Gegenmittel zum Faschismus bildlich vor, wie individuelle Freiheit aus Ihrem Herzen entspringt und aus Ihnen heraussprüht wie ein feiner Nebel, der allmählich alle auf diesem Planeten einhüllt und mit doppelter Menge diejenigen, denen Sie die stärksten faschistischen Tendenzen attestieren würden.

Was die anderen damit anfangen, ist natürlich deren Sache. Denn wenn Sie visualisieren würden, daß sie auf eine Weise reagieren, die Ihnen angemessen erscheint, wäre das wieder metaphysischer Faschismus Ihrerseits.

Chi

Die Lebenskraft ist entscheidend für das Dasein des Kriegers.

Die Lebenskraft, Lebensenergie oder Chi ist von entscheidender Bedeutung für die Existenz alles Lebendigen. Chi ist etwas Geheimnisvolles. Man kann sein ganzes Leben lang davon abhängen, ohne überhaupt etwas von ihm zu ahnen. Es ist allgegenwärtig. Es belebt, integriert und durchdringt alles, was ist, und macht auch vor Spinnen nicht halt. Es strömt im Wasser des Lebens selbst. Wahrscheinlich ist es das Chi, das einem einzelne Socken aus der Trommel der Waschmaschine stibitzt. Es stellt die Kraft im Blut dar, die uns am Leben erhält. Es ist die Naturkraft, die das Gras wachsen, die Erde sich drehen und die Sonne brennen läßt. Es besitzt eine natürliche Intelligenz, gepaart mit dem Willen zum Vorwärtsdrängen. Es unterscheidet nicht zwischen «gut» und «böse» und belebt ein tödliches Virus ebenso bereitwillig wie den nächsten Messias.

Ob eine Magnetwolke von 50 000 000 Kilometer Durchmesser mit anderthalb Millionen Stundenkilometern vorbeisaust oder das allerwinzigste Quark fröhlich herumhüpft, beide werden vom Chi angetrieben. Die Energie, die Sie dazu brauchen, um diesen Text zu lesen und in sich aufzunehmen, wird Ihnen mit den besten Wünschen vom Chi geliefert. Chi wird in Ihren inneren Körperorganen erzeugt durch die Assimilation von Luft, Essen und Trinken sowie durch die Einwirkung von Schwerkraft, Licht, Wind, Hitze, Kälte, Feuchtigkeit, Mineralien, Chemikalien, Gasen, großen Objekten wie Bäumen und Bergen, anderen Menschen und Lebensformen auf Ihr persönliches Energiefeld, durch Ihre Umwelt also.

Zum Zeitpunkt Ihrer Zeugung haben Sie auch eine begrenzte Menge «Ahnen»-Chi von Ihren Eltern geerbt, das in Ihren Nieren gespeichert ist und dem Umwelt-Chi als Katalysator dient.

Chi fließt über ein komplexes Netz von Kanälen oder Meridianen durch den Körper. Wenn es ungehindert fließen kann, erfreuen Sie sich guter körperlicher, geistiger und seelischer Gesundheit. Strömt das Chi nicht richtig, werden Sie krank, und wenn es ganz zum Stillstand kommt, sterben Sie. Am häufigsten erfahren Sie das Chi in Form von sexueller Erregung. Das ist Chi im «Rohzustand».

Dabei ist das nur das Grundmodell ohne CD-ROM-Laufwerk. Durch fortgeschrittene «Krieger»-Übungen läßt sich das Chi so nutzen, entwickeln und verfeinern, daß es sich in eine «übermenschliche» psychische Kraft umwandelt. Dann kann es für eine ganze Reihe von wichtigen, außerplanmäßigen Aktivitäten benutzt werden. Sie können sich zum Beispiel einen undurchdringlichen psychischen Schutzschild schaffen zur Selbstverteidigung, zur Selbstheilung und um anderen zu helfen, können erleuchtet werden, geistige Unsterblichkeit erlangen, Wunder vollbringen, mühelos viel Geld verdienen und ein außergewöhnlicher Liebhaber sein. Und das alles durch bloßes Einverleiben der Informationen, die Ihnen dieses Buch im folgenden bietet.

Wenn Sie bis hierher gelesen haben und jetzt einmal Ihr Chi erleben möchten, setzen Sie sich bequem hin, und stellen Sie sich vor, Sie hielten einen Gegenstand in Form eines amerikanischen Footballs zwischen Ihren Handflächen, dessen spitze Enden nach oben und nach unten zeigen. Heben Sie und senken Sie den Ball nun etwa neunmal, bis Sie eine Art Prickeln in Ihren Handflächen spüren – das ist Chi.

Yin-Yang

Die Menschen gehen und tanzen im Gleichgewicht des Ganzen

Stellen Sie sich eine interaktive, elektronische Multimedia-Art-Installation und Live-Performance vor, die das Szenarium Ihres Lebens, wie es jetzt gerade ist, darstellt. Da gibt es allerlei Tech-

nokram und Nippes in den Ecken und Winkeln, ein Abbild Ihrer Träume und Pläne; Bilder aus Ihrer Erinnerung und Phantasie flimmern über Leinwände; Duftlampen verströmen vertraute Gerüche und Aromen; und aus Monitoren dringen die Geräusche Ihres Lebensalltags. Die Performance besteht nun darin, daß Sie sich in Ihren High-Tech-Sessel setzen, mit Geist und Körper an die Schaltkreise angeschlossen. Während Sie da sitzen, spazieren verschiedene Leute, die in Ihrem Leben eine Schlüsselrolle spielen, in der Installation herum, werden davon beeinflußt und finden sie wechselweise «bewegend», «nervend» oder «fabelhaft». Der Künstler hat offensichtlich ein Leben lang an der Perfektionierung dieser Umgebung gearbeitet.

Die ganze Installation lebt von einer speziellen, verfeinerten Form elektrischer Energie namens «Chi», die von einem großen Solarstromgerät hinter Ihrem Rücken erzeugt wird. Ein einziges dickes Stromkabel führt von diesem Generator zur Installation, das zwei kleinere Adern enthält, eine mit positiver Ladung und eine mit negativer. Diese gegensätzlichen Ladungen sind voneinander abhängig. Die eine ist wirkungslos ohne die andere, und so sind sie bis in alle Ewigkeit in einem unaufhörlichen Tanz ums Gleichgewicht befangen.

Die positive Ladung heißt «Yang» und leitet Hitze, durch die, wenn sie unkontrolliert bliebe, die ganze Installation einschließlich Ihrer werten Person zum Ausdehnen und Aufblähen gebracht, in Brand gesetzt und schließlich explodieren würde.

Die negative Ladung wird «Yin» genannt und leitet Kälte, durch die, wenn sie unkontrolliert bliebe, die gesamte Anlage samt Ihrer werten Person zum Zusammenziehen, Kondensieren, Gefrieren und schließlich zur Implosion gebracht würde.

Um zu verhindern, daß die Installation in Flammen aufgeht oder als Haufen kondensierten Schutts und gefrorenen Bioplasmas in sich zusammenfällt, ist es also sicherlich wünschenswert, daß diese Yang- und Yin-Ladungen in ihren Elektropotentialen gleich sind und dementsprechend ein gesundes Gleichgewicht im Ambiente der Installation herrscht.

Gleichgewicht ist jedoch nichts Statisches. Yin und Yang bewegen sich in einem komplexen Spiel wechselnder Ströme, und so ist manchmal mehr Yin in der Mixtur und manchmal mehr Yang, je nach Tageszeit, Mondphase und Jahreszeit. Dadurch kommt es zu merklichen Schwankungen im Status quo.

Das Licht ist erst angenehm mild, wird jedoch immer schwächer, bis Sie nicht mehr lesen können, um dann wieder heller zu werden, was Sie als Erleichterung empfinden, bis es etwas zu grell wird und Ihre Fältchen deutlich zeigt. Ebenso geht es mit den Gerüchen, den Klängen, dem Klima und sogar Ihrem Geist, der nach anfänglichem kümmerlichem Piepsen schließlich nur so strotzt vor Ideen, ehe wieder gähnende Leere eintritt.

Während der Performance unternehmen Sie nichts gegen diese Schwankungen; sie sind dazu da, durch Licht und Schatten ein wenig Abwechslung zu bringen. Sie greifen nicht in das Geschehen ein. Sie versuchen weder, es anzukurbeln, noch es in irgendeiner Weise zu verändern. Sie widersetzen sich ihm auch nicht. Sie nehmen einfach bewußt wahr, was geschieht, und beobachten jede Energiephase, so wie sie auftritt – kleines Yang, großes Yang, kleines Yin oder großes Yin –, und passen sich ihr an.

Wenn das Yin zugenommen hat und das Licht dunkel geworden ist, es kalt wird und Sie sich gern zur Ruhe begeben würden, dann machen Sie das, das heißt, hören Sie auf. Wenn das Yang im Zunehmen begriffen ist und die Hitze in Ihren Schenkeln Sie unruhig macht, dann vorwärts, unternehmen Sie etwas.

Sobald Sie die Phasen erkennen und die Bewegungen des Yin und Yang in Ihrem Leben spüren können, werden sie Ihre Freunde, und dann gleichen sich die Schwankungen so harmonisch aus wie der Geschmack von süßsaurem Hühnchen.

Dann mal gute Nacht, Yin, und guten Tag, Yang – Yin und Yang, die Lebenskraft-Gang.

Voll und leer

Das Tao gibt, und das Tao nimmt. Wenn es gibt, sind Sie voll, wenn es nimmt, sind Sie leer und können wieder neu gefüllt werden. Das zu wissen ändert nichts an Ihrem Leben, denn der wechselnde Zyklus von Yin und Yang ist unerschöpflich. Aber es kann die Gewalt von Ebbe und Flut abmildern.

Yin ist leer, Yang ist voll. Yin ist weich, Yang ist hart. Yin sinkt nieder, Yang steigt auf. Yin kommt herein, Yang geht hinaus. Yin friert, Yang wird warm. Yin wird feucht, Yang trocknet aus. Yin ist leise, Yang ist laut. Yin zieht sich zurück, Yang rückt vor.

Diese Bewertungen sind natürlich relativ. Ohne Hitze keine Kälte, ohne Weichheit keine Härte usw. Yin und Yang ergeben nur einen Sinn, wenn Phänomene oder Aktivitätsphasen miteinander verglichen werden. Wenn Sie zum Beispiel eine Kerzenflamme mit einer Atomexplosion vergleichen, die beide die Eigenschaften des Lichts und der Hitze aufweisen und daher eigentlich Yang sind, würden Sie dennoch die Kerzenflamme im Vergleich zum Yang der Explosion als Yin einstufen.

Yin und Yang verwandeln sich wie Tag und Nacht in ihr Gegenteil, wenn sie ihren Höhepunkt erreicht haben. Wenn die Nacht am dunkelsten ist, schickt die Sonne schon die ersten zaghaften Strahlen über den Horizont, und die lieben Vöglein fangen an zu zwitschern. Hat der Tag seine größte Helligkeit erreicht, lauert bereits die Nacht darauf, den Himmel wieder zu verdunkeln. Wenn das Martinshorn der vorüberfahrenden Polizeistreife am lautesten ist, sitzt ihm die Stille schon auf den Fersen.

Genauso verhält es sich mit den Energien im Körper. Bei extremen körperlichen Belastungen (Yang) erschöpfen Sie sich und müssen sich ausruhen (Yin). Haben Sie lange genug geruht, kribbelt es Ihnen in den Fingern, und Sie legen wieder los

(Yang). Überschreitet entweder das Yin oder das Yang diesen kritischen Punkt, an dem es die Verbindung zu seinem Pendant verliert, sterben Sie. Unkontrolliertes Yin läßt Sie gefrieren. Unkontrolliertes Yang läßt Sie verdampfen.

Am nützlichsten erweist sich dieses Schema wahrscheinlich für die Unterscheidung von voll (Yang) und leer (Yin) in Ihren Beziehungen zur Welt. Wenn Ihre Energie, in die Welt hinauszutreten, stark bzw. Yang ist und die Welt Sie mit offenen Armen empfängt, sind gewissermaßen Sie voll, und die Welt ist leer, das heißt, Sie füllen die Welt. Wenn die Welt an Ihre Tür klopft und von überall her nach Ihnen ruft, ist sie voll, und dann tun Sie gut daran, leer zu sein!

Oft folgt auf eine Zeit intensiver, nach außen gerichteter Aktivitäten mitsamt Arbeitsstreß und Gesellschaftstrubel (Fülle, Yang) eine Flautenzeit, in der nichts passiert (Leere, Yin). Falls Sie gegen diese Schwankungen angehen und sich dem Strom einer bestimmten Phase widersetzen oder versuchen, ihn umzulenken, kommt es zu Störungen in Ihrem Energiefeld, die zu Erkrankungen und schließlich zum Tod führen. Heißen Sie die heranrollende Flut willkommen, aber jagen Sie ihr nicht hinterher, wenn sie wieder abebbt.

Wenn also nichts los ist, ist eben nichts los. Nach der Langeweile wird es bald ganz von selbst wieder knistern, denn alles unterliegt dem natürlichen Wechsel von Fülle und Leere. Sobald es wieder knistert, erfreuen Sie sich daran, aber halten Sie ebensowenig daran fest wie an der Langeweile. Das Rad dreht sich weiter.

Training

Der einzig sichere Weg ist die Wiederholung. Der einzig sichere Weg ist die Wiederholung. Der einzig ... usw. usw.

Im Idealfall stehen Sie früh genug auf, daß Sie jeden Tag eine ganze ungestörte «Trainingsstunde» haben. Voller Eifer lassen Sie die Überreste Ihrer nächtlichen Träume im morgendlichen Trümmerhaufen Ihrer Schlafstelle zurück oder heben sie als Psychoschleim im Netz Ihres Traumfängers auf, ziehen Ihr perfekt gewähltes Trainingszeug an, mit dessen verschiedenen Schichten Sie für jede klimatische Eventualität gerüstet sind, und gehen resolut hinaus ins Freie zu Ihrem Trainingsplatz. Dort führen Sie Ihre taoistischen Aufwärmübungen durch, wodurch Ihr Kopf klar, Ihre Gelenke locker, Ihre Wirbelsäule gestrafft, Ihre inneren Organe angeregt, Ihre Energien ausgeglichen und Ihre geistigen Kräfte geschärft werden. Dann widmen Sie sich einer Übungsfolge Ihrer taoistischen Kampfkunst oder des Schattenboxens und wärmen damit Ihre inneren Energien ein paar Grad auf. Abschließend meditieren Sie und sprechen Ihr Krieger-Friedensgebet auf die Art, die Sie gewohnt sind. Dadurch kommen Sie in Harmonie mit Ihrer Umwelt und sind darauf vorbereitet, an diesem Tag jedem Menschen mit Gleichmut zu begegnen. Sie verbeugen sich diskret, gürten sich, nachdem Ihr psychischer Schutzschild nun wiederhergestellt ist, die Lenden und gehen zum Duschen ins Haus.

Natürlich können Sie statt dessen auch irgendeine andere Form von Übung Ihrer Wahl durchführen, obwohl die taoistischen Künste Tai-Chi, Hsing-I und Pakua zu den wirksamsten, effizientesten und erfreulichsten gehören. Aber alles, was Ihre Aufmerksamkeit vom Intellekt weg in den Körper zieht, ist geeignet. Laufen, Gehen, Inline-Skating, Schwimmen, Yoga, Gesellschaftstanz, Gewichtheben, Meditation, selbst Mega-Super-Step-Aerobics mit Overdrive – es kommt nicht so darauf an, solange Sie nur jeden Tag mit einer Selbstbegegnung beginnen und sich dabei ir-

gendeiner Art von intelligenter, vorzugsweise sanfter Geistes-
und/oder Körperübung widmen, bevor Sie anderen Menschen
begegnen. Es anders zu machen wäre genauso wie auszugehen,
ohne vorher «Toilette zu machen» – schlechte Manieren.

Diese tägliche Wiederholung eines Rituals baut mit der Zeit
durch Akkumulation Ihre persönliche Energie auf. Sie werden
gute Trainingsstunden und schlechte erleben, aber Sie üben auf
jeden Fall täglich, außer wenn Ihnen unwohl ist, denn das Üben
ist die beste Droge, die Sie je probiert haben, und macht süchtig.

Das jedenfalls wäre der Idealfall, von dem Sie vielleicht noch
ziemlich weit entfernt sind, aber wenn Sie sich dazu aufraffen
könnten, nur ein paar Grade dichter an Ihre eigene Vorstellung
von diesem Ideal heranzukommen, täten Sie sich und uns einen
großen Gefallen.

Heiliger Raum

Das Lesen in diesem Buch ist auf alle Fälle gut, aber Sie sollten
eine kurze Zeitspanne des Tages als heiligen Raum für sich
reservieren, um Fühlung zu sich selbst aufzunehmen, sonst
laufen Sie Gefahr, daß auch Ihr Leben nur zur intellektuellen
Luftblase gerät.

Um zu allen Zeiten aus der Fülle Ihrer selbst zu schöpfen, statt
nur einen Bruchteil Ihrer schlummernden Kräfte zu nutzen,
müssen Sie mit Ihrem Bewußtsein jeden Teil von sich von Grund
auf durchdringen. Ihr Geist muß ebenso in Ihren Hüften sein
wie in Ihrem Kopf. Wenn er nur im Kopf ist, werden Sie nur ver-
standesmäßige Erfahrungen machen, die entsprechend wenig
Bezug zur Wirklichkeit haben.

Sollen Ihre Erfahrungen authentisch sein und nicht bloß ein

Gedankengebilde, muß Ihr Bewußtsein das Sakrum oder Kreuzbein mit einschließen. Das ist die dreieckige Knochenformation zwischen Ihren Hüftknochen am unteren Ende der Wirbelsäule, des tragenden Pfeilers Ihrer psychophysischen Person. Das lateinische Wort *sacrum* bedeutet «heilig». Diesen Namen trägt es, weil es die heilige Zeugungskraft in sich birgt.

Sie wird meistens als sexuelle Erregung erfahren, bildet aber auch die Grundlage für die Vitalität der gesamten Psychophysis.

Alle Yogaarten machen von dieser heiligen Energie Gebrauch, um zum Zweck innerer Erleuchtung die höheren psychischen Zentren im Gehirn zu stimulieren, und betrachten sie als Fundament ihres gesamten psychischen und physischen Wesens. Wenn bei Ihnen eine geistige Verbindung besteht vom Raum zwischen Ihren Ohren bis zum Raum zwischen Ihren Hüften, agieren Sie aus der Fülle Ihrer selbst. Dazu müssen Sie sich allerdings jeden Tag Zeit für die Entwicklung des Sakrumbewußtseins nehmen.

Am besten eignet sich dazu der Morgen, wenn der Geist noch keine Zeit hatte, in negative Schleifen einzurasten, und die Welt noch nicht ganz wach ist, wenn die psychischen Störungen am schwächsten und das kosmische Chi am stärksten sind.

Manche Leute nehmen Fühlung mit ihrem heiligen Selbst auf, indem sie stillsitzen und kontemplieren. Andere beim Beten. Wieder andere bei körperlichen Übungen. Ganz gleich, welche Art der Fühlungnahme Sie wählen, ob Tai-Chi, Schwimmen, Gehen, Yoga, Meditation, Gewichtheben oder Bauchtanz, wichtig ist, daß Sie es jeden Tag tun und am besten, bevor Sie sich mit der Außenwelt und anderen Menschen einlassen, und daß Sie es mit der Fülle Ihrer selbst tun.

Stellen Sie sich, um mit Ihrem Sakrum in Berührung zu kommen, vor, Sie hätten dort eine Nase, durch die Sie ein- und ausatmen. Nach ein paar Atemzügen spüren Sie womöglich so etwas wie einen Wärmestrom an dieser Stelle. Machen Sie weiter, und das Gefühl steigt allmählich Ihre Wirbelsäule hinauf ins Gehirn. Jetzt wissen Sie, was es heißt, in der Fülle Ihrer selbst zu sein.

Ein Allerheiligstes

Schaffen Sie sich einen eigenen Tempel.

Es ist ein dreckiges Paradies, in dem Sie sich befinden, mit so mancherlei Dämonen und hungrigen Geistern, die Ihre Energie aussaugen. Deshalb ist es lebensnotwendig, daß Sie sich einmal pro Tag in Ihren eigenen persönlichen Tempel zurückziehen, um aufzutanken.

Einen Tempel können Sie sich überall schaffen – in einer Zimmerecke, einem blättergeschützten Winkel im Park oder einer versteckten, autarken Ökohütte im Gebirge, wenn Sie so etwas finden können. Stellen Sie dort mindestens einen heiligen Gegenstand auf, wobei heilig nichts Religiöses sein muß – es kann auch eine Klobürste als Erinnerungshilfe sein –, etwas, das Sie daran erinnert, daß es sich hier um einen heiligen Ort handelt. Kerzen können Sie an das Wunder des Lichts erinnern, und Räucherwerk ist Göttern und Geistern wohlgefällig und verdrängt den Hauch des Profanen.

Wenn Sie sich auf diese Weise einen Tempel oder ein «Allerheiligstes» schaffen, machen Sie es zu einem Ort, an dem Sie die Ganzheit oder Fülle Ihrer selbst erfahren können, einem Ort, den Sie täglich aufsuchen, um Ihre geheimen Selbstfindungsübungen durchzuführen, was immer das sein mag, wo Sie sich beschützt und vor Störungen sicher fühlen.

Machen Sie beim Eintritt in den Raum und beim Verlassen eine bestimmte Geste, zum Beispiel eine leichte Verbeugung, um sich ins Gedächtnis zu rufen, daß Sie sich einer heiligen Tätigkeit widmen. Das alles ist natürlich nur eine Metapher für das wahre Heiligtum, den Tempel in Ihrem Innern, Ihr Zentrum oder *Tantien* (siehe auch *Die drei Tantiens*, S. 57), das viel leichter zu erreichen ist, wenn Sie die richtige Umgebung haben, um in die entsprechende Stimmung zu kommen.

*Treten Sie ein, und sagen Sie laut: «Dies ist mein Allerheiligstes»
oder etwas ähnlich Einschüchterndes. Führen Sie dann ein paar
von Ihren Geheimübungen durch, um sich mit Ihrem inneren
Heiligtum zu verbinden. Falls Ihnen nichts Rechtes einfallen will,
gibt es viele schöne Beispiele in diesem Handbuch, die Ihre Phantasie beflügeln werden (zum Beispiel Psycholooping, S. 66, oder
die Stabilisierungskontemplation im Stand, S. 143). Es muß
nicht viel Zeit in Anspruch nehmen – zwanzig Minuten reichen
im allgemeinen für eine gute Einstimmung. Treffen Sie, wenn Sie
fertig sind, eine Abmachung mit sich selbst, diesen Ort jeden Tag
aufzusuchen. Nehmen Sie Ihren heiligen Gegenstand auf Reisen
mit, dann können Sie überall einen Tempel auf Zeit einrichten,
ein bißchen in der Art eines Hostienschreins.*

Die Atmung

Das Atmen ist das Wichtigste im Leben.
Alles andere kann warten.

Sie können jahrelang ohne Kontakt zu anderen Menschen aus-
kommen, einen Monat ohne Nahrung, ein paar Tage ohne Wasser, aber höchstens ein oder zwei Minuten ohne Luft.

So wichtig ist das Atmen.

Halten Sie zur Probe einmal 73 Sekunden lang die Luft an.
(Machen Sie es bitte nicht, wenn Sie unter Erkrankungen der
Atemwege oder Herz-Kreislauf-Beschwerden leiden!)

Wie Sie atmen, ist von fast ebensolcher Bedeutung, wie überhaupt zu atmen. Die Atmung reguliert die gesamte Psychophysis.
Wenn Sie Ihre Atmung verlangsamen, beruhigt sich Ihr Geist,
und Ihr Körper entspannt sich. Wenn Sie das Tempo beschleunigen, wird die Geistestätigkeit angeregt, und der Körper spannt
sich an.

Legen Sie die Hände dicht unterhalb Ihrer Rippen auf die Brust.
Holen Sie tief Luft. Spüren Sie, wie sich etwas hebt und ausdehnt?
Das ist Ihr Zwerchfell, eine Muskelpartie zwischen Brust und
Bauch. Wenn Sie zulassen, daß sich Ihr Zwerchfell hebt und senkt,
ohne ihm ins Handwerk zu pfuschen, nehmen Ihre Gedanken und
Ihre körperlichen Energien eine kreative Richtung. Wenn Sie den
Atem anhalten, was Sie bei Streß unbewußt tun, bleiben Ihre Ge-
danken in einer destruktiven Schleife hängen, und Ihr körperlicher
Energiestrom gerät ins Stocken.

Dies hat nichts mit komplizierten Yoga-Atemübungen zu tun.
Achten Sie einfach darauf, den Atem nicht anzuhalten, und ver-
langsamen Sie den Atemrhythmus.

Ihre Fähigkeit, Zugang zur mentalen Energie zu gewinnen und
sie in die richtigen Bahnen zu lenken, hängt in erster Linie von
Ihrer Fähigkeit ab, regulierend auf das Tempo und Gleichmaß
Ihrer Zwerchfellbewegungen einzuwirken. Auch die Kunst, un-
abhängig von den äußeren Umständen und Bedingungen dauer-
haften inneren Frieden zu erlangen, hängt von Ihrer Fähigkeit
ab, zu allen Zeiten entspannt und natürlich zu atmen. Das funktioniert allerdings nur, wenn Sie Ihre Aufmerksamkeit darauf
richten.

Vielleicht meinen Sie, keine Zeit zur Beobachtung Ihres Atems
zu haben, aber es ist wie Autofahren. Wenn Sie es gerade neu gelernt haben, müssen Sie Ihre gesammelte Konzentration auf die
mechanischen Abläufe richten. Später fahren Sie voller Aufmerksamkeit, unterhalten sich dabei jedoch mit sich selbst oder
einem Beifahrer über Dinge, die überhaupt nichts mit dem
Autofahren zu tun haben. Stellen Sie sich das Atmen wie das
Autofahren vor. Wenn Sie unaufmerksam sind, bauen Sie einen
Unfall. Aber aufmerksam sein heißt nicht, daß Sie sich nicht
gleichzeitig bestens unterhalten könnten.

Prüfen Sie Ihr Zwerchfell tagsüber immer mal wieder. Legen
Sie ohne Scheu die warme Hand darauf, und denken Sie dabei,
daß es sich ein wenig mehr entspannen sollte. Dieser Vorgang

dauert etwa 15 Sekunden, sobald er Ihnen zur Gewohnheit geworden ist, und er ist wichtig, weil ihr Leben als Krieger auf dem Atem beruht.

Während Sie ein- und ausatmen, sind Sie an einem Gasaustausch globalen Ausmaßes beteiligt.

Jede Bewegung Ihres Zwerchfells hat subtile Auswirkungen auf die Atmosphäre. Es ist eine Aktivität, die Sie mit allem und jedem atmenden Wesen auf diesem Planeten in Kontakt bringt. Um die Vorteile, die dieser Vorgang bietet, zu optimieren, müssen Sie richtig atmen, wozu ein paar Grundtechniken nötig sind.

Wenn Sie einatmen, muß sich Ihr Bauch ausdehnen, und wenn Sie ausatmen, muß er sich zusammenziehen. Viele von uns machen es genau andersherum, sie drücken beim Einatmen die Brust heraus und ziehen Bauch oder Unterleib ein, um beim Ausatmen die Brust wieder einfallen und den Bauch hervortreten zu lassen. Das läuft der natürlichen Bewegung des Zwerchfells zuwider und mindert die Leistungsfähigkeit der Lunge.

Diese Gewohnheit zu ändern ist unter Umständen eine folgenreiche Angelegenheit, denn dadurch verändert sich auch die Art, wie wir das Leben erfahren, zum Besseren; wenn Sie sich also nicht ändern wollen, atmen Sie lieber falsch weiter. Sollte jedoch die Aussicht auf positive Veränderungen ihren Reiz für Sie haben, wie ungewohnt die Wirkung vorübergehend auch sein mag, üben Sie die folgende Visualisation, bis sie automatisch gelingt. Die Anfangsübung dürfte etwa 60 Sekunden dauern, so lange, wie nötig ist, um das Vorgestellte zu sehen und zu fühlen. Danach kann sie im Bruchteil der Zeit durchgeführt werden. Unter dem Gesichtspunkt, wieviel Zeit man dafür braucht und wie groß der Gewinn für die Lebensqualität ist, lohnt sich die Investition allemal, und ich empfehle Ihnen nachdrücklich, gleich jetzt damit anzufangen.

Stellen Sie sich vor, Sie hätten einen Schwamm im Unterleib, eine besondere Art von Schwamm, die Luft statt Wasser braucht. Stellen Sie sich bildlich vor, wie der Schwamm mit Luft vollgesogen ist. Spannen Sie nun Ihre Unterleibsmuskeln an, und ziehen Sie den Bauch in Richtung Wirbelsäule ein. Durch diese Bewegung wird der Schwamm zusammengedrückt, und die Luft entweicht durch Ihre Nase oder Ihren Mund, während Sie ausatmen. Jetzt kann sich der Schwamm von alleine ausdehnen, wie Schwämme es zu tun pflegen, und sich mit Luft füllen, wenn Sie einatmen. Quetschen Sie den Schwamm beim Ausatmen aus, und lassen Sie ihn sich beim Einatmen von selbst wieder vollsaugen.

Bei dieser Übung brauchen Sie sich also bloß auf die Ausatmung zu konzentrieren und bewußt die Bauchmuskeln zusammenzuziehen, denn die Einatmung geschieht ganz von selbst, Sie müssen nur offen sein für die einströmende Luft.

Ein weiterer Pluspunkt: Ihre Gedanken und Energien werden ungestörter fließen, wenn Ihr Atem unhörbar kommt und geht und glatt wie eine edle runde Perle ist.

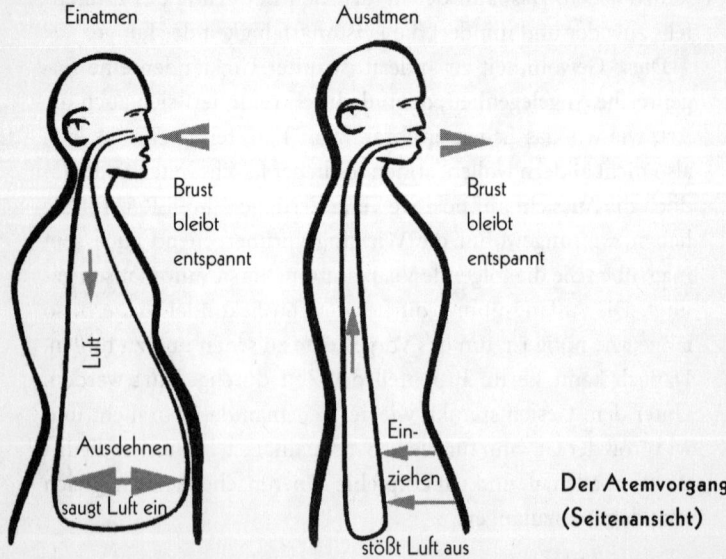

Einatmen   Ausatmen

Brust bleibt entspannt

Brust bleibt entspannt

Luft

Ausdehnen

saugt Luft ein

Ein-
ziehen

stößt Luft aus

**Der Atemvorgang
(Seitenansicht)**

Die Vier-Stufen-Atmung

Die Regulierung des Atemrhythmus regelt mit der Zeit den Rhythmus aller Ereignisse im Leben.

Der Atemrhythmus nimmt unmittelbar Einfluß auf den Rhythmus der Gedanken und umgekehrt. Wenn das Denken langsamer wird, verlangsamen sich nach und nach auch die Ereignisse bzw. die hereinkommenden Signale entsprechend, so daß Sie pro Sekunde mehr mit weniger Energieaufwand tun können. Darüber hinaus ist der Atemrhythmus als Funktion, über die Sie direkte Kontrolle ausüben können, der einzige Zugriff auf den unwillkürlichen Rhythmus Ihrer Herzschläge.

Eine Verlangsamung der Atmung verlangsamt den Grundpuls des Herzens. Ihre Festplatte ist auf eine feste, endliche Zahl von Herzschlägen programmiert; wenn dieser Vorrat aufgebraucht ist, sterben Sie. Sie können vielleicht Ihre Lebenszeit verlängern, wenn Sie Ihr Maß an Schlägen über einen längeren Zeitraum strecken.

Verlangsamen Sie Ihr Atemtempo, und Ihr Puls sowie die Geschwindigkeit des Lebens um Sie herum werden sich entsprechend anpassen, ohne daß Sie irgendwelche Nachteile davon hätten.

Um langsamer zu werden, dürfen Sie nicht vergessen, im Lauf des Tages in regelmäßigen Abständen Ihren Atem aufmerksam zu beobachten. Eine höchst einfache, aber wirksame Methode, sich daran zu erinnern, besteht darin, fast unmerklich mitten im Einatmen innezuhalten und dann noch einmal mitten im Ausatmen.

Diese Art von Ein- und Ausatmen funktioniert so, als hätten Sie sich einen Knoten ins Taschentuch Ihres Atmungssystems gemacht, bei dem es sich daran erinnert, den Puls hübsch unter Kontrolle zu halten. Als besonders nützlich erweist sich diese Vier-Stufen-Atmung beim Laufen, wenn Sie das Ein – Ein und Aus – Aus mit Schritt – Schritt, Schritt – Schritt synchronisieren, und verhindert, daß Sie sich durch Atemlosigkeit geschlagen geben müssen. Sie ist auch sehr praktisch beim Bergsteigen, beim Schleppen schwerer Gegenstände durch Zeit und Raum – zum Beispiel, wenn Sie einem Freund mal eben Ihr Klavier reichen wollen – und ähnlichen körperlich anstrengenden Unternehmungen.

Die Vier-Stufen-Atmung kann Ihnen ferner dienlich sein zur Erlangung spiritueller Unsterblichkeit (siehe *Psycholooping*, S. 66), also:

Setzen Sie sich bequem hin, dehnen und strecken Sie dabei die Wirbelsäule so weit wie möglich (siehe Haltung, S. 45). *Atmen Sie ein – Pause – ein, aus – Pause – aus, das Ganze neunmal, wobei Sie das Tempo ganz allmählich verlangsamen. Wiederholen Sie diese Übung in den nächsten Tagen häufig, und probieren Sie sie dann beim Gehen und Laufen aus; aber mit dem Hinüberreichen des Klaviers sollten Sie lieber noch etwas warten!*

Körperbewußtsein

Nicht nur der Kopf, sondern der ganze Körper ist der Erfahrungsbereich für alles, was im Leben geschieht.

Der Ärger fängt an, wenn Sie zuviel Zeit in Ihrem Kopf verbringen. In diesem Fall erhebt sich die Energie in den Nieren wie ein heißer Wind und steigt ins Gehirn. Dadurch wird der Denkablauf beeinträchtigt, so daß sich die Gedanken in Schleifen verfangen, was mit der Zeit zu psychischen Störungen, Kopfschmerzen, Nackensteife, Migräne und Irrsinn führen kann und generell den Realitätssinn verzerrt. Denn die Realität betrifft den ganzen Körper und nicht bloß den Kopf. Um Ihr Chi so zu entwickeln, daß Sie in den vollen Genuß Ihrer Realität kommen, müssen Sie erst einmal ein Bewußtsein dafür entwickeln, was Sie im Innern des Körpers fühlen, denn dort wird das Chi erzeugt, gespeichert und abgerufen. Das ist das Gegenteil vom Bewußtsein des äußeren eigenen Erscheinungsbildes, das sich einzustellen pflegt, wenn man kopflastig ist.

Die Methode zur Chi-Entwicklung hängt vollkommen von Ihrer Fähigkeit ab, sich mit Ihrem Geist jederzeit willentlich in verschiedene Teile des Körpers zu begeben. Um das zu können, müssen Sie sich darin üben, Körperbereiche, beispielsweise Ihren Unterleib, von innen her zu lokalisieren und deutlich zu spüren, was dort geschieht.

Wenn Sie bis hierher gelesen haben, schließen Sie jetzt die Augen, und lassen Sie Ihren Geist von dem Bereich zwischen Ihren Ohren zu einer Gegend im Bauch dicht unter Ihrem Nabel wandern. Stellen Sie sich vor, Sie hätten ein Atemloch (eine Nase) dicht unter Ihrem Bauchnabel und würden damit ein- und ausatmen. Machen Sie sich jede Verspannung in diesem Bereich bewußt, wovon ein wenig zu spüren sein muß, wenn Sie nicht gerade Buddha sind – in diesem Fall hoffe ich, daß Ihnen das Buch gefällt, aber warum lesen Sie es überhaupt? –, und lassen Sie sie dahinschwinden, während Sie weiteratmen. Nach einiger Zeit, sagen wir, nach etwa 36 Atemzügen, müßten Sie ein Hitzegefühl haben. (Das ist das Chi.) Wiederholen Sie diese Übung nun an beliebigen Stellen Ihres Körpers: der rechten Handfläche, der Außenseite des linken Knies, dem Solarplexus (Magen), immer öfter und immer schneller, bis sie schließlich spontan gelingt.

Achtsamkeit

Zur Normalisierung, Stabilisierung und Harmonisierung aller körperlichen, seelischen und geistigen Funktionen müssen Sie sich zunächst bewußtmachen, daß sie aus dem Gleichgewicht sind.

Mit Hilfe der Achtsamkeit haben Sie immer alles im Blick, was Sie tun, ohne es in seinem Lauf zu stoppen. Aber Sie lernen, mitten in Ihrer Aktivität den Lauf zu regulieren.

Stellen Sie sich vor, Sie sehen einen Film. Eien Frau liegt im Bett und macht sich Sorgen. Sie hat ein flaues Gefühl im Magen, ihr Atem geht flach, und ihr Nacken ist verspannt. Sie denkt an das, was sie heute alles tun muß, an die Telefonate, die sie erledigen muß, fragt sich, wo ihre Brille sein könnte, was sie machen soll, wenn sie sie verloren hat, ob sie sich nächsten Monat Urlaub nehmen kann, und dann merkt sie zu allem Überfluß, daß ihre Blase drückt. Sie ist so vollkommen in diesen speziellen Zustand von Körper und Geist versunken, daß er ihr nicht einmal bewußt ist. Aber Ihnen ist er bewußt, weil Sie sich gerade den Film anschauen.

Stellen Sie sich nun vor, Sie könnten sich interaktiv ins Filmgeschehen einschalten. Sie stellen fest, daß die Frau Zukunftsprojektionen anhängt, und klicken sie an, um sie geistig wieder in die Gegenwart zurückzuholen. Sie bemerken, daß ihre Atmung flach ist, und klicken tiefes, regelmäßiges Atmen an. Sie sehen, daß sie in einer völlig krummen Körperhaltung daliegt, und klicken die Körperglättungsfunktion an. Sie beobachten, wie sich ihre Angst verliert, während sich ihr Körper gerade ausrichtet, und ihre Atmung tiefer wird, wie sie aufsteht, ins Badezimmer geht und ihre Blase leert.

Und jetzt stellen Sie sich vor, Sie wären sowohl die Person, die sich den interaktiven Film anschaut, als auch die Person im Film und hätten die Fähigkeit, in die Abläufe Ihres eigenen Geistes und

Körpers einzugreifen, ohne die Handlung zu unterbrechen. Das ist die Funktion der Achtsamkeit, und die Schlüssel dazu finden Sie in den folgenden Abschnitten.

Zentrieren

Das Chi folgt dem Lauf der Gedanken.

Das Zentrieren, das Ausrichten auf die Mitte, ist eine psychophysische Methode, um das Chi einzig durch «Hindenken» um einen einzigen Punkt herum zu konzentrieren, der etwa zwei Fingerbreit unter dem Bauchnabel liegt (siehe *Die drei Tantiens*, S. 57). Sobald es sich dort gesammelt hat, bekommt Ihr Chi eine einheitliche Form, es wird zur Mittelachse, um die sich die Außenwelt dreht wie die Felge eines Rades. Auf diese Weise in der Mitte alles Geschehens zentriert, wird Ihr Denken klar, so daß Sie sichere Entscheidungen treffen können, und Ihre Energie wird gesammelt zur Verfügung stehen, um das, wofür Sie sich entschieden haben, auszuführen.

Ihr Mittelpunkt schlummert so lange untätig in Ihnen, bis Sie ihn durch die Kraft Ihres Denkens zum Leben erwecken. Das gelingt Ihnen, wenn Sie sich einfach vorstellen, daß es so ist, und nicht nachlassen, sich vorzustellen, daß es so ist, bis es schließlich wirklich so ist. Also dann …

Denken Sie sich Ihr Chi als einen Haufen außerordentlich kostbarer Goldstücke, die im Supermarkt vor Ihnen auf dem Boden verstreut sind, und Ihre Mitte (den Punkt unterhalb des Nabels) als Topf. Sie müssen nun all die Münzen einsammeln und möglichst schnell und gründlich im Topf verstauen, bevor andere Supermarktkunden Ihre Glückssträhne wittern und zuerst zugreifen. Und Sie müssen es ohne großes Aufhebens tun, um nicht unnötig Aufmerksamkeit auf die Goldstücke zu lenken. Wenn Sie alle

Münzen im Topf haben, dürfen Sie sich zurücklehnen und sich gratulieren: Jetzt sind Sie reich!

Wenn Ihr Chi ebenso zerstreut ist wie die erwähnten Goldstücke, werden Sie nicht voll und ganz bei dem sein können, was Sie gerade tun. Das heißt, Ihr Chi läuft aus, was in etwa so ist, als würden Sie Ihr Leben auspinkeln, und das sollten Sie unter allen Umständen vermeiden. Das Ausrichten auf Ihre Mitte stärkt Sie, während die Zerstreutheit Ihre Kraft nutzlos vergeudet. So einfach ist das. Außerdem werden sie, sobald Ihnen die Konzentration auf die eigene Mitte durch wiederholtes Üben leicht gelingt, gleichzeitig Zugang zu Ihrem unsterblichen Geistkörper erlangen (siehe *Der Geistkörper*, S. 76) und in eine spirituelle Dimension eintreten, um dort einer Portion jener Gnade teilhaftig zu werden, nach der Sie sich immer gesehnt haben und die Sie aufmuntert wie eine heiße Brühe am Abend eines naßkalten Tages.

Wenn Ihnen also nächstes Mal irgendein Klugscheißer rät, Ihre «Mitte zu finden», wissen Sie – im Gegensatz zu ihm selber –, was das bedeutet.

Haltung

In ebendiesem Augenblick, o Verwandlungskünstler, bestimmt die körperliche Haltung, die Sie gerade einnehmen, direkt Ihre Anschauungen, Reaktionen und Neigungen.

Wenn Sie krumm und schief dasitzen, wird Ihre Atmung, der Energiefluß sowie die Funktion Ihrer inneren Organe behindert, Ihr Denken verkrampft und Ihre Wahrnehmungsfähigkeit eingeengt, kurz: Sie sind nur ein halber Mensch. Wenn Sie sich hingegen dehnen und strecken, um in Ihrem Körper den größtmöglichen Raum sowohl vertikal als auch horizontal ausfüllen zu können, wird Ihr Geist jubeln vor Dankbarkeit, Ihr Chi wird lospreschen wie die Stiere von Pamplona, und die gesamte Erfahrung dieses heiligen Augenblicks, den wir gemeinsam erleben, wird intensiver.

Eine krumme Haltung ist wie das Leben in einem schiefen Haus, dessen Wände schon nachgeben. Der Druck auf das tragende Gerüst des Hauses wirkt sich auch nachteilig auf die Wasser- und Abwasserrohre aus und beschädigt an manchen Stellen sogar die Stromleitungen. Lecks an verbogenen Rohren verursachen Feuchtigkeit. Risse im Mauerwerk und Spalten rings um die Tür- und Fensterrahmen lassen Zugluft und ungebetene Gäste herein. Wenn Sie in einem solchen Haus wohnten, wären Sie entweder bald reif fürs Irrenhaus, oder Sie würden eine Renovierung von Grund auf vornehmen oder umziehen.

Der Körper ist Ihre wichtigste Umgebung, Ihr Geburtshaus. Der Unterschied ist allerdings, daß Sie nicht so leicht in ein anderes umziehen können, so daß Ihnen nur die Wahl bleibt, verrückt oder ein Verwandlungskünstler zu werden. Das Schöne am Verwandeln ist, daß man es bequem in jedem beliebigen Augenblick tun kann, daß es nichts kostet, Ihre Probleme im Nu löst und nichts weiter erfordert als eine gewisse Aufnahmebereitschaft und wiederholtes Heraufbeschwören des folgenden Bildes:

Ihre Wirbelsäule ist die tragende Konstruktion für Ihr Knochengerüst und damit auch für alles übrige. Lockern Sie, sobald Ihr Atem leicht und regelmäßig ist, Ihren Nacken, und entspannen Sie den unteren Rückenbereich. Atmen Sie weiter leicht und frei, und stellen Sie sich vor, wie sich Ihre Wirbelsäule dabei von selbst streckt. Konzentrieren Sie sich auf die Streckung von der Taille abwärts bis hin zum Steißbein und vom Nackenwirbel aufwärts bis zum Scheitelpunkt des Kopfes. Strecken Sie gleichzeitig die Vorderseite Ihres Körpers vom Schambein bis zur oberen Spitze des Brustbeins.

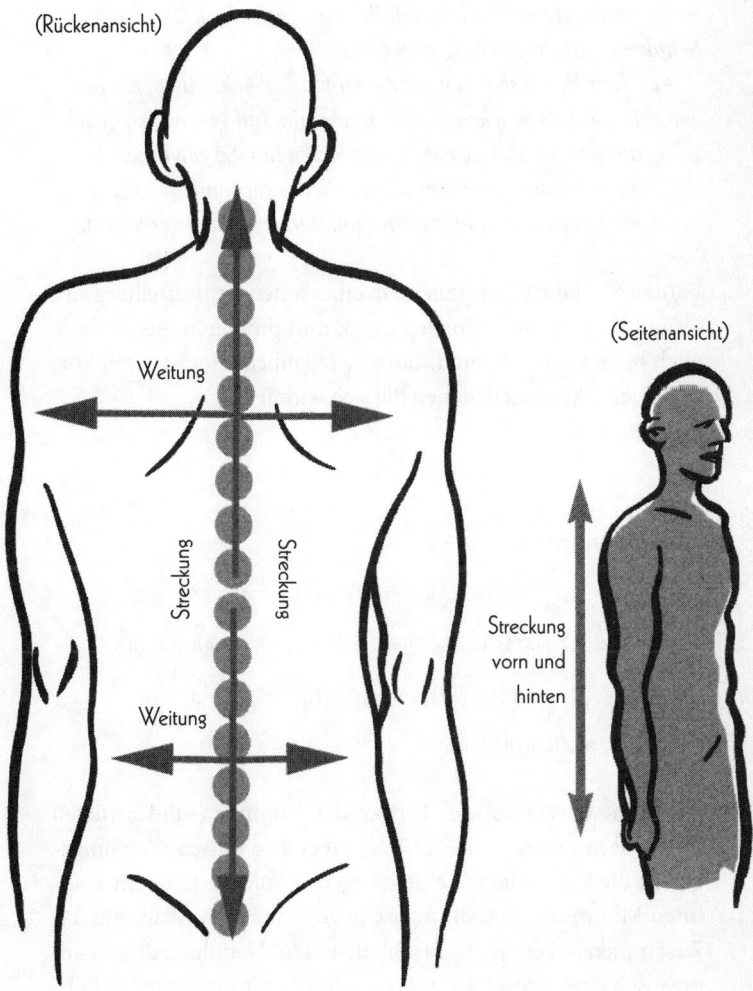

(Rückenansicht)

(Seitenansicht)

Weitung

Streckung   Streckung

Weitung

Streckung
vorn und
hinten

Haltung

Becken- und Schultergürtel sind die waagerechten Träger, die Balken und Sparren, durch die Ihr Knochengerüst Raum für die inneren Organe hat und sich aufrecht hält, ohne Schlagseite zu bekommen oder gar zu kippen. Stellen Sie sich also, während Sie sich in der Senkrechten strecken, bildlich vor, wie sich gleichzeitig Ihr Schulter- und Ihr Beckengürtel weiten.

Auf diese Weise strecken Sie die senkrechte Achse Ihres Körpers sowohl zum Boden wie auch zur Decke hin und verlängern gleichzeitig die waagerechte Achse zu den Seiten hin. So gewinnen Sie ein Maximum an Spielraum innerhalb des vorhandenen Rahmens, und alle psychophysischen Funktionen werden verbessert.

Führen Sie diese Übung zuerst in einer festen Grundstellung aus, also im Sitzen, Stehen oder Liegen, und probieren Sie sie dann auch beim Gehen, Laufen, Tanzen, Yogaüben oder anderen körperlichen Aktivitäten, denen Sie sich widmen.

Entspannung

Entspannen bedeutet nicht Zusammensacken. Sie brauchen nicht zusammenzusacken, um sich zu entspannen, aber wenn Sie sich nicht entspannen, besteht die Möglichkeit, daß Sie irgendwann zusammensacken.

Zusammensacken ist der Bruder des Krummen und Schiefen und geht mit vollkommener Trägheit einher. Entspannen hingegen ist die Kunst, die vor einem liegende Aufgabe mit dem absoluten Minimum an Kraft oder Chi zu bewältigen. Während das Zusammensacken oder Erschlaffen den Handlungsspielraum drastisch einschränkt, kann Entspannung alle täglichen Verrichtungen begleiten. Entspannen bedeutet, eine perfekte Haltung anzunehmen und sich mit vollkommener Anmut zu bewegen wie ein Gepard auf der Pirsch. Entspannen heißt keineswegs, schlaff vor der Glotze herumzuhängen und in deren Gammastrahlen zu baden. Nach längeren Phasen ohne Entspannung kann es allerdings zu unfreiwilligen extremen Erschlaffungszuständen kommen, die möglichst zu vermeiden sind.

Für eine gründliche Entspannung sollten Sie vor allem aufhören, sich innerlich Gewalt anzutun. Lockern Sie Ihren Solarplexus (im Magenbereich), nehmen Sie eine gestreckte Haltung ein, regulieren Sie Ihren Atem, vertrauen Sie darauf, daß Ihre Knochen Sie stützen werden, und lösen Sie sich von den Gedanken, die Ihnen im Kopf herumgehen. Sammeln Sie sich um Ihre Mitte, und dehnen Sie sich aus, um Ihren physischen Rahmen ganz auszufüllen. Sie sollten nichts mehr anspannen und keinen Streß mehr im Körper aufbauen. Durch Streß können Sie auch nicht besser überleben; vielmehr werden dadurch Ihre Überlebenschancen verringert, weil Sie nämlich körperlich und geistig aus dem Lot geraten, so daß Ihre Sicht der Dinge und Ihre Entscheidungsfähigkeit getrübt sind. Entspannen Sie sich. Seien Sie immer entspannt, was Sie auch gerade tun, ob es etwas Wichtiges oder etwas Nebensächliches ist. Je mehr Ihnen eine Situation abverlangt, um so mehr sollten Sie sich entspannen. Damit steigt Ihre Effektivität in jeder Hinsicht, und andere werden sich um Sie scharen, weil sie sich instinktiv in der wohligen Atmosphäre aufhalten möchten, die Sie um sich verbreiten.

Wenn es eine klare Grundsatzentscheidung im Leben zu treffen gibt, dann die zwischen aktiver Entspannung und unnötiger Anspannung. Wenn Sie sich entspannen, lassen Sie automatisch davon ab, die pulsierenden Energiewellen zu verzerren, die Sie aussenden und empfangen und rings um sich verbreiten. Da diese Wellen endlos sind, wirken sie sich schließlich auf das gesamte Universum aus, und sei es auf subtilste Weise, so daß Sie letztlich jedermann einen guten Dienst tun, wenn Sie sich entspannen.

*Die einfachste Methode, den Unterschied zwischen diesen beiden
gegensätzlichen Zuständen zu erkunden, um selbst entscheiden zu
können, welchen Sie bevorzugen, besteht darin, jeden einzelnen
Muskelstrang in Ihrem Körper anzuspannen, vom Schließmuskel
bis zu den Augenmuskeln, von den Muskeln der kleinen Zehen
bis zu den Muskeln der kleinen Finger. Spannen Sie sie so stark
wie möglich an, ohne daß Ihnen ein Blutgefäß platzt (von dieser Übung ist abzuraten, wenn Sie unter Herz-Kreislauf- oder
Atembeschwerden leiden), und brechen Sie dann die goldene Regel, indem Sie den Atem anhalten. Bleiben Sie 9 Sekunden lang
solch ein vollkommen verzerrter, verkrampfter Spastiker, um sich
dann urplötzlich, als hätte jemand den Schalter betätigt, zu entspannen.*

Wiederholen Sie dies dreimal, wenn Sie auf Nummer Sicher gehen wollen. Und jetzt ENTSPANNEN Sie sich, schwelgen Sie
ein, zwei Sekunden lang im totalen Loslassen, und beschließen
Sie dann, wie Sie weitermachen wollen: spastisch oder elastisch.

Sinken

*Vergessen Sie Ihre Angst vor dem Versinken,
vergessen Sie alles, und versinken Sie.*

Das Sinken ist Entspannung in Reinkultur. Sinken bedeutet soviel wie Anker werfen. Das Ankern hält den Geist davon ab, da-
hinzutreiben wie eine Wolke. Dahintreiben ist zwar schön, aber
gefährlich, wenn man nicht gleichzeitig fest auf dem Boden der
Wirklichkeit verankert ist, denn man ist dabei oberlastig und
kann leicht kentern und umgestoßen werden.

Sich sinken zu lassen ist nicht das gleiche wie Abschlaffen, weil
es die Geistesgegenwart steigert, die sich beim Abschlaffen vermindert. Sie brauchen sich beim Sinken vor nichts zu fürchten.

Der Zug nach unten auf den Erdmittelpunkt zu wird durch den Aufwärtsdrang der Lebensgeister (siehe *Die Lebensgeister heben*, S. 54) ausgeglichen. Wenn Sie sich auf so würdevolle (aufrechte) Art erden, haben Sie ein stabiles psychisches Fundament, an dem Sie Ihren Geist festmachen können, um ihn dann frei umherschweifen zu lassen.

Diese gleichzeitige Bewegung von Zentripetal- und Zentrifugalkraft (siehe *Yin-Yang*, S. 25) entlang der Wirbelsäule verschafft Ihnen Zugang zur vereinten Macht von Himmel und Erde, zur Schaffens- und Erhaltenskraft, die uns von einer Schnecke unterscheidet.

Vertrauen Sie Ihren Knochen, daß sie Sie aufrecht halten, und lassen Sie alles übrige, Ihr Fleisch, Ihre Säfte und Ihre Energie, auf den Grund sinken. Dadurch wurzeln Sie fest wie ein Baum in der Erde. Wenn Sie diese Übung im Sitzen durchführen, spüren Sie,

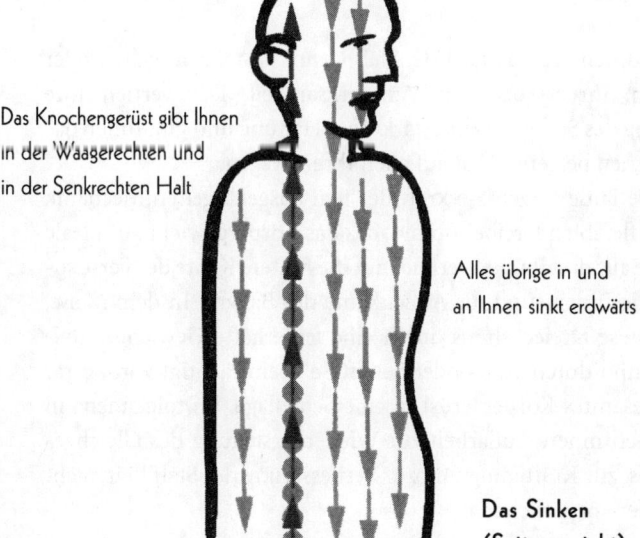

Das Knochengerüst gibt Ihnen in der Waagerechten und in der Senkrechten Halt

Alles übrige in und an Ihnen sinkt erdwärts

**Das Sinken
(Seitenansicht)**

*wie die Wurzeln durch Ihr Sitzbein auf den Mittelpunkt der Erde
zustreben. Im Stand spüren Sie, wie die Wurzeln durch Ihre Fußsohlen dorthin wachsen.*

Die Füße

Um auch bei Sturm felsenfest zu stehen wie ein Krieger,
müssen Sie sich starke Füße erhalten.

Ohne Füße könnten Sie ebensowenig stehen, gehen, laufen, radfahren oder auf dem Drahtseil balancieren, wie Sie zu anderen
Aktivitäten fähig wären, die Sie bisher für selbstverständlich ge-
halten haben. So wichtig sind sie. Wenn Sie also der glückliche
Besitzer von einem Paar Füßen sind, wäre jetzt eine ideale Gelegenheit, die Beziehung zu ihnen zu vertiefen.

Die Füße sind Ihre Grundlage für alle aufrechten Aktivitäten
und unterstützen jeden Ihrer Schritte auf der großen Straße des
Lebens.

Widmen Sie das nächste Mal, wenn Sie tanzen, gehen oder
laufen, Ihren Fußsohlen Aufmerksamkeit. Das vertieft Ihre
Übung des Sinkenlassens, stärkt Ihre Haltung und gibt Ihnen damit einen besseren Halt auf allen Ihren Wegen.

Ihre Füße tragen Sie kraft der fein ausgeklügelten Mechanik
eines flexiblen Dreibeinstativs, das das Körpergewicht auf ideale
Weise auf drei Punkte verteilt: auf die hintere Kante der Ferse sowie die Innen- und die Außenkante des Ballens. In dem Maße,
wie diese Dreiecksbasis durch eine fehlerhafte Gewichtsvertei-
lung und durch Platt- oder Senkfüße beeinträchtigt wird, gerät
Ihr gesamtes Körpergerüst in eine Schieflage. Im folgenden ein
bißchen innere Fußarbeit zur Wiederherstellung des Gleichge-
wichts, zur Kräftigung und zur Verbesserung der Stabilität, nicht
nur der körperlichen.

*Ziehen Sie Schuhe und Strümpfe aus, also alles, was die majestäti-
sche Nacktheit Ihrer Füße verdecken würde, und stellen Sie sich
barfuß bequem hin, die Füße in schulterbreitem Abstand parallel
nebeneinander, das Gewicht gleichmäßig auf beide Füße verteilt.
Beugen Sie die Knie ein wenig, knicken Sie am Steiß leicht ein, damit Ihr Allerwertester nicht vorsteht, halten Sie Ihren Kopf so, als
hinge er an einem goldenen Faden, und spreizen Sie die Zehen so
weit wie möglich auseinander, um die Ballenpartie zu dehnen.
Ziehen sie nun den Spann sanft nach oben, und verteilen Sie,
während Sie die ganze Zeit über frei atmen, Ihr Körpergewicht so,
daß es sich gleichmäßig auf alle drei Punkte der Dreiecksbasis
(beider Füße) verteilt.*

Durch tägliches Üben dieser artistischen Meisterleistung
(durchschnittliche Zeitdauer: 123 Sekunden) werden Sie mit der
Zeit nicht nur eine generelle Verbesserung Ihrer Haltung feststellen, sondern im übertragenen Sinne auch Ihrer Standfestigkeit

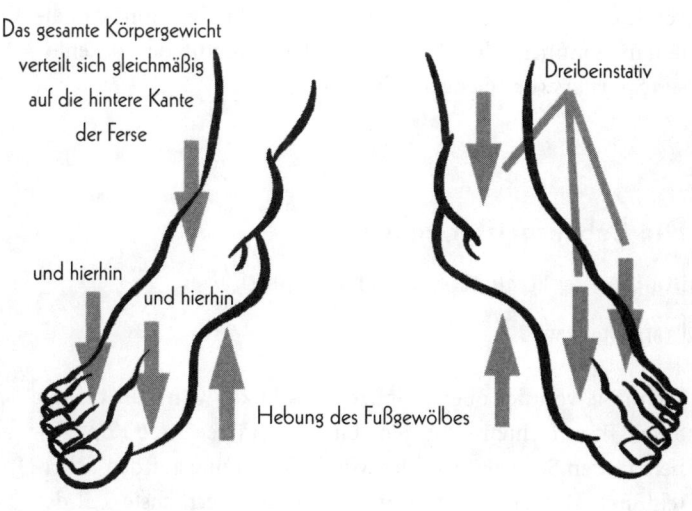

Das gesamte Körpergewicht verteilt sich gleichmäßig auf die hintere Kante der Ferse

Dreibeinstativ

und hierhin

und hierhin

Hebung des Fußgewölbes

Die Füße

im Leben. Sobald sie Ihnen in Fleisch und Blut übergegangen ist, was schon nach drei Wochen oder auch erst nach 33 Jahren sein kann, je nachdem, wie oft Sie üben, wie verkrampft oder geschädigt Ihre Füße durch jahrelanges Tragen von falschem Schuhwerk sind und wie oft Sie barfuß gehen, können Sie sie beim Gehen und Laufen, bei der Ausübung einer Kampfkunst, beim Tanzen, Radfahren, Holzhacken, Schlangestehen, im Supermarkt oder gar im Schönheitssalon ausprobieren.

Wahrscheinlich werden Sie bei den meisten dieser Aktivitäten Schuhwerk tragen, aber gehen Sie trotzdem so oft wie möglich barfuß, besonders auf felsigem oder kieselsteinreichem Gelände. Es kräftigt die Sohle und die Seele und fördert ganz allgemein den Strom des Chi durch Stimulation der Reflexpunkte in den Fußsohlen.

Es lohnt sich auch, die Füße von Zeit zu Zeit zu reiben, durchzukneten und zu streicheln, um sie wissen zu lassen, daß sie einem lieb und wert sind. Sie brauchen ihnen nicht gerade einen Blumenstrauß zu kaufen, aber geben Sie ruhig Geld für echte Lavendelessenz aus, die Sie zwischen die Zehen reiben, um – vor allem im Sommer – dem Fußpilz und dem Stinkfuß des sockenlosen Sportlers vorzubeugen.

Die Lebensgeister heben

Halten Sie die Energie oben auf Ihrem Kopf leicht und empfindsam.

Wenn Sie von der oberen Spitze Ihres linken Ohrs zur oberen Spitze Ihres rechtens Ohrs eine Linie oben über Ihren Kopf ziehen, treffen Sie genau auf der Mitte dieser Linie auf den Scheitelpunkt. Das ist der geheimnisvollste und herrlichste Teil des Universums. Yogis nennen ihn den «tausendblättrigen Lotos» und wir Taoisten den «Treffpunkt von hundert Kräften». Er wirkt wie eine Antenne oben auf dem Kopf, die, wenn sie angeschlossen ist, dem Gehirn alle Informationen (Energien) zugänglich macht, die augenblicklich im Kosmos zur Verfügung stehen. Beschränkt werden sie nur durch die Größe des inneren Gedächtnisspeichers, die Zahl der Filter, die Sie benutzen, und die Geschwindigkeit Ihrer Prozessoren zum Runterladen der Informationen. Die Hopis empfehlen, diesen Punkt immer «offen» zu halten, um Weisungen aus höheren Bereichen empfangen zu können.

Das ist seine externe Funktion, während er aufs Innere wie ein Magnet wirkt, der die positiven Vitalkräfte aufwärts zieht und buchstäblich die Lebensgeister hebt. Das ist es, was Sie aus dem Bett treibt, obwohl Sie eigentlich gut den ganzen Tag darin hätten vertrödeln können, und Sie davon abhält, ein Penner zu werden.

Visualisieren Sie, um diesen Punkt zu aktivieren und dadurch Ihre Lebensgeister zum Scheitelpunkt des Kopfes zu heben, eine funkelnde, glitzernde Lichtkugel von etwa 15 cm Durchmesser, die sich in der Luft etwa 5 cm über Ihrem Scheitelpunkt um ihre eigene Achse dreht. Wenn Sie sich in dieser Vorstellung üben, bis sie Ihnen in Fleisch und Blut übergegangen ist, bleibt Ihr Geist rege, aktiv und offen für seine große Chance.

Sie können sich auch vorstellen, ein goldener Faden sei mit dem einen Ende an Ihrem Scheitelpunkt befestigt und mit dem anderen am Scheitelpunkt des Himmels. An diesem Faden wird von oben sacht gezogen, bis Sie nur noch daran hängen. Auf diese Weise wird auch Ihre Wirbelsäule gestreckt (siehe Haltung, S. 45).

Der Kopf hängt an einem
goldenen Faden

Lichtkugel
(optional)

Die Lebensgeister heben
(Seitenansicht)

Die drei Tantiens

Wenn Sie darauf aus sind, einen undurchdringlichen, unerschütterlichen Kern zu entwickeln, lesen Sie dies.

In Ihrem physischen Körper befinden sich drei psychische Kraftwerke oder *Tantiens* (Himmelsfelder), den sieben Chakren im Yoga vergleichbar, die, wenn sie im Einklang miteinander aktiv werden, Ihren unvergänglichen Kern bilden und Ihnen mit ein bißchen zusätzlichem Hokuspokus (siehe *Die psychische Schleife*, S. 65) bei der Geburt eines eigenen Geistkörpers helfen (siehe *Der Geistkörper*, S. 76). Dann geht's erst richtig los mit der Magie des Taoismus.

Das erste dieser Tantiens, der «Ozean der Lebensenergie», der im allgemeinen als Zentrum des Menschen gilt, liegt etwa 3 cm unterhalb des Nabels und etwa 5 cm nach innen in Richtung Wirbelsäule. Es ist dafür zuständig, das Chi in die Körperkraft und Ausdauer umzuwandeln, die Sie zum Überleben hier brauchen, und sorgt darüber hinaus für den notwendigen Sexualtrieb, damit Sie kein Mauerblümchen bleiben. Letzterer stellt die niedrigste Energiefunktion dar, was nicht abfällig gemeint ist, sondern in dem Sinne, daß er die Grundlage für alles Leben bildet.

Das nächsthöhere Tantien, das mittlere, wird «Purpurpalast» genannt und befindet sich in der Mitte der Brust auf Höhe des Herzens, etwa 8 cm weit innen in Richtung Wirbelsäule. Der Purpurpalast ist dafür verantwortlich, Energie in Leidenschaft und Gefühl umzuwandeln, ohne die Ihr Leben so öde und sinnlos wäre wie ein abgelaufener Fahrschein (es sei denn, Sie wollen einen Joint daraus drehen). Er stattet Sie mit menschlichen Eigenschaften wie Liebe und Haß, Begierde und Abneigung, Großzügigkeit und Habgier aus und bewahrt Sie davor, ein Zombie zu werden.

Das höchste Tantien, die «Höhle des ursprünglichen Geistes», liegt genau in der Mitte des Gehirns zwischen den Augen und

Ohren, etwa da, wo sich die Zirbeldrüse befindet. Es sorgt nicht nur dafür, daß Ihre Festplatte einwandfrei funktioniert, sondern ist auch für die Umwandlung von Energie in Intelligenz zuständig, das heißt dafür, daß eingehende Signale von Ihren Sinnesorganen aufgenommen und im Gehirn zu brauchbaren Informationen verarbeitet werden. Das oberste Tantien, auch liebevoll «drittes Auge» genannt, befähigt Sie dazu, Dinge zu sehen, die Sie mit normalen Augen nicht sehen können, ist also eine Art übermenschliches Röntgenauge.

Wenn diese drei Himmelsfelder aktiviert sind und zusammenwirken, haben Sie die Macht, sich Ihre Herzenswünsche zu erfüllen, gepaart mit der Intelligenz, das zu schätzen zu wissen, und außerdem werden Sie ein richtiger Mann (eine richtige Frau).

Hier also zwei Visualisations- und Kontemplationsübungen, die Ihnen zu dieser Erfahrung verhelfen werden.

Visualisation der inneren Landschaft

Falls Sie etwas für Landschaften übrig haben, haben Sie jetzt die Chance, sich mit Hilfe der «virtuellen» Realität Ihre eigene zu schaffen.

Diese Übung soll Ihnen Zugang zu Ihren drei Tantiens verschaffen, so daß Sie einen undurchdringlichen, unerschütterlichen Kern entwickeln.

In Ihrem Unterleib liegt der dunkle, tiefe nächtliche Ozean, auf dessen Wellen sich das Mondlicht spiegelt. Die Dünung in Ihrem Innern verläuft von vorn nach hinten. Diese unaufhörliche Strömung verkörpert Ihre Kraft und Ausdauer. Werden Sie still, nehmen Sie sich einen Augenblick Zeit, Ihren Atem mit Ebbe und Flut der Wellen zu synchronisieren, und lassen Sie dann Ihre Aufmerk-

samkeit an den Felswänden nach oben gleiten, die vor Ihrer Wirbelsäule steil bis zur Mitte Ihrer Brust aufragen.

Hier finden Sie den Purpurpalast, der in aller Herrlichkeit auf einem Felsgipfel prangt mit weit geöffneten Fenstern, aus denen gleißendes purpurrotes Licht strahlt, das tausend Kilometer im Umkreis zu sehen ist. Dieses Licht repräsentiert Ihre unerschöpfliche Liebe und Lebenslust. Nehmen Sie sich einen Augenblick Zeit, Ihren Atem mit dem purpurroten Licht in Einklang zu bringen, und beginnen Sie dann mit dem Aufstieg weiter hinauf, wobei Sie an der Jadepagode vorbeikommen (ihren Hals- bzw. Nackenwirbeln) und schließlich die Höhle des ursprünglichen Geistes erreichen, eingebettet in dünner Luft zwischen den höchsten Felszacken, die genau unter dem Scheitelpunkt Ihres Kopfes in den Himmel ragen. Hier setzen Sie sich hin, aufleuchtend im Purpurlicht und angestrahlt vom unirdischen, weißlichen Licht des ursprünglichen Geistes, während das Geräusch der anbrandenden Wellen tief unten verhallt, und schauen in den unendlichen inneren Raum hinein. Dieser innere Raum stellt Ihre unendliche Intelligenz dar, die Ihnen gehört, wenn Sie drei Deckel der Packung «Visualisation der inneren Landschaft» einschicken und die einfache Frage beantworten: «Wer bin ich eigentlich?»

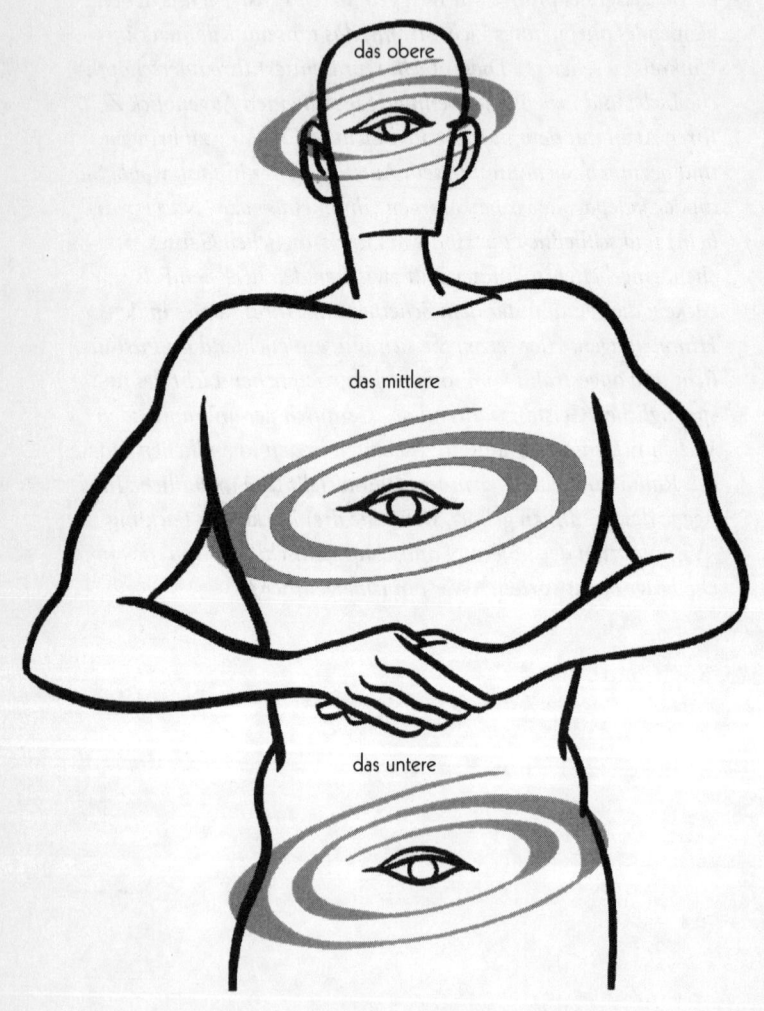

das obere

das mittlere

das untere

Die drei Tantiens (Vorderansicht)

Visualisation der drei freundlichen Gottheiten

Für den Fall, daß Ihnen das Szenario Vater, Sohn und Heiliger Geist zu einschüchternd und fern erscheint, um sich davon durch die gelegentliche dunkle Nacht der Seele geleiten zu lassen, hier eine Dreifaltigkeit, die Ihnen bis in die hintersten Falten Bauch, Hirn und Herz erwärmen wird.

Ehe ich Ihnen jetzt diese unglaublichste aller heiligen taoistischen Dreiheiten, den Wachsamen Fuchs, den Wohltäter und den Phat-Kontrolleur, ein Trio freundlicher Gottheiten, vorstelle, fühle ich mich genötigt, Sie zu warnen, daß die Aufnahme der folgenden Visualisation in Ihr Repertoire Ihren Übungen die Art von Exklusivität verleihen könnte, durch die Sie sich als vollberechtigtes Mitglied der GFT (Gesellschaft fortschrittlicher Taoisten) qualifizieren dürften.

In der Höhle des ursprünglichen Geistes lebt ein Typ namens Wachsamer Fuchs. Wie der Name vermuten läßt, ist er listig, schlau und gerissen und kennt alle Tricks. Mit seiner scharfen Beobachtungsgabe entgeht ihm absolut nichts. Er ist genetisch so programmiert – Füchse hätten nicht als eine der erfolgreichsten Stadtkriegerarten überlebt, wenn sie vor sich hin gedöst hätten. Holen Sie ihn sich vor Augen, wie er da unbemerkt in Ihrem Kopf sitzt, wachsam auch die leisesten Veränderungen wahrnimmt und sofort handlungsbereit ist. Der W. F. verkörpert Ihre unvoreingenommene Intelligenz, die durch die Funktion des obersten Tantiens ermöglicht wird. Meditieren Sie, während Sie sich auf ihn konzentrieren, über die Eigenschaft der ewigen Dauer.

Der Wohltäter, wörtlich übersetzt der «Vollbringer guter Taten», thront königlich im Purpurpalast auf dem Hauptthron im Hauptthronsaal und schenkt Ihrer werten Person und allen, denen Sie je begegnen werden, Güte und vorbehaltlose Liebe. Darin besteht

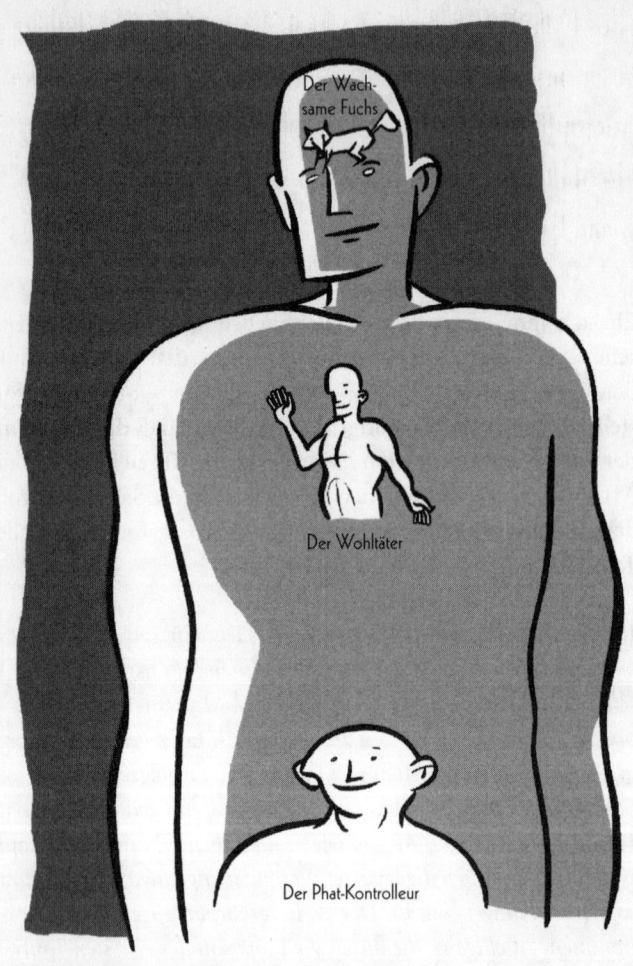

Die drei freundlichen Gottheiten (Vorderansicht)

seine Aufgabe: Ihnen die Wirklichkeit zu einer herzerwärmenden Erfahrung zu machen, indem er Ihnen das Gefühl stiller Zufriedenheit vermittelt, nach dem Sie sich so oft sehnen und das einem gesunden, ungehinderten Liebesstrom zwischen Ihnen und anderen entspringt. Während Sie Ihre Aufmerksamkeit auf ihn konzentrieren, sollten Sie über die Eigenschaft der absoluten Harmonie meditieren.

Währenddessen sitzt unten am Fuße der Felsen, tief in Ihrem Unterleib, der Phat-Kontrolleur an seinem gewohnten Tisch in seinem Lieblingsrestaurant mit Meerblick in bester, unverbaubarer Lage. P. K. ist ein stämmiger, handfester Bursche, der jede Situation im Griff hat und immer flüstert, so daß andere sich anstrengen müssen, um die erdhaften Weisheiten, die er von sich gibt, mitzubekommen. Voller Adel in Haltung und Betragen, ruht er in seiner Mitte und schätzt sich glücklich, sozusagen von hinten und unten aus die Führung zu übernehmen. Während Sie beim Phat-Kontrolleur weilen, sollten Sie über die Eigenschaft der grenzenlosen Macht meditieren.

Machen Sie es sich, falls Ihnen diese Visualisation zusagt, zum Prinzip, das Trio der freundlichen Gottheiten so oft zu treffen, bis Sie ein klares Bild von allen dreien zugleich haben, wie sie in ihren jeweiligen Bereichen thronen. Dadurch setzen Sie die psychischen Kräfte frei, die zu Ihren drei Tantiens gehören, und bringen sie in ein harmonisches Gleichgewicht. Diese Gottheiten sind natürlich «nur» Personifikationen jener Kräfte, Sie können also getrost Namen und Geschlecht (der Gestalten) ändern, wenn Sie wollen. Sie können sie auch, falls Sie zu derlei neigen, bei Bedarf einzeln, zu zweit oder zu dritt als treue Verbündete aufrufen (siehe *Discokultur*, S. 162).

PSYCHISCHE KRAFT SAMMELN

Die psychische Schleife

Im Körper befindet sich eine Urenergieschleife, selbst in ebendiesem Augenblick unseres Gesprächs, in der schon vor Ihrer Geburt unirdische psychische Kraft zirkulierte und noch zirkulieren wird, wenn Sie längst Ihre Earth-Boots für immer abgelegt haben. Diesen inneren Strom anzuzapfen wird ihr Leben tiefgreifend beeinflussen, also lassen Sie lieber die Finger davon, wenn alles so bleiben soll, wie es ist (was allerdings nicht gut möglich ist).

Ihr Körper funktioniert auf der Grundlage eines Systems von zwölf Haupt- und 72 Nebenbahnen, die mit bloßem Auge nicht zu erkennen sind und Chi zwischen den lebenswichtigen Organen hin- und hertransportieren. Außerdem gibt es noch eine Gruppe von acht «Zusatz»-Bahnen, psychischen ISDN-Leitungen, die dem Transport der noch viel wirksameren pränatalen Art von psychischer Kraft dienen, wie sie normalerweise in hochentwickelter Form bei Kriegern, Hexen, Zauberern, Gurus und etlichen anderen spirituellen Meistern und Meisterinnen zu finden ist. Von diesen psychischen Bahnen sind zwei – die Kontrollbahn und die Funktionsbahn – von überragender Bedeutung. Die Kontrollbahn reguliert den gesamten Strom des Yang-Chi (siehe *Yin-Yang*, S. 25) im Körper, der Sie unter anderem in die Lage versetzt, sich einen Begriff oder eine Vorstellung von etwas zu machen, während die Funktionsbahn den Strom des Yin reguliert, der Ihnen unter anderem die Fähigkeit verleiht, diese Vorstellung praktisch umzusetzen.

Beide zusammen besitzen sie das Potential, eine Endlosschleife zu formen, in der Sie Ihre psychische Energie in einem ständigen Yin-Yang-Kreis zirkulieren lassen können. Dadurch wird Ihr psychischer Energiestrom geläutert, verstärkt und beschleunigt, so daß Sie binnen etwa 90 Tagen regelmäßiger Übung die Form Ihres eigenen Geistkörpers (siehe *Der Geistkörper*, S. 76) erkennen können. Das ist äußerst wichtig für jeden, dem der Sinn nach spiritueller Unsterblichkeit steht, aber auch für alle, die an weniger hochfliegenden Zielen wie Langlebigkeit, Astralreisen, Unsichtbarkeit und den üblichen Wundern wie Heilen oder Materialisation von Reichtümern interessiert sind. (Mehr Informationen über diese und andere Fertigkeiten im Zusammenhang mit der psychischen Schleife an späterer Stelle in diesem Buch.) Die Kontrollbahn beginnt genau zwischen Ihren Beinen (in mehr als nur einer Hinsicht), zieht sich wie eine edle Perlenschnur die Rückseite der Wirbelsäule hinauf zum Scheitelpunkt des Kopfes und wieder hinab durch die Innenseite des Gesichts, wo sie mit der Funktionsbahn verschmilzt. Die Funktionsbahn läuft hinter der Kehle entlang die Vorderseite des Körpers hinab, hinter dem Schambein und an den Genitalien vorbei, um sich genau zwischen den Beinen wieder mit der Kontrollbahn zu vereinen.

Aktiviert wird diese Schleife durch die folgende Übung, eine Kombination aus Visualisation und Atemtechnik.

Psycholooping

In jeder Not und dunklen Stunde hilft eine Psycholooping-Runde.

Setzen Sie sich, nachdem Sie sich mit der oben vorgestellten Idee und der Vier-Stufen-Atmung vertraut gemacht haben, in einem ruhigen Moment ohne äußere Ablenkungen still hin. Schließen Sie, sobald Sie die folgenden Anweisungen absorbiert haben (d. h. nicht nur mit dem Verstand, sondern mit Ihrem ganzen Wesen in sich aufgenommen haben), die Augen, und …

Stellen Sie sich Ihre eigene psychische Schleife bildlich vor, wie sie hinten am Rückgrat entlangläuft vom Steißbein bis zur Spitze des

Kopfes und dann die Vorderseite hinab bis nach unten, hinter dem Schambein vorbei und wieder aufwärts. Malen Sie sich beim Einatmen aus, wie die Luft in der Kontrollbahn vom Steißbein bis zum Scheitelpunkt des Kopfes aufsteigt, und beim Ausatmen, wie sie durch die Funktionsbahn vom Scheitel bis zu den Genitalien absinkt.

Um Ihren Geist an den Atem zu koppeln, sollten Sie die Vier-Stufen-Atmung anwenden und die Pausen jeweils in der Mitte des Aufstiegs und in der Mitte des Abstiegs einlegen.

Üben Sie, bis Sie neun Runden voll bewußt in aller Gelassenheit und frohgemut vollenden können, dann werden Sie nach höchstens neun Sitzungen ganz automatisch und ohne Unterbrechung Psycholoopen können, sobald Sie das Programm einschalten.

Wenn Ihnen das gelungen ist, können Sie das kosmische Looping beim Laufen, Gehen, Stehen, Reden, Tanzen, Tai-Chi, Yoga, Bumsen, beim Warten in Abflughallen, in der Eckkneipe und auf dem Ecksofa, im Verkehrsstau (legen Sie sich ein Fahrrad zu!), beim Radfahren, kurz: bei jeder nur erdenklichen Tätigkeit ausüben.

Alles verknüpfen

Ich kann Sie nicht länger zum Narren halten, was Ihre gegenwärtige metaphysische Situation betrifft. Nur zu lesen, was ich darüber zu sagen habe, genügt nicht mehr.

Ehe Sie jetzt eine fortgeschrittene Übungsebene erreichen, auf der Ihnen die Kräfte der außersinnlichen Wahrnehmung, eines höheren Grades der Stimmungsbeherrschung und noch viele andere Gaben zuteil werden, stellt sich für Sie die Notwendigkeit,

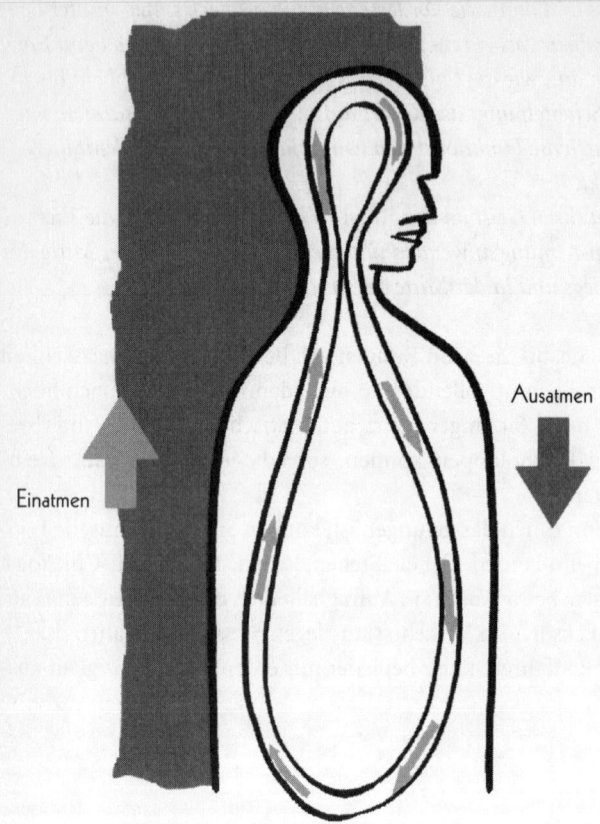

Einatmen

Ausatmen

Die psychische Schleife

alles noch einmal zu wiederholen, vom *Training* bis zur *Psychischen Schleife*. Eine andere Vorgehensweise ist nur denen anzuraten, die einen Hang zum Lückenspringen haben.

Die folgende Übung wird, wenn sie vollständig und richtig durchgeführt wird, zuerst einmal alle mentalen Fähigkeiten fest miteinander verknüpfen, wahrscheinlich mit einem hübschen Knoten, um sie anschließend, mit neuer Klarheit und Vitalität versehen, wieder freizusetzen. Wenn Sie sich in diesem Stadium die Zeit nehmen, alle bisher gesammelten Informationen während einer einzigen Sitzung (von etwa einer halben Stunde Dauer) miteinander zu verbinden, werden Sie Zugang erhalten zu der Dimension oder dem Umfeld, in dem Ihr Geistkörper, dessen schwache Umrisse Sie inzwischen vielleicht schon ausmachen können, seine Tage und Nächte zubringt, während Sie sich amüsieren. Regelmäßiger Zugang zu diesem Bereich gibt Ihrem psychischen Grundgerüst die nötige Stabilität, daß Sie gefahrlos mit den Übungen zum mentalen Schutzschild, zum Unsichtbarwerden, zur Technik des Astralreisens usw. anfangen können, wovon im folgenden die Rede sein wird.

Bringen Sie, nachdem Sie sich noch einmal mit den Grundbausteinen Atmung, Haltung, Zentrieren, Entspannen, Sinken usw. vertraut gemacht haben, das alles eins nach dem anderen ins Spiel, während Sie neun langsame Atemzyklen durchlaufen und sich dabei auf Ihre drei Tantiens konzentrieren. Deren Bild wird unter Umständen immer wieder verschwimmen, aber je mehr Sie üben, um so dauerhafter bleibt es. Binden Sie, wenn Sie die drei Tantiens fest im Blick haben, die psychische Schleife vertikal um sie herum. Führen Sie dann, während Sie die Vier-Stufen-Atmung anwenden, voll bewußt neunmal das Psycholooping aus.

Machen Sie diese Übung, ohne sie als Zwang zu empfinden, etwa neuneinhalb Wochen lang täglich zu einer eigens dafür angesetzten Zeit, aber geben Sie auch ruhig während Ihrer täglichen Aktivitäten einer plötzlichen Lust auf variable, improvisierte Minisitzungen nach. Dadurch stärken und schützen Sie Ihren Geistkörper und können ihn dann getrost draußen mit anderen gefallenen Engeln spielen lassen, ohne daß er sich die Flügel dreckig macht.

Der mentale Schutzschild
Die Hula-Hoop-Schleife

Nach dem Psycholooping kommt das Hula-Hooping.

Ein Reifen aus psychischer Kraft kreist im Uhrzeigersinn mit 300 000 Kilometern pro Sekunde (Lichtgeschwindigkeit) waagerecht auf Höhe Ihres unteren Tantiens in durchschnittlich etwa zwei Meter Abstand von Ihrem Körper um Sie herum. Er gleicht einem Rad mit einem Durchmesser von etwa vier Metern, dessen Nabe genau vor Ihrer Wirbelsäule sitzt, zwei Fingerbreit unter Ihrem Nabel, und das sich rasend schnell um Sie dreht wie ein mentaler Super-Hula-Hoop-Reifen aus Hawaii. Solange Sie es nicht geistig aktivieren, ist es nur latent vorhanden, aber einmal aktiviert, versieht es Sie mit einem mentalen Schutzschild, der alle schädlichen oder destruktiven Energien, die sich Ihnen in Gedanken, Worten oder Taten nähern, abzulenken vermag.

In Bewegung bringen Sie es einfach durch Visualisation. Dazu müssen Sie an die Kraft Ihrer Einbildung glauben, aber wenn Sie sich regelmäßig in dieser Vorstellung üben, werden Sie die ungeheure kreisende Energie, die Sie umgibt, bald spüren. Einmal in Gang gesetzt, bleibt sie ziemlich gleichbleibend in Bewegung und erfordert zu ihrer Aufrechterhaltung nur eine gelegentliche Visualisationssitzung, in der ihr Neigungswinkel korrigiert oder kleinere, durch irgendwelche Störungen in Ihrem Energiefeld bedingte Defekte behoben werden.

Setzen Sie sich bequem hin, und stellen Sie sich bildlich vor, daß ein Reifen aus psychischer Kraft mit 300 000 Kilometern pro Sekunde auf Höhe ihrer Taille im Uhrzeigersinn um Sie herumkreist wie die Ringe des Saturn. Das Material des Reifens besteht aus unendlich vielen, mit Speziallichteffekten geladenen Teilchen, und jedes Teilchen dreht sich mit 300 000 Kilometern pro Sekunde um seine eigene Achse. Wenn Sie auf diesen schnell kreisenden Reif hinabblicken, sehen Sie, daß der Lichtring in Wahrheit von der

Nabe bis zum Reifen ein Scheibenrad aus Licht ist. Konzentrieren
Sie Ihr Bewußtsein, während Sie auf Ihre Mitte ausgerichtet blei-
ben, Ihre Haltung bewahren, die Vier-Stufen-Atmung durch-
führen und Psycholooping machen, etwa 17 Minuten lang auf das
Kreisen, bis Sie das Kribbeln in Ihrem Tantien keinen Augenblick
länger ertragen können, schwindelig werden oder anfangen, sich
zu langweilen.

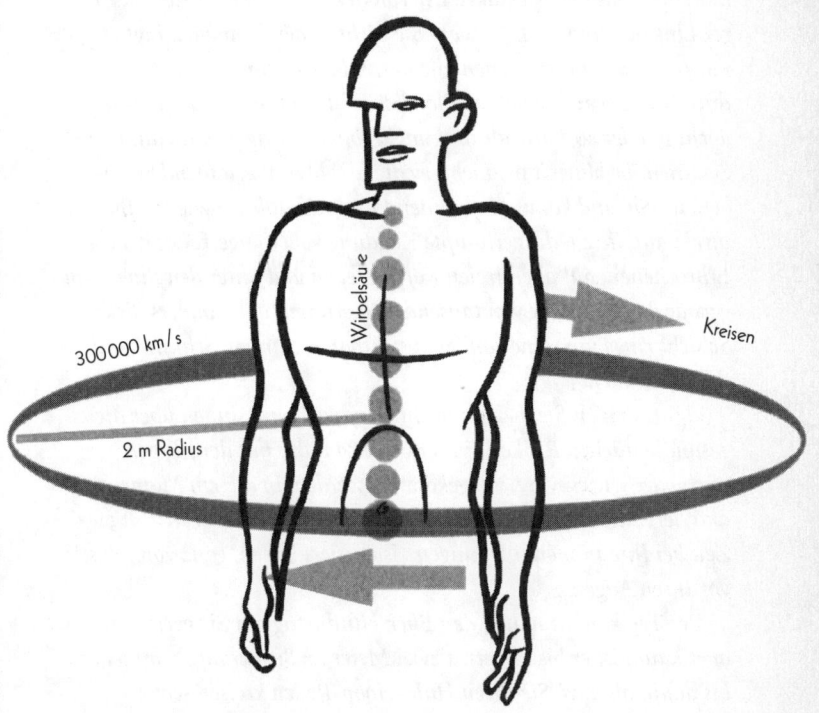

Hula-Hoop-Schleife (von vorn)

Wenn schädliche Energie irgendwelcher Art, sei es mentale, physische oder bakterielle, in Sie einzudringen versucht, wird sie in
die Richtung davongeschleudert, die Sie intuitiv auswählen
(siehe *Intuition*, S. 176). Sie können Ihren Schutzschild auch

dazu benutzen, Platz um sich herum zu schaffen, zum Beispiel, wenn Sie in einer überfüllten Disco mehr Raum zum Tanzen brauchen.

Sie sitzen müßig draußen in einem Café am Kanal und essen ein Sandwich. Es ist ein Wochentag. Alle sind fort zur Arbeit, die Gegend ist vollkommen menschenleer. Mitten in der Stille erhebt sich auf einmal lauter Spektakel, der von den schwarzen Hütten zu Ihrer Linken herkommt. Obwohl Sie nichts sehen können, klingt es nach ein paar Betrunkenen, die herumbrüllen und Bierdosen durch die Gegend schießen. Plötzlich tritt ein junger Mann, vielleicht 19 oder 20 Jahre alt und unglaublich kräftig gebaut, aus dem Schatten. Er blinzelt ins Licht, richtet die blutunterlaufenden Augen auf Sie und kommt brummend und schnaubend wie ein Bulle direkt auf Sie zu, die zerlumpte Kleidung voller angetrocknetem Erbrochenen, auf allen freien Körperstellen und unter den Fingernägeln den Dreck von tausend Völkern und in besonders dicker Schicht rings um seine zahllosen sichtbaren Narben, Schnitt- und Schürfwunden.

«Igitt!» rufen Sie, beißen in Ihr Sandwich und sinnen über die gesundheitlichen Risiken eines Körperkontakts mit dem Typen nach oder wie es wäre, vollgekotzt zu werden. In diesem Moment aktiviert sich der mentale Hula-Hoop-Reifen, den Sie von Zeit zu Zeit bei Ihren inneren Übungen visualisiert haben, ganz von selbst vor Ihren Augen.

Der Typ kommt näher, den Blick blutdürstig auf Sie gerichtet, aber kaum ist er bis auf etwa zwei Meter an Sie herangekommen, bis dahin also, wo Sie Ihren Hula-Hoop-Reifen kreisen sehen, prallt er zurück und schlägt eine andere Richtung ein, als wäre er ferngesteuert.

Sie wünschen ihm gute Besserung, staunen über die Wirksamkeit Ihres mentalen Hula-Hoop-Schildes und widmen sich voller Dankbarkeit wieder Ihrem Sandwich.

Das mentale Ei

*Das mentale Ei ganz alleine schützt Sie besser
als Arme und Beine.*

*Stellen Sie sich bildlich vor, Sie befänden sich in einem gewaltigen
Ei, das aus lauter Speziallichteffektteilchen besteht und sich mit
300 000 Kilometern pro Sekunde um seine eigene Achse dreht. Wie
ein kosmischer Brummkreisel umgibt es Sie vorn und hinten, über
dem Kopf und unter den Füßen mit seinem intensiven, dem
bloßen Auge jedoch nicht sichtbaren Licht.*

Die Mitte dieses Eis liegt in Ihrem unteren Tantien unter Ihrem
Nabel. Die Mitte ist zugleich die Nabe eines Rades, dessen Reifen
Ihre Hula-Hoop-Schleife bildet, den Energiegürtel, der in der
Horizontalen auf Höhe Ihrer Taille um den «Äquator» des Eis
kreist. Das Ei wirkt als gewaltige psychische Membrane, die wie
ein mentales Sonnenschutzmittel alle schädlichen Strahlen, die
andere Leute von sich geben, zurückhält. Theoretisch kann es Sie
auch vor Malariamücken und Viren aus der Luft schützen, obwohl es nicht den mindesten medizinischen Beweis dafür gibt,
daß das stimmt.

Das Ei ist nur latent vorhanden, bis Sie es durch die Macht der
Visualisation aktivieren. Einmal aktiviert, bildet es einen wirksa-
men Schutzschild gegen psychische und mentale Attacken. Vergessen Sie nicht, daß allen Angriffen zuerst Angriffsgedanken
vorausgehen, sie also mentaler Art sind. Selbst eine ordinäre
Straßenschlägerei beginnt zunächst mit angriffslustigen Worten,
die wiederum von Angriffsgedanken herrühren, es sei denn, Sie
geraten an Schwerverbrecher oder befinden sich im Krieg, denn
da werden normalerweise keine Worte verloren, sondern man
kommt gleich zur Sache.

Wann immer jemand, ein sitzengelassener Liebespartner zum
Beispiel, lebensbedrohliche Wünsche in Ihre Richtung schickt,
können Sie das als mentalen Angriff betrachten. Gedanken tref-

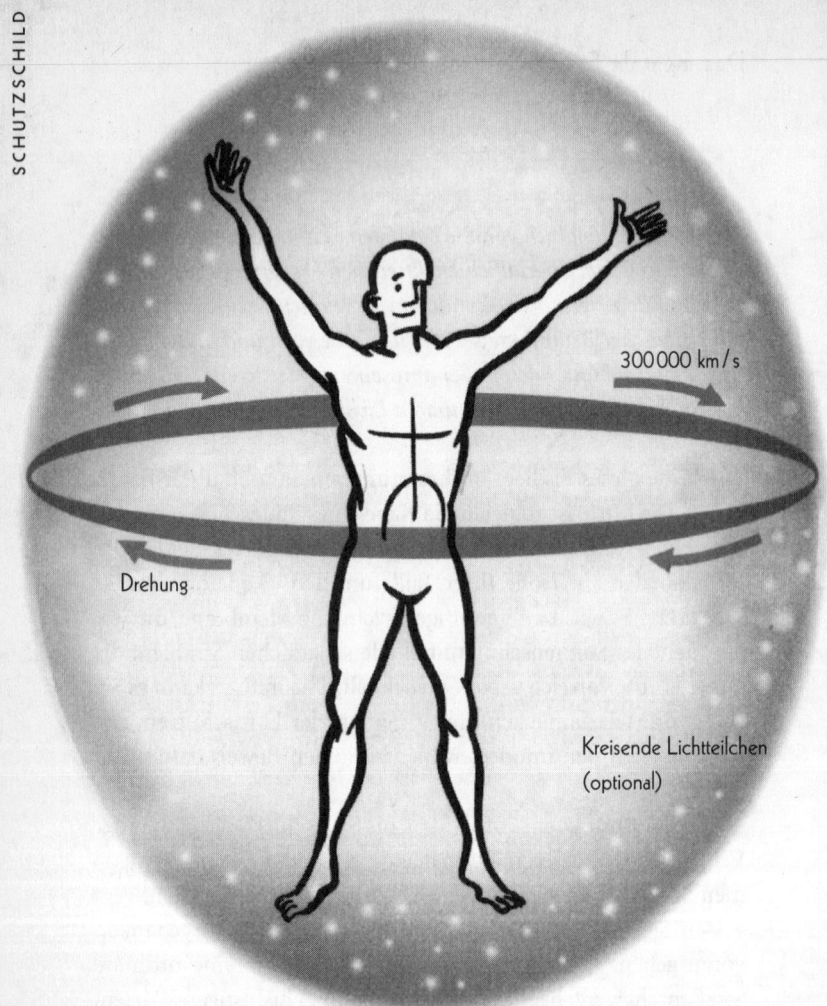

300 000 km / s

Drehung

Kreisende Lichtteilchen
(optional)

Das mentale Ei (von vorn)

fen immer ins Schwarze wie wärmegesteuerte Raketen, so funktioniert auch Wodu, und genauso geht es, wenn jemand eifer-
süchtig auf Sie ist. Negative Gedanken, die Ihnen gelten, wirken
auf Ihr Energiefeld ein und fügen Ihrer Person Schaden zu. In

Ihrem oberen Tantien in der Mitte Ihres Gehirns haben Sie eine mentale Radaranlage, mit der Sie heransausende mentale Raketen orten können, aber da Sie den Radarschirm nicht Tag und Nacht wie besessen im Auge behalten können, weil Sie ja schließlich auch mal Ihr Leben leben wollen, hat die Planungsabteilung Sie mit einem mentalen Schutzschild ausgestattet, mit dem Sie den Angriff im Handumdrehen zu jeder Tages- und Nachtzeit abwehren können, ganz gleich, in welcher geistigen Verfassung Sie gerade sind.

Die beste Art des Umgangs mit dem Schutzschild ist die, ihn am Morgen während der Übungssitzung zu visualisieren, ihn den Tag über immer mal wieder rasch zu aktivieren und sich vor dem Schlafengehen noch einmal eingehender mit ihm zu befassen.

Das Ei bietet Ihnen nicht nur Schutz vor Angriffen auf Ihre Psyche und Ihren Körper und wehrt womöglich Viren ab, es besitzt auch psychische Signal- und Magnetwirkung (allerdings nur bei zusätzlicher Übung).

Die Signalfunktion ermöglicht es Ihnen, in aller Öffentlichkeit psychospirituelles «Licht» auszustrahlen und so sowohl Ihr eigenes Charisma als auch die harmonischen Schwingungen in Ihrer unmittelbaren Umgebung zu verstärken.

Die Magnetfunktion ermöglicht es Ihnen, positive Energien auf sich zu ziehen. Diese Energien können unterschiedlichster Art sein, von Geld über Liebe bis hin zu anderen netten Überraschungen.

Die Gesellschaft fortschrittlicher Taoisten (GFT) empfiehlt Ihnen nachdrücklich, diese Visualisationsübung in Ihre tägliche Trainingsroutine aufzunehmen, ehe Sie sich auf irgendwelche Fahrradexkursionen durch verkehrsreiche Innenstädte begeben.

Denken Sie daran, daß Ihr Ei die entsprechende regelmäßige Visualisationsübung im Verein mit solchen Grundmethoden wie dem Psycholooping braucht, sonst wird unter Umständen Rührei daraus.

Der Geistkörper

Was nun folgt, ist reine Fiktion, es sei denn, Sie glauben
an den Wahrheitsgehalt, wodurch es sich sofort in eine Tatsache
verwandelt (das nennt man Magie).

Wie das Tao, aus dem alle Erscheinungen hervortreten, ist auch
Ihr Geistkörper von ewiger Dauer. Ihr metaphysisches Betriebs-
system enthält die Informationen über all Ihre verschiedenen
Existenzen und ist der Speicher für Ihre ureigene Marke reinen
Bewußtseins, das vor der Geburt von Vater Zeit schon da war
und noch lange nach dessen Hinscheiden dasein wird. Als Sie
sich vor langer Zeit an jenem Glückstag von der Paarung Ihrer
Eltern zum Zeitpunkt Ihrer Zeugung angezogen fühlten, war es
Ihr Geistkörper mit all den Erinnerungsspuren an Ihre vergangenen und zukünftigen Existenzen, der für Ihre sichere Implan-
tation dort gesorgt hat und während Ihrer gesamten Reifezeit bei
Ihnen geblieben ist. Als Sie Ihren ersten Atemzug taten, hat er
sich aus dem grellen Licht der lokalen Wirklichkeit in jenen unsichtbaren, stillen Bereich zurückgezogen, in dem Geistkörper zu
residieren pflegen. Sobald Sie Ihre Earth-Boots ablegen, ist er
wieder zur Stelle (wo auch immer das sein mag), um Sie zum
nächsten Meta-Event zu bringen. Er teilt Ihre ortsbedingten
Wertvorstellungen von richtig und falsch, angenehm und unangenehm nicht und führt Sie mir nichts, dir nichts an die nächste
Lektion heran, die Sie für ein gesundes Wachstum brauchen.

Wenn Sie sich in Ihrer derzeitigen physischen Form voll bewußt mit Ihrem Geistkörper verbinden können, werden Sie in
der privilegierten Lage sein, über ein beträchtliches Mitsprache-
recht in bezug auf Ihr Schicksal zu verfügen. Spirituelle Meister
und Meisterinnen und fortgeschrittene Krieger, die diese Fähigkeit haben, können nicht nur Stunde und Umstände ihres eigenen Todes bestimmen (womit ich keineswegs einen törichten
Selbstmord meine), sondern auch die Himmelssphäre, in deren

Glückseligkeit sie dann einzugehen wünschen. Natürlich wird damit dem Betreffenden auch die Macht verliehen, auf lokaler Ebene noch während seiner irdischen Mühsal auch Art und Ausgang aller auf ihn zukommenden Ereignisse und Situationen zu bestimmen, und darüber hinaus die Fähigkeit, kraft seines Willens klar in Vergangenheit und Zukunft zu blicken.

Außerdem kann der vollendete Krieger in seiner Eigenschaft als Zauberer, das heißt als ein mit der Quelle Verbundener, Wunder der Heilung und der Materialisation von Reichtümern bewirken, sich unsichtbar machen, sich mit einem mentalen Schutzschild umgeben, in ewigem Frieden umherwandeln und sogar besseren Sex genießen (siehe *Sex*, S. 198).

Regelmäßiges Üben nach den Anweisungen im Abschnitt *Alles verknüpfen* stellt das Bindeglied her, das Sie zur Kontaktaufnahme mit Ihrem Geistkörper brauchen, aber Sie können diesen Prozeß beschleunigen, wenn Sie einigermaßen regelmäßig die folgende Visualisation durchführen, die Ihnen ein anschauliches Bild von ihm geben wird.

In den Zwischenraum zwischen Ihrem Bauchnabel und der Mitte Ihrer Brust ist ein kleines Wesen eingebettet, das in allen Punkten Ihr Ebenbild ist, nur in einem nicht: Es ist makellos. Das kleine Wesen, von Kopf bis Zeh, von der Mitte bis zu seiner süßen kleinen Aura perfekt, leuchtet im herrlichen Licht absoluter Vollkommenheit. Stellen Sie sich vor, während Sie langsam ein- und ausatmen, Ihr Atem sei eine Pumpe, mit der Sie das kleine Wesen aufblasen, bis es Ihren physischen Körper vollständig ausfüllt. Es dehnt sich immer weiter aus, bis es schließlich über die sogenannten Grenzen Ihres Körpers hinausgewachsen und aus dem kleinen ein großes Wesen geworden ist, der Geistkörper. Sie pumpen und beobachten weiter, und der Geistkörper folgt weiterhin seinem Schnellausdehnungsprogramm und erreicht allmählich die Größe eines großen Einfamilienhauses, und er nimmt immer mehr zu, bis er, um es kurz zu machen, das ganze bekannte Universum in sich aufgenommen hat.

In diesem Zustand des Allumfassens und darum vermutlich auch der Allgegenwart, Allwissenheit und Allmacht überlegen Sie, ob Sie für das Universum nicht einen etwas weniger strapazierten Begriff finden sollen, aber im Augenblick fällt Ihnen nichts Besseres ein, und so wühlen Sie ein Weilchen im Tiefkühlschrank Ihrer alten Erinnerungen nach dem Grund dafür, warum Sie sich überhaupt dermaßen ausgedehnt haben. Irgend etwas kommt Ihnen in den Sinn, und nachdem Sie es eine Minute lang in der Mikrowelle aufgetaut haben, erinnern Sie sich wieder. Indem sie sich all dessen bewußt werden, was Sie in sich enthalten, segnen Sie alles, was ist, mit göttlicher Liebe, wie Sie es von einem anderen Wesen dieser Größenordnung auch für sich selbst erhoffen würden. Wenn Sie von dieser berauschenden Tätigkeit genug haben, benutzen Sie Ihren Atem zum Abpumpen, lassen Ihr Geistwesen wieder auf das Normalmaß in Ihrem Innern schrumpfen und kehren langsam in die lokale Wirklichkeit zurück.

Der Witz ist, daß Sie das nächste Mal, wenn Sie um Schutz bitten, während Sie gerade mit dem Fahrrad durchs städtische Verkehrsgewühl fahren oder sich, an Ihren Sitz geschnallt, auf einem turbulenten Transatlantikflug befinden, vielleicht mal daran denken, daß der Adressat für Ihr Gebet womöglich niemand anderer ist als Ihr Geistkörper.

Locker ans Werk

Immer sachte!

Sie wollen etwas. Irgend etwas, zum Beispiel: sich 23 Tage lang in Polynesien amüsieren, Ihren unsterblichen Geistkörper über die neunte Himmelssphäre hinaus projizieren und auf dem Rücken eines goldenen Drachen mit den Winden des westlichen Himmels reiten, eine CD aufnehmen, Ihre Schubladen saubermachen, mit Ihrem oder Ihrer Liebsten zusammen einen heben, ein großes Vermögen anhäufen, einen Handel abschließen, Hummer rot kochen oder ähnliches.

Nachdem Sie sich eindeutig dafür entschieden haben, Ihr Vorhaben auszuführen (siehe *Intention*, S. 83), müssen Sie noch eine weitere Entscheidung treffen: Sie können «schwer» anklicken, wenn Sie sich bei der betreffenden Sache anstrengen und abrackern wollen, oder «leicht», wenn Sie es verdient zu haben glauben, daß die Dinge sich ganz natürlich und mühelos wie von selbst nach Ihren Wünschen gestalten.

Obgleich beide Möglichkeiten den gleichen Arbeitsaufwand und Einsatz erfordern, werden Sie sich bei der «schweren» Variante verausgaben bis zur Erschöpfung und kaum noch Freude haben am Tun wie am Ergebnis. Die «leichte» Variante hingegen läßt Ihnen Raum, die Wunder Ihres Daseins zu bestaunen, während das Objekt Ihrer Wahl in aller Ruhe unter Ihrem wohlwollenden Blick angesegelt kommt.

Anstrengung bedeutet, alle Kraft einzusetzen, um etwas zu erreichen. Wer sich anstrengt, muß den dadurch entstehenden Mangel durch Anzapfen der Kraftreserven wiederaufheben. Das setzt die lebenswichtigen Organe unter Druck, da sie plötzlich doppelt so schwer für den inneren Status quo arbeiten müssen. Wenn Ihre lebenswichtigen Organe überanstrengt werden, sinkt Ihre Stimmung, und Ihre Wahrnehmungsfähigkeit läßt nach oder verzerrt sich. Die Ausführung Ihres Vorhabens wird dadurch eine Belastung für Ihr Chi, und wenn Ihr Chi überlastet ist, ist es die ganze Welt, so daß alle Mühe nichts fruchtet. In Polynesien regnet es, Ihre CD mißrät, in Ihren Schubladen nisten sich Motten ein, und der Hummer verursacht Magendrücken.

Offensichtlich spricht einiges für meinen Tip, entspannt ans Werk zu gehen, denn jeder guter Krieger weiß, daß man etwas, das sich mühelos ergeben soll, locker angehen muß. Wenden Sie nur gerade soviel Energie auf, wie die anstehende Aufgabe erfordert. Und wenn es immer noch nicht leichtfallen will, müssen Sie noch sachter vorgehen.

Locker ans Werk zu gehen heißt nicht herumtrödeln (siehe *Muße statt Aufschieben*, S. 101) und schon gar nicht, ineffektiv zu sein. Im Gegenteil, wenn Sie mit Ihrem Chi haushalten, statt es bei der Verfolgung eines bestimmten Ziels zu verplempern, sind Ihre lebenswichtigen Organe entspannter und Ihre Kräfte besser ausgenutzt, so daß Ihnen ausreichend Chi für Ihre Arbeit zur Verfügung steht. Dann strahlen Sie angenehme Schwingungen aus, die auf den jeweiligen Gegenstand Ihres Begehrens eher anziehend als abstoßend wirken – ein Fall von «weniger ist mehr».

Denken Sie einmal daran, daß ein Luftballon viel weiter fliegt, wenn Sie ihn mit Bedacht nur leicht antippen, statt Ihm mit Gewalt einen Schlag zu versetzen. Lassen Sie Ihr Chi der Ballon sein, den Sie durch leichtes Antippen in die Richtung Ihres Wunschziels bewegen, und alles Stöhnen und Ächzen hat ein Ende für Sie, verehrter Leser.

Führen Sie ein paar Tage lang die folgenden Affirmationen durch (siehe *Affirmationen*, S. 164):

Ich brauche mich nicht länger abzumühen und abzurackern, um das zu erreichen, was ich will. Es ist nichts Heroisches an Magenschmerzen oder zusammengebissenen Zähnen, das sind Freizeitbeschäftigungen für Dummköpfe. Ich habe es verdient, daß mir die Dinge wie von selbst zufallen, aber das heißt nicht, daß ich faul bin. Ich bin gewillt, es von jetzt an locker angehen und die Dinge an mich herankommen zu lassen. Ich nehme die Welt jetzt leichter, dadurch wird sie auch leichter, und es gibt mehr Spielraum für uns alle. Ich wähle «leicht», und alles fällt mir leicht.

Und ganz besonders: Ich bin kein Trödler, ich wähle nur die Leichtigkeit, denn es steht mir frei, mir alles so leichtzumachen, wie es mir gefällt.

In Verlust investieren

*Um das Beste aus Ihrem Tao zu machen, sollten Sie
in Verlust investieren, denn mehr ist weniger.*

Nach der alten Anlagestrategie wird nur investiert, um Gewinne
zu machen. Der moderne Stadtkrieger hingegen investiert in
Verlust. Damit ist keineswegs gesagt, daß der Krieger ein Verlie-
rer ist. Vielmehr investiert er seine Energie statt in einen vor-
übergehenden Gewinn in die Auflösung seines Selbstbildes.

Je mehr Sie Ihr Selbstbild ausmalen, das heißt den Mythos
weiter ausspinnen, wer Sie sind, was Sie machen, was Sie besitzen
und was Sie wollen, um so schwerfälliger werden Sie. Dadurch,
daß Sie all diesen psychoemotionalen Unrat in Ihrem Reisekoffer
mit sich herumschleppen, büßen Sie Ihre Beweglichkeit, Ihre
Flexibilität und Anpassungsfähigkeit und infolgedessen Ihre
Freiheit ein.

Wenn Sie in den Verlust des Mythos Ihrer Person investieren,
reduzieren Sie diese Last und damit zugleich den c_w-Wert, also
den Widerstand. Dadurch wird es leichter für Sie, sich frei von einem Abenteuer ins nächste zu stürzen, und außerdem erhöhen
sich Ihre Chancen, zur rechten Zeit am rechten Ort zu sein und
so des ganzen Wunders teilhaftig zu werden, das die Realität für
Sie bereithält.

Statt also Unmengen von mentaler Energie ins Festhalten all
der Elemente zu stecken, aus denen Ihr Lebenslauf besteht, sollten Sie lieber loslassen und den Streß dem Tao überlassen. Wenn
Sie es zulassen, daß sich Ihr Leben von selbst entfaltet, und dabei
Ihre Kräfte sparen, können Sie angemessener reagieren, sobald
sich etwas ereignet.

*Visualisieren Sie sich selbst als reines, strahlendes Wesen ohne
Bürden aus der Vergangenheit und ohne Pläne für die Zukunft.*

Nun folgt die «Niemand»-Kontemplation. Es erfordert Mut, sie durchzuführen, denn sie ist ein Spiel mit Ihrem Identitätssinn und folglich ein Experiment mit der Wirklichkeit.

Die Niemand-Kontemplation

Schauen Sie sich um, oder denken Sie einfach an alles, was Sie besitzen, abzahlen oder mieten, mit anderen Worten: an all Ihre «Besitztümer». Stellen Sie eine Liste davon auf, wenn Sie wollen, und sagen Sie zu sich: «Ich bin nicht diese Besitztümer», z. B.: «Ich bin nicht dieses Haus, ich bin nicht dieses Telefon, ich bin nicht dieses Gummibärchen» usw.

Denken Sie jetzt an alles, was Sie sich wünschen und ersehnen, und sagen Sie: «Ich bin nicht meine Wünsche und Sehnsüchte», z. B.: «Ich bin nicht jenes andere Haus, ich bin nicht jenes Handy mit Organizer-Funktion und Internet-Zugang, ich bin nicht jener Schokoriegel» usw.

Gehen Sie dann all die Leute durch, die Ihre freundliche Welt bevölkern, besonders diejenigen, die Sie am liebsten mögen: Denken Sie an alle (am besten allerdings nicht zu eingehend, damit Sie nicht zu lange brauchen und den Faden verlieren), und sagen Sie: «Ich bin nicht diese Leute», z. B.: «Ich bin nicht B. B., die perfekte Frau, ich bin nicht Tarzan, der perfekte Mann, ich bin nicht meine Mutter, ich bin nicht mein Sohn, ich bin eigentlich niemand» usw.

Denken Sie nun an all Ihre Gewohnheiten und Süchte, Ihren wöchentlichen Besuch beim Akupunkteur, die Art und Weise, wie Sie Ihr Handtuch aufhängen, an die Joints, die Sie nicht inhalieren, und sagen Sie: «Ich bin nicht meine Gewohnheiten und Süchte» usw.

Denken Sie dann an Ihre Abneigungen, Allergien und Ängste, und sagen Sie: «Ich bin nicht diese Angst, daß ich mit einem Dreizehenfaultier in einem Waschsalon eingeschlossen sein könnte» usw.

Denken Sie zum Schluß an Ihren Körper samt allem, was dazu-
gehört, wie Energien, Nerven, Blut, diverse Säfte, Wehwehchen,
Schmerzen, Knochen, Organe, Fleisch, äußere Erscheinung, und
sagen Sie: «Ich bin nicht mein Körper.»

Fühlen Sie es. Sie sind nicht Ihre Besitztümer, Ihre Wünsche,
Ihre Familie, Ihre Gewohnheiten, Ihre Ängste, Sie sind nicht ein-
mal Ihr Körper. Sie sind schlichtweg niemand. Schwelgen Sie in
dieser Freiheit, und gehen Sie dann hinaus auf die Straße, am be-
sten eine verkehrsreiche, schmutzige Straße, und seien Sie nie-
mand, absolut niemand. Da Sie niemand sind, haben Sie nichts
zu verlieren, Sie sind bloß Atome, die sich im All bewegen, ein
Kind des Tao, und alles gehört Ihnen.

Dies ist eine Übung in der ultimativen Investition, bei der Sie in
den totalen Verlust investieren, um alles zu gewinnen. Wenn Sie
sie immer dann durchführen, wenn Ihr Leben zu schwer geworden ist, um es leicht tragen zu können, wird sie Ihnen ein Gefühl
großer Erleichterung und unbekümmerter Freiheit geben.

Intention

Bei allem, was Sie tun, müssen Sie zuerst eine klare
Vorstellung davon haben, was Sie beabsichtigen.

Halten Sie inne und prüfen Sie Ihre Intentionen, was diesen Abschnitt betrifft. Wollen Sie ihn lesen, um sich zu amüsieren, um
sich zu zerstreuen, um zu wachsen oder einfach nur, weil Sie gerade etwas zu tun brauchen vor dem Einschlafen, beim Frühstück oder bei Ihrem Darmspülungstermin?

Lesen Sie weiter, sobald Ihre Intentionen klar sind. Halten Sie
beim letzten Wort des Abschnitts nochmals inne, und überlegen
Sie, ob die Leseerfahrung die gewünschte Wirkung hatte. Wenn
ja, ist damit deutlich geworden, daß klare Intentionen klare Er-

gebnisse zeitigen. Wenn nicht, könnte das bedeuten, daß zwischen hier und dem letzten Wort völliger Quatsch steht, aber das wissen Sie erst, wenn Sie den ganzen Abschnitt gelesen haben.

Immer, wenn Sie etwas unternehmen wollen, ob etwas Großes oder Kleines, müssen Sie sich erst darüber im klaren sein, zu welchem gewünschten Ergebnis Sie kommen wollen, nicht in allen Einzelheiten, aber doch in groben Zügen. Nehmen Sie als Beispiel den Wunsch, diesen Abschnitt zu Ende zu lesen. Zuerst versichern Sie sich, daß Sie beabsichtigen, innerhalb der nächsten drei Minuten bis zum letzten Wort weiterzulesen und daß Sie sich Einsicht und Aufklärung zum Thema «Intention» davon erhoffen. Es ist wie ein Bild oder eine kurze Folge von Bildern über Sie und den ganzen Abschnitt, auf Ihre «Intentionsleinwand» projiziert, die in Ihrem Kopf hinter der Stirn an der Wand hängt, so daß Sie von Ihrem Aussichtspunkt in der Höhle des ursprünglichen Geistes (der Zirbeldrüse mitten im Gehirn) alles bequem überblicken können. Dann verspüren Sie einen Impuls in Ihrem Purpurpalast (dem Herzzentrum in der Mitte der Brust), nämlich den Wunsch, den Abschnitt zu Ende zu lesen. Zuletzt merken Sie, wie heimlich, still und leise Vitalenergie aus Ihrem Chi-Ozean (im Unterleib) aufsteigt und Ihnen die Kraft gibt, Ihre Augen zu bewegen, während Sie Ihre Aufmerksamkeit auf den Sinn des Textes konzentrieren.

Ehe sie sich's versehen und wie es so geht mit diesen Dingen, nähern Sie sich auch schon dem Ende des Abschnitts, und es bleibt Ihnen gerade noch soviel Zeit, zu hören, daß Sie unklare Botschaften an andere übermitteln, wenn Sie sich über Ihre Intentionen nicht im klaren sind, so daß die Leute in Ihrer Gegenwart in Verwirrung geraten und gemeinsam mit Ihnen zur allgemeinen Verwirrung beitragen. Wenn Sie es jedoch als Krieger vorziehen, den Pegel der allgemeinen Verwirrung in Ihrer Umwelt zu senken, müssen Sie sich zuallererst über Ihre eigenen Intentionen klar sein. Oder zumindest die Intention dazu haben.

Wenn Sie Ihre Intentionen zentrieren und mit der Leidenschaft Ihres Herzens und dem Chi in Ihrem Bauch verbinden, erzeugen Sie eine Kraft, die so real ist wie Diamanten. Letztlich gibt in jeder Situation die Klarheit Ihrer Intention den Ausschlag für Harmonie oder Mißklang.

Na, alles Quatsch, oder doch nicht?

Wahre Stärke

Wahre Stärke von jener übermenschlichen Art, die Kriegern gefällt, entspringt der Einheit von Intention, Leidenschaft und Energie.

Sie haben die Absicht, den schweren Müllsack endlich die drei Etagen hinunterzuschleppen und auf die Straße zu stellen. Er hat schon viel zu lange im engen Flur gestanden, und jedesmal, wenn Sie darüber gestolpert sind, haben Sie leidenschaftlicher vorgehabt, ihn fortzutragen. Die Botschaft breitet sich von Ihrem Gehirn (dem oberen Tantien), wo Sie den Vorsatz zum Handeln gefaßt haben, über die Brust (das mittlere Tantien), wo Sie den Wunsch verspüren, zur Tat zu schreiten, in den Bauch aus (ins untere Tantien), wo schließlich Ihre Chi-Energie aktiviert wird mit dem Ergebnis, daß ein weiterer dicker schwarzer Müllsack den Straßenrand ziert.

Wenn die drei nicht im Einklang miteinander aktiv werden, ist Ihr Handeln nicht zielgerichtet, und dann stinkt der dicke schwarze Müllsack einen weiteren Tag in Ihrem Flur vor sich hin.

Das gilt für jede Handlung, ob bedeutend oder unbedeutend. Um jeder Situation voll und ganz gewachsen zu sein, müssen Geist, Gefühl und Entschlossenheit eine Einheit bilden. Halten Sie also, bevor Sie das nächste Mal ein schweres Teil anheben – das bewußte Klavier zum Beispiel –, einen Augenblick inne. Werden Sie sich über Ihre Absicht klar, es in der anderen Zimmerecke aufzustellen. Machen Sie sich auf der «Intentionsleinwand» mitten in Ihrem Gehirn ein Bild von seinem neuen Platz neben dem Kamin. Fühlen Sie den Wunsch in Ihrer Brust, es zu versetzen. Aktivieren Sie dann das Chi in Ihrem Bauch, das Ihnen die zur Ausführung Ihres Vorhabens nötige Entschlossenheit gibt. So können Sie jede Herausforderung meistern, die Ihnen auf Ihrem Weg begegnet. Das Gelingen Ihrer schöpferischen Projekte, die hoffentlich vielversprechender sind als die Abfallbeseitigung und das Klavierrücken, hängt generell davon ab, wie Sie von dieser vereinten Kraft Gebrauch machen. Es ist beispielsweise schön und gut, wenn ich die Absicht habe, dieses Handbuch zu schreiben, und auch das leidenschaftliche Verlangen danach habe, aber ohne die Energie, entschlossen an die praktische Ausführung zu gehen, hätte ich es ebensowenig zu Ende bringen und dem Verleger auf einer mit dem Verlagssystem kompatiblen Diskette mitsamt zwei Manuskriptkopien termingerecht abliefern können, wie ich das bewußte Klavier bewegen könnte.

Nehmen wir einmal an, ich hätte die nötige Intention und Entschlossenheit, aber keine Leidenschaft; dann könnte ich das Buch zwar fertigstellen, aber was ich in Händen hielte, wenn ich zum Verlag marschierte und riefe: «Hier ist mein Werk!», wäre eine trockene, kraftlose Angelegenheit, und ich bezweifle sehr, daß Sie es in diesem Fall bis hier gelesen hätten.

Fehlt eine der drei Komponenten wahrer Stärke – Intention, Leidenschaft oder Energie –, stellt sich nach vollbrachter Tat auch kein rechter Erfolg ein, ob es sich um das Buttern von Toast handelt oder um eine Kampagne zur Befreiung der Straßen von Fahrzeugen mit Verbrennungsmotoren.

Üben Sie sich, um diese vereinte Stärke zu gewinnen, mindestens 81 Tage lang täglich im Psycholooping und Alles-Verknüpfen, und möge keine Ihrer kreativen Unternehmungen je wieder erfolglos sein.

Sanftheit

Wahre Stärke entspringt der Sanftheit.

Die Vorstellung, wahre Stärke sei hart, ist falsch. Hart bedeutet unflexibel und führt allmählich zur Starrheit, was eine Beeinträchtigung des Muskel- und Knochensystems zur Folge hat. Das ist falsche Stärke.

Es ist der gleiche Unterschied wie der zwischen einer Eiche und einer Weide. Sie meinen vielleicht, die mächtige Eiche in all ihrer Pracht sei der standhaftere Baum, aber wenn ein Wirbelsturm kommt, gibt die flexible, geschmeidige Weide der heranstürmenden Kraft nach und biegt sich, wodurch sie sich Wurzeln und Leben erhält, während die starre alte Eiche bricht und umkippt wie ein Eis am Stiel.

Schreiben Sie Sanftheit auf Ihre Fahnen. Gehen Sie sanft mit den Dingen um. Seien Sie sanft von Gemüt. Sprechen Sie sanfte Worte. Bewegen Sie sich sanft. Das macht sie noch lange nicht zu einem Weichei. Sanftheit ist nicht das gleiche wie Schwabbeligkeit. Es ist wie bei dem Unterschied zwischen Entspannen und Zusammensacken. Sie bewahren sich zu allen Zeiten die Festigkeit und Integrität Ihres unvergänglichen Kerns und halten gleichzeitig Geist und Körper weich und geschmeidig. Dabei verlieren Ihre Gedanken alle scharfen Zacken, und Ihre Bewegungen wirken so, als hätten Sie gar keine Knochen, werden also fließend und anmutig.

In Ihrem mittleren Tantien, im Purpurpalast inmitten Ihrer Brust, befindet sich ein Fläschchen, das mit dem kostbaren Duftstoff der Sanftheit gefüllt ist. Sie öffnen das Fläschchen und schauen zu, wie der Stoff entweicht. Beobachten Sie, wie er als feiner farbiger Nebel Ihren ganzen Körper umhüllt und umstrahlt, die Knochen, die Organe, das Blut, die Säfte, das Gehirn, die Nerven, die Sehnen, die Bänder, die Muskeln, das Bindegewebe, einfach alles. Spüren Sie, wie Sie in dem Duft baden und überall weich werden, und lassen

Sie ihn dann durch Ihre Brust nach außen dringen, bis die ganze Welt in ihn eingetaucht ist.

Konzentrieren Sie sich jetzt auf die unzerstörbare Stärke, die in Ihrem unteren Tantien und in der Wirbelsäule gesammelt ist, und bleiben Sie einfach eine Weile so sitzen: stark in der Sanftheit.

Im Klartext heißt das nichts anderes als: «Entspannen, sinken und dann locker ans Werk!»

Meditation

Meditieren Sie über Ihr Leben, genauer gesagt: Lassen Sie Ihr ganzes Leben zur Meditation werden.

Eine Gruppe von spirituellen Jüngern in einem Meditationszentrum, die sich im vollen Lotossitz, Zeigefinger und Daumen zum Kreis geschlossen, «der Meditation hingeben» und sich in der «heiligen» Stille aalen, die aus ihrer großen wöchentlichen Om-Chanting-Sitzung nachwirkt, meditiert unter Umständen überhaupt nicht. Sie denken vielleicht an die Gehaltserhöhung, eine neue Liebe, das Schulgeld für die Kinder oder die neueste Haarmode und könnten dabei ebensogut Polonaise tanzen.

Meditieren heißt nicht sich einer speziellen Tätigkeit hingeben, sondern einfach nur aufmerksam sein. Was immer Sie tun, ob Sie Ihre Atemzüge zählen oder Ihre Gewinne am einarmigen Banditen, sollten Sie mit ungeteilter Aufmerksamkeit tun. Der minderjährige Künstler, der völlig in seine Graffiti vertieft ist, ist vermutlich eher in einem Zustand reiner Meditation als Meditierende bei ihrer wöchentlichen Zusammenkunft (Ähnlichkeiten mit lebenden oder toten Personen sind nicht beabsichtigt).

Um dem, was Sie tun, Aufmerksamkeit zu schenken, müssen Sie innerlich still werden, während die Außenwelt um Sie herumwirbelt. Dazu ist Übung in allem bisher Angeführten erfor-

SANFT

SANFT

SANFT

S

F

T

N

A

SANFT

derlich, was anfangs am besten gelingt, wenn Sie ohne Ablenkung still sitzen. Sobald Sie jedoch das Bild in den Rahmen eingepaßt und sowohl in der Waagerechten als auch in der Senkrechten ausgerichtet haben, können Sie es mit nach draußen nehmen und damit spielen. Meditieren Sie bei einem Spaziergang auf der Straße, im Verkehrsstau (kaufen Sie sich ein Fahrrad!), in der Kneipe, beim Geschirrspülen, am Computer, kurz: bei der Arbeit, in der Freizeit und bei Sport und Spiel. Auf diese Weise steigern Sie Ihre Wachsamkeit und sind in der Lage, ins Herz all dessen zu blicken, was um Sie herum vorgeht.

Der fortgeschrittene Stadtkrieger könnte die Straße entlangspazieren, in seiner Mitte ruhend und dennoch im Zentrum aller äußeren Ereignisse, von einer Bande skrupelloser Bösewichter überfallen werden, deren Angriff mit Hilfe seines mentalen Schutzschildes abschmettern und fröhlich seinen Weg fortsetzen, ohne auch nur im geringsten in seiner Meditation gestört zu werden. *Das* ist Meditation!

Setzen Sie sich bequem hin, und tun Sie nichts. Leeren Sie Ihren Geist, und tun Sie nichts. So einfach ist das.

Sollten Sie jedoch bisweilen eine kleine Erinnerungsstütze brauchen, probieren Sie's mit Zählen. Zählen Sie alles: Ihren Atem, Ihre Schritte, das Klingeln des Telefons; oder führen Sie die «Hirsch»-Übung durch, die darin besteht, den analen Schließmuskel und die Beckenbodenmuskeln etwa 60mal pro Minute anzuspannen und wieder zu entspannen (ein An- und Entspannungszyklus pro Sekunde).

Zählen Sie z. B. bis neun, und dann wieder von vorn bis neun. Danach können Sie ein Mehrfaches der Neun zählen und so weitermachen. Es spielt keine Rolle, ob Sie sich verzählen – das Finanzamt wird's nie mitkriegen –, denn es handelt sich bloß um eine Methode, den Affen in Ihrem Kopf anzubinden, damit Sie frei sind, Ihre Aufmerksamkeit dem zu widmen, was wirklich passiert.

Beobachtung statt Beurteilung

Ziehen Sie Ihr Bewußtsein ins Zentrum Ihres Gehirns zurück, bringen Sie also Ihr oberes Tantien in die Höhle des ursprünglichen Geistes, und bemühen Sie sich, es die ganze Zeit dort zu halten, Ihr ganzes Leben lang, egal, wie das Wetter ist.

Fixieren Sie den Blick, wenn Sie dies mit geschlossenen Augen tun, sanft auf die Leinwand, die an der Wand hinter Ihrer Stirn hängt. Wenn nichts über die Leinwand flimmert, also keine Gedanken aufsteigen, erscheinen dort Szenen von endlosen inneren Räumen, die Ihr Zufallsgenerator präsentiert. Sobald sich jedoch Ihre Gedanken einmischen, erscheinen fraktalartige Bilder wie aus einem Kaleidoskop auf der Leinwand, vom Chaosfaktor ausgewählt.

Wenn diese Bilder erscheinen, beobachten Sie sie einfach nur. Sie machen sich nicht die Mühe, sie zu beurteilen: «Das ist ein hübsches, ich glaube, das behalte ich» oder: «Das gefällt mir nicht, das sortiere ich aus!» Sie betrachten sie einfach unvoreingenommen. Schließlich handelt es sich ja nur um Formen. Sie fällen auch kein Urteil über sich selbst, weil Sie sich mit solchen Bildern tragen. Es sind nur Formen. Sie haben zum Beispiel plötzlich ein Bild vor Augen, wie Sie Ihren Freund betrügen. Verurteilen Sie sich nicht als Betrüger, es ist nur ein Bild. Gehen Sie liebevoll mit sich um, und erlauben Sie Ihrem Geist, mit so gemeinen oder herrlichen Bildern aufzuwarten, wie er will. Sie in die Tat umzusetzen ist eine ganz andere Sache.

Eines schönen Tages werden diese mentalen Erscheinungen abklingen, so daß Ihr Geist klar und frei ist und ganz natürlich auf alles reagieren kann, was geschieht und wie es geschieht, ohne Energie an unnötige Kapriolen zu verschwenden.

Wenn Sie dies mit offenen Augen tun, ändert das nichts. Ihre Augen sind lediglich ein zweiäugiges Kameraobjektiv. Die Bilder

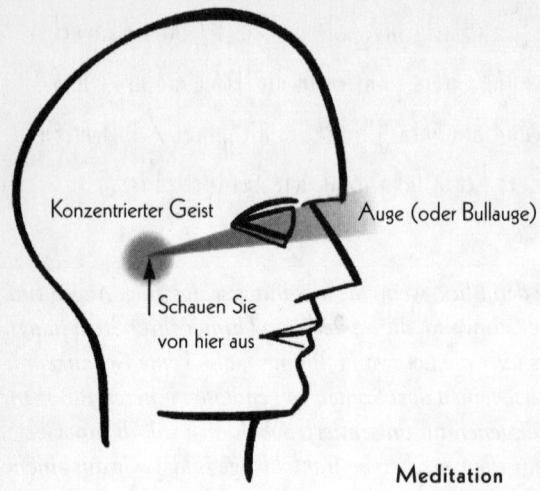

Konzentrierter Geist

Auge (oder Bullauge)

Schauen Sie
von hier aus

Meditation

der «Außenwelt», die Sie «sehen», sind ebenfalls bloß Formen und Muster, die auf Ihre innere Leinwand projiziert werden. Während Sie unangestrengt schauen, erscheinen Bilder von Menschen, Autos, Hunden, Gebäuden, Berglöwen oder sonstwas darauf. Beobachten Sie sie einfach mit liebevoller Unvoreingenommenheit aus Ihrer behaglichen Höhle heraus, und richten Sie nicht, auf daß Sie nicht gerichtet werden.

Nicht zu urteilen bedeutet jedoch nicht, daß nicht unterschieden wird. Einmal angenommen, jemand kommt auf der Straße auf Sie zu, von einer tausend Jahre alten Dreckkruste bedeckt und übel nach Kot, Urin, Erbrochenem und Bier stinkend, und droht, Ihnen einen Zungenkuß zu geben. Dann fangen Sie nicht so an: «Das ist bloß ein Bild, das ist bloß ein Geruch, das ist bloß mein Magen, der sich umdreht, ich liebe dich vorbehaltlos, bitte drück deine Zunge auf meine.» O nein. Sie sagen: «Es ist bloß ein Bild, es ist bloß ein Geruch, es ist bloß mein Magen, nichts wie weg!» So kombinieren Sie Ihre unvoreingenommene Beobachtung mit Ihrem Unterscheidungsvermögen.

Spagat zwischen zwei Welten

Es bestehen zwei Welten nebeneinander, die sichtbare Welt und die unsichtbare Welt. Der Trick des Kriegers ist ein Spagat zwischen beiden.

Wie oben, so unten, wie innen, so außen usw., das heißt, daß es zwei Wirklichkeiten gibt, die simultan im gleichen «physischen Raum» ablaufen, selbst in diesem Augenblick unseres Gesprächs. Direkt vor Ihnen liegt jetzt die Welt, die Sie sehen können, und die Welt, die Sie nicht sehen können.

Die unsichtbare Welt erzeugt und erhält die sichtbare Welt von innen her, indem sie aus dem Kern eines jeden Atoms eines jeden Wesens nach außen drängt. Die sichtbare Welt ist wie eine Decke, die über die unsichtbare Welt gebreitet wird, und zwar nicht nur, um Nässe und Schmutz fernzuhalten, sondern auch, damit sie nicht mehr gesehen wird. Sonst wäre das Versteckspiel zu schnell vorbei, und wir müßten etwas anderes erfinden, um uns die Ewigkeit zu vertreiben.

Wie beim Computer gründet sich die ganze Illusion auf Einsen und Nullen, aus und an.

Die sichtbare Welt ist «an» und die unsichtbare «aus». Ohne «aus» geht nichts «an» und umgekehrt (siehe *Yin-Yang*, S. 25). Das Tao (siehe *Der Taoismus und das Tao*, S. 19) könnte in Kurzform als ein Hin- und Herpendeln zwischen den beiden mit 300 000 km/s (Lichtgeschwindigkeit) beschrieben werden.

Die unsichtbare Welt enthält alle Informationen, die je existiert haben und je existieren werden. In jener Welt gibt es keine Zeit, keine Vergangenheit und keine Zukunft, nur den gegenwärtigen Augenblick, weiter und weiter und weiter wie bei einer Waschmaschine, deren Programmschalter für alle Ewigkeit auf dem Zacken, kurz bevor das Wasser einströmt, festgehalten wird. Die unsichtbare Welt ist das Reich Ihres Geistkörpers (siehe *Der Geistkörper*, S. 76).

Womit Sie es bei diesem Kriegertum zu tun haben, ist ein Hin- und Herwechseln zwischen zwei Welten. Sie üben sich darin, Ihren Geistkörper auf die Bühne der lokalen Welt hinaustreten zu lassen, während Sie gleichzeitig Ihr lokales Selbst darin trainieren, sich auf der anderen Seite zu Hause zu fühlen. Indem Sie das tun, «vergeistigen» Sie die lokale Welt, um sich Ihre magischen Unternehmungen und Wundertaten zu erleichtern, und machen zugleich Ihr lokales, sterbliches Selbst mit dem Leben auf der anderen Seite vertraut. Dann ist nicht nur Ihr letztes Überwechseln keine so große Sache mehr, sondern Sie behalten auch den Überblick, solange Sie noch auf dieser Seite sind.

Der unsichtbare Bereich ist der, an den sich Gebete richten und aus dem Weisung, Schutz, Vorsehung und Heilung kommen. Dort weilt Ihr Geist in Gesellschaft aller anderen Geister bis in alle Ewigkeit und schaut zu, wie Sie ein Leben nach dem anderen durchlaufen, einen Traum nach dem anderen. Alles dort ist unveränderlich. Der ewige Augenblick bleibt für immer stehen auf dem Zifferblatt Ihrer Astronautenuhr. Hier (dort) im Reich der absoluten, allerhöchsten und letzten Wirklichkeit, dem Tai-Chi-Wunderland, ist das himmlische Elixier zu finden, das dem Geistkörper Unsterblichkeit verleiht. Dorthin gehen Sie, um sich von Grund auf zu regenerieren und reicher an Weitblick und Kraft wieder zurückzukehren. Dadurch sind Sie in der Lage, Ihren Pfad zur vollen Entfaltung weiterzuverfolgen und unterwegs anderen zu helfen.

Durch das Hin- und Herwechseln zwischen sichtbarer und unsichtbarer Welt entwickeln Sie übersinnliche Kräfte und können dann in einer vorüberziehenden Wolkenformation, aus Tarotkarten oder den Hexagrammen des I-Ging die Zukunft voraussagen oder in jemandes Vergangenheit schauen. Der Zugang zur unsichtbaren Welt ist in Ihrem Innern. Da ist keine schwere Geheimtür hinter einem Felsblock in der Nähe eines Steinkreises oder an einer alten Pyramide in den Bergwäldern Perus. Die Tür ist in jedem einzelnen von uns. Sie kann durch das Psycholooping und das Alles-Verknüpfen geöffnet werden. Es geht darum, diese Tür aufzumachen, einzutreten und für die Dauer Ihrer Erdenzeit dort zu bleiben, während Sie weiterhin Ihrem Stadtkriegeralltag nachgehen. Auf diese Weise machen Sie erfolgreich den Spagat zwischen den beiden Welten, sind *in* der Welt, aber nicht *von* der Welt, und werden mit übersinnlichem Empfindungsvermögen und Kräften ausgestattet, wie sie jener privilegierten Position gemäß sind. Dann besitzen Sie die Fähigkeit, auf lokaler Ebene Taten zum Wohl und zur Zufriedenheit Ihrer Mit-Zeitreisenden zu vollbringen, während Sie sich gleichzeitig amüsieren.

Die sichtbare äußere Welt der Formen und Erscheinungen, die Arena oder Bühne, auf der wir gemeinsam das menschliche Drama aufführen, ist eine Metapher für das unsichtbare innere Reich. So vollziehen wir in der sichtbaren Welt konkrete, festgelegte Rituale, um metaphysische Prozesse aus dem unsichtbaren Bereich darzustellen, die anders nicht zu erklären sind. Der Sinn magischer Zeremonien einschließlich derer, die in den institutionalisierten Religionen vollführt werden, ist der, uns daran zu erinnern, die Pforte zum unsichtbaren Bereich im eigenen Innern zu durchschreiten, mit welcher Methode auch immer. Hier zum Beispiel ist es die Methode des fortschrittlichen Taoismus mit ihrem Zugang zu Leben, Tod und allem, was dazwischenliegt.

Loslassen

«Na und?» werden Sie vielleicht ausrufen,
wenn Sie all das gelesen haben. Na und?

Sie sitzen allein da, in einem Zustand leichter Erschütterung, droht doch das gefräßige Monster des uranfänglichen Irrsinns durch die Sprünge in den Fasergipsplatten der Wirklichkeit auszubrechen, die Sie so schön aufgebaut haben, und Sie in seine schleimigen, entropischen Ausdünstungen einzuhüllen. Mit

Ihren Plänen scheint alles schiefgegangen zu sein, und Zweifel an den Entscheidungen, durch die Sie letztlich in diese Lage geraten sind, quälen Sie. Für wen hielten Sie sich eigentlich, als Sie meinten, Ihr Schicksal so in die eigenen Hände nehmen zu können?

Sie sind also enttäuscht. Na und? Enttäuschtsein ist bloß Enttäuschtsein. Aufgrund des unveränderlichen Gesetzes von Yin und Yang verwandelt es sich irgendwann ganz von selbst in sein Gegenteil.

Also, na und? Es mag unhöflich klingen und vollkommen unbarmherzig, aber noch einmal, na und?

Die Sache mit dem «Na und» ist die, daß eine gewisse Schärfe darin liegt und daß jedesmal, wenn Sie es sagen, ein wenig Ärger freigesetzt wird. Das ist sein Vorteil gegenüber dem «egal», das auch gut und schön ist, aber nur dann, wenn Ihnen wirklich alles egal ist. Die meiste Zeit über, besonders dann, wenn sich die Enttäuschung gerade erst breitgemacht hat, ist Ihnen nicht alles egal. Dann erheben Sie sich mal mit Ihrem leicht flegelhaften Unmut, lassen Sie Ihrer Gereiztheit freien Lauf, und sagen Sie beherzt: «Na und?»

Wenn Sie also frustriert und enttäuscht sind und unter Selbstzweifeln leiden, weil Ihre brillanten Pläne gescheitert und Sie aufgeschmissen sind, versuchen Sie's einfach mit einer «Na-und»-Sitzung in eigener Sache.

Denken Sie nacheinander an die einzelnen Dinge in Ihrem Leben, die Sie ankotzen oder Ihnen unnötigen Streß machen, und sagen Sie «Na und?» dazu: «Ich werde bestimmt meine Stelle verlieren – na und?» «Karl/Karla wird mich bestimmt verlassen – na und?» «Ich werde bestimmt sterben – na und?» Genau so; seien Sie grausam, auf sanfte Art grausam, bis Sie sich von allem gereinigt haben, woran Sie haften, und dann können Sie sich hinsetzen und sich einen Buddha nennen.

Gegenanzeige: «Na und» sollte nicht angewandt werden bei jemand anderem, der Ihnen seine Seelenqualen und Leiden offenbart. Erstens wird der oder die Betreffende unter Umständen keinen Sinn für Humor haben, und zweitens sollte er oder sie es selber sagen, also gönnen Sie ihm oder ihr das Vergnügen.

Die Unterscheidung von voll und leer

Wie jeder Sänger oder Sportler weiß, muß man erst voll und ganz ausatmen, ehe man die Luft voll einströmen lassen kann. Nach dem gleichen Prinzip müssen Sie, wenn Sie einen vollen, rundum befriedigenden Lebenstag genießen wollen, bei sich selbst anfangen und zuerst Geist, Herz, Därme und bis zu einem gewissen Grad auch Ihre Geldbörse täglich entleeren.

Vielleicht sind Sie noch immer süchtig nach Fülle, nach einem vollen Geist, einem vollen Herzen, einem vollen Bauch und vollen Taschen. Sie füllen Ihren Kopf gern mit Gedanken (Phantasien und Projektionen), den eigenen sowie denen anderer Leute, wenn Sie fernsehen oder lesen (Handbücher zum Beispiel); Sie füllen Ihr Herz mit Wünschen (nach Liebe); Sie füllen Ihren Bauch mit Nahrung und Ihre Taschen mit Geld (an guten Tagen). Wenn Sie jedoch Ihren Kopf von Gedanken, Ihr Herz von Wünschen, Ihren Bauch von Nahrung und Ihre Taschen von Geld entleeren müßten, wären Sie nicht nur ein hungriger Bodhisattva (ein erleuchtetes Wesen auf dem Weg zur Buddhaschaft) ohne einen Heller, sondern würden darüber hinaus ein Vakuum erzeugen. Nach dem Gesetz von Yin und Yang (voll und leer) wird ein Vakuum stets wieder gefüllt. In der Tat kann nur ein leerer Raum angefüllt werden.

- Indem Sie Ihren Geist von Gedanken leeren, schaffen Sie Platz für neue Informationen, Realisierungsmöglichkeiten, Visionen und Träume.

- Indem Sie Ihr Herz von Wünschen leeren, schaffen Sie Platz für Frieden und Mitgefühl.
- Indem Sie Ihren Bauch von Nahrung leeren, schaffen Sie Platz für Chi.
- Indem Sie Ihre Taschen von Geld leeren (geben Sie etwas fort an jemanden, der es nötiger braucht als Sie), schaffen Sie Platz für Reichtümer.

Der Mut zum Leersein hängt lediglich vom Vertrauen in das unveränderliche Gesetz von Yin und Yang ab: Was leer ist, wird voll werden, und was voll ist, wird leer werden. Wenn Sie sich also nach Fülle sehnen, nach einem Leben, das mit allem angefüllt ist, was Sie sich wünschen, müssen Sie Leere anstreben. (Das ist ein Beispiel für die Investition in den Verlust.) Die folgende Visualisation wird Ihnen zur Leere verhelfen.

Ziehen Sie sich mental in die Höhle des ursprünglichen Geistes zurück, und stellen Sie sich vor, daß ein flacher LED-Computerbildschirm an der Wand hinter Ihrer Stirn hängt. Jeder Gedanke, der gerade in Ihrem Kopf herumschwirrt, hat ein eigenes Icon oder Piktogramm. Klicken Sie die Icons mit der Maus an, und ziehen Sie sie nacheinander in den Papierkorb. Gehen Sie, wenn Ihr Bildschirm leer ist, in der Menüleiste auf «Spezial» und klicken Sie «Papierkorb entleeren» an. Dadurch wird weder Ihr Festspeicher angetastet noch das normale Denken in irgendeiner Weise beeinträchtigt.

Stellen Sie sich nun bildlich vor, wie tief in Ihrer Brust, in Ihrem Herzen, ein Badezuber alter Art steht, der mit wilden Wünschen statt mit warmem Wasser gefüllt ist, und ziehen Sie einfach den Stöpsel heraus. Schauen Sie zu, wie Ihre Wünsche bis zum letzten Tropfen ablaufen, und lassen Sie dann Mitgefühl einströmen.

Für den Bauch visualisieren Sie sich selbst bei einer guten Darmentleerung, und danach lassen Sie sich vom Chi in Ihrem unteren Tantien ein Gefühl der Wärme und Sicherheit verleihen.

Was Ihre Taschen betrifft, sollten Sie darauf achten, daß sie sich nicht ausbeulen. Geben Sie jeden Tag eine kleine Summe Geldes weg, und tragen Sie stets nur soviel bei sich, wie Sie brauchen, nicht mehr. Dadurch beugen Sie Raubüberfällen und deren unangenehmen Folgen vor und haben mehr Platz für Ihre Hände, wenn Sie mal verlegen sind.

Die Angst vor der Leere

Beim Davonlaufen vor der Leere, die Sie für den Tod hielten, sind Sie eines Tages per Zufall in die Leere gestolpert und haben eine neue Möglichkeit entdeckt, sich die Zeit zu vertreiben.

Die Angst, leer zu sein (einen leeren Kopf, ein leeres Herz, einen leeren Magen oder leere Taschen zu haben), entspringt im Grunde der Angst vor der großen Leere, dem Tod. Die Werbung verdient sich ihr Geld damit, Ihnen einzureden, Leere auf jeden Fall zu meiden. Denken Sie bloß an all die Schokolade, den Alkohol, den Sex, die Drogen, die CDs, die Tassen Tee, die Einkaufsbummel im Konsumrausch, die Fernsehprogramme, die langen Abende in irgendwelchen Bars und Restaurants bei Small talk, mit denen Sie der Leere aus dem Weg gegangen sind.

Aber wie Sie wissen, war die Leere schon Ihre natürliche Heimat, Ihr Ursprungsort, bevor sich das Samenfädchen einnistete und mit diesem endlosen Einkaufsbummel begann. Ebenso wie die Tiefe des Meeres das Leben hervorgebracht hat, hat die Leere alles, was existiert, geboren. Es gibt nichts, absolut gar nichts dort zu fürchten.

Im Gegenteil, das tägliche Bad in ihren geheimnisvollen Fluten ist wie das Eintauchen in einen Jungbrunnen, einen Quell der Wahrheit, Schönheit und Vitalität. Da hineinzutauchen heißt, in den Tiefen des ewigen Bewußtseins und des Lebens selbst zu baden.

Das ist wieder eine Art von «in Verlust investieren».

*Schließen Sie, nachdem Sie dies gelesen haben, die Augen, und zie-
hen Sie Ihr Bewußtsein in die Höhle des ursprünglichen Geistes in
der Mitte Ihres Gehirns zurück. Stellen Sie sich vor, daß Sie wie
ein kleiner Buddha in Ihrer Höhle sitzen, die hoch oben zwischen
den Berggipfeln des Gebirges der «Erleuchtung» liegt. Erheben Sie
sich, gehen Sie zum Höhleneingang, und stellen Sie sich auf den
Vorsprung am Rand des Abgrunds der Leere. Vor Ihnen, über Ihnen, unter Ihnen, hinter Ihnen (wenn Sie sich auf die andere Seite
der Berge begeben) und zu Ihren beiden Seiten ist nichts, nur die
endlose Leere. Also gürten Sie Ihre Lenden, raffen allen Mut zusammen und tun, was von Ihnen erwartet wird: Sie springen.*

*Beim freien Fall in die Leere bemerken Sie voller Erstaunen, daß
Sie sich sicher fühlen und zugleich frohgelaunt sind, als schwämmen Sie im Leib der «großen Mutter» herum. Während Sie sich in
diesem ursprünglichen Zustand entspannen, kommt alles in Ihrer
Welt ins richtige Verhältnis, es regnet endlich landauf, landab, es
gibt wieder sauberes Wasser zu trinken, und alles wächst und ge-
deiht in Hülle und Fülle.*

Den Geist ebenso regelmäßig zu entleeren wie die Blase ist unbedingt notwendig für die volle Funktionsfähigkeit des Systems.
Ebenso wie die körperliche Form der Entleerung können mentale Entleerungssitzungen kurz oder lang dauern, je nach Stimmung und zur Verfügung stehender Zeit. So genügt im Lauf des
geschäftigen Tages (oder der Nacht) ein «Toilettengang» von 81
Sekunden, um sich von geistiger Hartleibigkeit und mentalen
Blähungen zu befreien und den drohenden Irrsinn in Schach zu
halten. Wenn Sie Zeit haben und Sie ein plötzliches Bedürfnis
danach überkommt, spricht natürlich nichts dagegen, die Zeitung zu nehmen und den ganzen Tag dort zuzubringen.

Muße statt Aufschieben

Bei der Muße gehen Sie mit dem natürlichen Strom des Lebens mit, während Sie ihn durch Aufschieben blockieren.

Wenn Sie der Muße pflegen, folgen Sie dem natürlichen Wechsel einer aktiven Phase (Yang) zu einer Phase der Ruhe (Yin). Sie gehen mit dem Strom, und das ist gut für Ihre Gesundheit, da Sie sich dabei regenerieren können. Wenn Sie etwas aufschieben, hindern Sie hingegen diesen Ablauf, weil Sie entgegen der Entwicklung im Yin verharren. Sich so dem Fließen entgegenzustellen, baut im System Druck auf, der Lecks und unnötige Energieverluste verursacht.

Muße ist wie eine Autorast am Straßenrand an einem heißen Tag, während der Motor leise im Leerlauf brummt, damit die Klimaanlage weiterläuft, und die anderen Autos und Lastwagen an Ihnen vorbeirasen.

Aufschieben ist so, als würden Sie mitten auf einer Straße den Motor abwürgen und ein Verkehrschaos verursachen. (Selbstmord, die Extremform des Aufschiebens, ist so, als würde man den Motor ausstellen und die Zündschlüssel wegwerfen.)

Mußeperioden sind lebenswichtig für den eifrigen Stadtkrieger. Muße ist eine Möglichkeit, sich dem Strom, dem Tao, zu überlassen.

Lassen Sie Ihre Gedanken einfach schweifen. Wenn Sie die Bilder mögen, betrachten Sie sie, wenn nicht, wechseln Sie sie. Geben Sie sich der einen oder anderen Phantasie hin, genießen Sie eine schöne Erinnerung, freuen Sie sich an einem gelungenen Plan. Indem Sie sich allmählich Ihres Atems bewußt werden, lassen Sie ihn langsamer werden, Sie entspannen sich und sinken, machen vielleicht ein paar Runden Psycholooping, schicken Ihren Geistkörper auf ein herrliches Abenteuer oder flüstern einfach ihrer Lieblingsgottheit kleine Nettigkeiten ins Ohr.

Lassen Sie also Dampf ab, betreten Sie die Mußezone, tauchen Sie in die Leere ein, und schicken Sie Ihren Geist in Urlaub, wann immer Sie Gelegenheit dazu bekommen. Nur durch vorübergehendes Verweilen in Entspannungsräumen dieser Art waren Einstein, Picasso, Photek und Nakovitch, ganz zu schweigen von Laotse und der Kalten Götterfaust, in der Lage, die nötige Inspiration für ihre Werke zu empfangen.

Aufschieben hingegen ist wie die Verstopfung ein Festhalten und stoppt den Inspirationsstrom. Während die Gesichtszüge des Müßiggängers unerschrocken sind und vor Glück strahlen, verraten die des Aufschiebers Feigheit und Geschwollenheit. Aufschieben – wenn man beispielsweise «versuchen» will, das Zimmer aufzuräumen, statt es aufzuräumen, oder wenn die Mitglieder der Männergruppe den ganzen Abend darüber diskutieren, worüber sie sprechen wollen, statt einfach darüber zu sprechen – ist eine angstbedingte Zeitverschwendung, und man hätte besser daran getan, zu Hause zu bleiben und früh zu Bett zu gehen. Das Aufschieben kann normalerweise dabei erwischt werden, wie es sich hinterrücks anschleicht. Verräterische Anzeichen dafür sind folgende: an etwas anderes zu denken als an das, was man gerade tut, Nervosität, die unter Umständen mit Nägelkauen einhergeht, sich zu kratzen, auf den Backentaschen herumzukauen, Zigaretten zu rauchen, Tee zu trinken, mit finsterem Blick auf und ab zu gehen oder abwesend in die Gegend zu blicken. Verzögerungstaktik ist oft mit Unruhe, unpassender Masturbation und Selbstekel verbunden.

Manchmal scheint die Trödellust unabwendbar über einen hereinzubrechen wie ein außerirdischer Angriff von Trödelheinrich, dem Gott des Verkehrsinfarkts. Achten Sie in solchen Zeiten auf die Anzeichen. Wenn Sie gerade negativ gestimmt sind, alles generell mies finden und einen Angriff befürchten, warten Sie, bis sich der Druck so stark aufgebaut hat, daß Sie die Lustlosigkeit nicht mehr ertragen können, und machen Sie sich diese Energie zunutze, indem Sie sich einen Ruck geben und laut ausrufen: «Ich bin gewillt, meine ganze Zukunft bei meinem nächsten Schritt aufs Spiel zu setzen!», was eigentlich gar kein Risiko ist, denn wenn Sie keinen nächsten Schritt tun, egal wohin, haben Sie auch keine Zukunft. Und nun stehen Sie auf und tun etwas anderes (also dann bis später!).

Sie können auch folgende Affirmationen verwenden (siehe Affirmationen, S. 164): «Je mehr ich müßig bin, um so mehr erreiche ich. Meine Mußestunden sind voller Segen und östlicher Verheißungen» oder: «Ich nutze meine Trödelstunden dazu, eine Gegenkraft aufzubauen, die mich wieder in den Strom zurückbefördert.»

Wenn also, edler Krieger, der Pfad vor Ihnen versperrt zu sein scheint und Sie das Gefühl haben, ohne Schwung zu sein und festzusitzen, dann vertun Sie nicht zuviel Zeit mit Herumtrödeln und Masturbieren, sondern nehmen Sie sich Zeit zur Erholung, gönnen Sie sich Muße, werden Sie buchstäblich wieder ein neuer Mensch, nämlich der Autor dieses feinen Mysterienspiels (siehe *Urheberschaft* im Anschluß an diesen Abschnitt), und beginnen Sie locker mit dessen nächstem Akt.

Urheberschaft

Denken Sie daran, daß Sie Ihre Lebensgeschichte selbst geschrieben haben. Nichts und niemand hätte sie an Ihrer Statt schreiben können, keiner hätte die Zeit dafür gehabt.

Vor langer Zeit, bevor die Illusion linearer Zeit für Sie begann, als Sie noch ein unsterblicher Geist waren, den keine physische Form einengte, und im Bewußtsein des ewigen gegenwärtigen Augenblicks lebten, wurden Sie eines Tages von Unruhe gepackt, hüpften in die Zukunft und schrieben eine Kurzfassung Ihrer Lebensgeschichte aus der Rückschau. Sie nahmen es zu den Verantwortlichen mit, sicherten sich die nötige Unterstützung, wurden mit Ihrer Mama und Ihrem Papa bekannt gemacht und lagen, ehe Sie sich's versahen, als schreiendes Bündel da und bekamen die Windeln gewechselt. Aber lassen Sie sich nicht durch diese Erinnerung an das hilflose Kind, das Sie waren, zum Narren halten. Sie haben diese Geschichte genauso geschrieben, wie sie ist, und so schlimm Sie sie auch bisweilen ausgemalt haben, haben Sie doch erstaunlich gute Arbeit geleistet. Sie haben sich tatsächlich in Ihrem eigenen Labyrinth verirrt.

Das alles mag ja Quatsch sein, aber als theoretisches Modell ist es so gut wie jedes andere. Nehmen wir also versuchshalber einmal an, es stimmte, und sehen wir, was daraus folgen würde.

Als Autor Ihrer eigenen Lebensgeschichte haben Sie auch die Autorität über Ihr Leben. Das bedeutet, daß Sie nicht länger glauben können, anderen Leuten ausgeliefert oder ein Opfer der Umstände zu sein, weil Sie selbst, nicht die anderen, es genau so geschrieben haben, wie es sich abspielt. Es bedeutet, daß Sie sogar den Augenblick und die Art Ihres Todes selbst bestimmt haben, es folglich keinen Schnitter namens Tod gibt, außer in Ihrer Einbildung.

Diese letzte Verantwortung als Urheber zu übernehmen ist ein riesiger Schritt darauf zu, Ihre Macht als Krieger zu behaupten, und das wird Ihrem Leben Authentizität verleihen. Auch dies sollte jedoch locker geschehen, *cum grano salis*, wie man sagt, denn zuviel Nachdruck könnte zu Verwirrung, Größenwahn oder Paranoia führen.

Stellen Sie sich bildlich vor, Ihr Geist säße wie ein dicker Buddha mitten im Feld der Zeit und schriebe in genau diesem dicken, fetten, gegenwärtigen Augenblick, in dem Vergangenheit und Zukunft zusammenfallen, Ihre Lebensgeschichte. Schreiben Sie für den Teil der Geschichte, die jetzt beginnt, ein Abenteuer, in dem alles vorkommt, was Sie sich nur wünschen, einschließlich eines großartigen Finales.

*Schreiben Sie die Geschichte wirklich so nieder, wie Sie sie gerne
hätten, und schauen Sie, was passiert.*

*In der Mitte oben auf Ihrer Stirn ist ein Akupunkturpunkt, der
Ihnen, wenn er stimuliert wird, das Gefühl gibt, sich in einem par-
allelen Zeitfeld zu befinden und Ihr Schicksal selbst in der Hand
zu halten. Drücken Sie Ihren Zeigefinger etwa eine Minute leicht
darauf, um einen kurzen Ausflug in die Parallelwelt zu machen.*

Vertrauen

*Vertrauen ist eine Grundvoraussetzung für den Krieger.
Fehlt es, wird kostbare Zeit und Energie verschwendet.*

Vertrauen ist keine Vorstellung im Kopf, sondern ein Gefühl im
Bauch, in Ihrem Tantien.

*Sie wollen einen Hubschrauberflug unternehmen und sind ein we-
nig nervös. Es ist das erste Mal, und bevor Sie hineinklettern,
schauen Sie noch einmal den großen Propeller an und beten, daß
er nicht aussetzt und nicht abfällt. Sie fragen sich, ob die Mechani-
ker auch alle Schrauben festgezogen haben. Beim Abheben spüren
Sie einen merklichen Adrenalinstoß. Jetzt hat Ihre kleine Blechki-
ste die volle Flughöhe erreicht, und es bleibt Ihnen nichts anderes
übrig, als dazusitzen.*

*Alle paar Minuten müssen Sie an den Propeller denken, an
die hoffentlich festgezogenen Schrauben und daran, ob die Pilotin
weiß, was sie tut. Sie sind völlig angespannt und verkrampft,
aber Sie können nichts an der Situation ändern, und außerdem
wollen Sie diesen Flug ja genießen, und so atmen Sie ruhiger
und entspannen sich körperlich ein wenig. Sie beschließen, darauf zu vertrauen, daß Sie nicht durch den Boden fallen und die
Pilotin keinen epileptischen Anfall bekommt. Vor allem jedoch
besinnen Sie sich auf Ihr Selbstvertrauen, mit dem Sie sich auf*

SELBSTVERTRAUEN

dieses Abenteuer eingelassen haben, und tatsächlich wird es ein
Hochgenuß.

Sie hätten allerdings auch beschließen können, angespannt und voller Angst zu bleiben, um sich nach sicherer Rückkehr, obwohl Ihnen übel und schwindelig ist, zu wundern, warum Sie nicht einfach losgelassen und den Flug genossen haben, aber leider zu spät.

Dies ist natürlich wieder eine Metapher für Ihr Leben. Entspannen Sie sich, und haben Sie Vertrauen, oder bleiben Sie verkrampft, so daß Sie nichts davon haben. Wahrscheinlich ist ohnehin alles vorherbestimmt, hören Sie also auf, ein solcher Angsthase zu sein, und sagen Sie: «Ich habe Selbstvertrauen.»

Haben Sie Vertrauen zu sich selbst

Setzen Sie kein Vertrauen in dieses Buch, setzen Sie kein Vertrauen in mich, vertrauen Sie sich selbst.

Als Kind wird Ihnen beigebracht, daß Sie niemandem trauen dürfen. Und das ist oft richtig. Sie können nicht darauf vertrauen, daß sich jemand so verhält, wie Sie es gern hätten. Das wäre aber sowieso kein Vertrauen, sondern eine Erwartungshaltung.

Sie können darauf vertrauen, daß jeder Mensch ein Mensch ist, mit allen dazugehörigen menschlichen Eigenheiten und Widersprüchen einschließlich Untreue, Unehrlichkeit und offener Gemeinheit. Wir alle sind unter den gegebenen Umständen zu dem ganzen Spektrum menschlichen Verhaltens von absoluter Heiligkeit bis hin zu übelster Verworfenheit fähig. Darauf zu vertrauen, daß jemand seinen Handlungsspielraum auf einen kurzen Abschnitt dieses Spektrums beschränkt, ist eine idealistische Vorstellung, die unweigerlich zu Enttäuschungen führt.

Andererseits können Sie jedoch beschließen, darauf zu vertrauen, daß jeder gemäß seinem Entwicklungsstand sein Bestes tut, und ihm einen entsprechenden Platz einzuräumen. Damit das funktioniert, müssen Sie zuerst sich selbst vertrauen, die richtigen Entscheidungen für Ihr weiteres gesundes Wachstum getroffen zu haben und noch zu treffen. Sie müssen sich zutrauen, aus jeder Erfahrung sicher und reicher hervorzugehen. Aber setzen Sie kein Vertrauen in das, was ich sage. Hören Sie es sich an, und treffen Sie eine eigene Entscheidung. Haben Sie ein gutes Gefühl im Bauch nach dieser Information? Wenn ja, habe ich Ihnen wahrscheinlich genug an die Hand gegeben, daß Sie sich selbst in meiner Gegenwart sicher fühlen. Es geht nicht darum, ob Sie mir vertrauen oder nicht.

Um Vertrauen zu sich selbst zu haben, müssen Sie Ihre Unterscheidungskraft schulen, die tief aus Ihrem Bauch kommt. Sie wissen, wann Sie sich in jemandes Gegenwart sicher fühlen können, denn dann ist Ihnen wohl im Bauch und warm ums Herz. Wenn Sie hingegen in einer bestimmten Situation oder in Gesellschaft von jemandem merken, wie sich Ihnen die Brust zusammenschnürt, Sie ein nagendes Gefühl des Unbehagens im Magen spüren, die ganze Prozedur des Entspannens, Sinkens und Zentrierens schon hinter sich und festgestellt haben, daß Ihnen nichts fehlt, Sie aber trotzdem das ungute Gefühl nicht loswerden, dann suchen Sie lieber schleunigst das Weite.

Eine nette kleine Bewußtseinsveränderung können Sie erzielen, indem Sie bei irgendeiner einfachen Hausarbeit etwa eine Stunde lang vor sich hin sagen: «Ich vertraue mir selbst.»

Welt und Weltbild

Die Wirklichkeit, wie Sie sie erfahren, entspricht
Ihrer Realitätsauffassung.

Wenn Sie Ihre Welt für gefährlich und feindselig halten, wird sie sich diesem Bild anpassen und Ihnen eine Fülle von Beweisen ihrer Gefährlichkeit und Feindseligkeit liefern, um Ihre Auffassung zu bestätigen. Wenn Sie Ihre Welt für friedlich und großzügig halten, wird Sie sich diesem Bild anpassen und mit so viel Überfluß und Harmonie aufwarten, daß Sie sich in dieser Auffassung bestätigt sehen. Auf Personen bezogen, bestätigt das Verhalten eines Mitmenschen Sie in Ihrer Überzeugung, wie er oder sie «ist».

Um es einmal ungeschminkt zu sagen: Wenn Sie jemanden als Arschloch betrachten, benimmt er sich Ihnen gegenüber auch so. Wenn Sie dagegen tiefer blicken und sehen, daß er ein Engel ist, wird er auch einer sein (diese Kunst erfordert natürlich fortgesetzte Übung). Wir spiegeln unbewußt immer unsere gegenseitigen Überzeugungen wider.

Wenn Sie Ihre negativen Überzeugungen auf eine Situation oder Person projizieren, machen Sie negative Erfahrungen. Positive Überzeugungen wirken sich positiv aus (also werden Sie lieber positiv!).

Sie können es sogar noch besser machen. Bewahren Sie Ihre Energie, urteilen Sie nicht, projizieren Sie nichts als ein Feld des Mitgefühls, erwarten Sie nichts, und Sie werden Wunder erleben.

Wunder sind Quantenphänomene, Manifestationsprozesse, die exponential aus sich selbst herauswachsen und immer stärker werden, je mehr Dampf sie sammeln. Das Gegenteil von einem Wunder ist ein Wirrwarr. Ein Wirrwarr entsteht aus der schädlichen Konzentration massenhafter negativer Gedankenprojektionen.

Meinungen

*Sie sind unter gar keinen Umständen verpflichtet, an Über-
zeugungen festzuhalten, aus denen Sie herausgewachsen sind.*

Stellen Sie sich einmal vor, Sie könnten der Wirklichkeit ohne
Überzeugungen begegnen, wie ein Baby. Sie würden einfach Erfahrungen machen. Nichts würde mehr gut oder schlecht sein,
allenfalls vielleicht noch angenehm oder unangenehm, was Sie
ohne bestimmte Vorstellungen von «angenehm» und «unangenehm» auch nicht weiter berühren dürfte. Vielleicht fällt Ihnen
dann auf, wie viele falsche Überzeugungen Sie von anderen
übernommen haben und wie Sie bei jeder Erfahrung, die Sie gemacht haben, aufgrund dieser Überzeugungen eine feste, vorge-
faßte Meinung hatten.

Diese Meinungen schränken Sie stark in Ihren Erfahrungen
und Ihrem Handlungsspielraum ein.

Die Wirklichkeit kann ihre überraschende Magie nur entfalten, wenn Sie ihr Raum dazu lassen. Voraussetzung dafür ist Ihre
Bereitwilligkeit, zumindest gelegentlich mit Augen in die Welt zu
schauen, die ungetrübt sind von Vorurteilen. Seien Sie bescheiden, und erkennen Sie in aller Demut an, daß Sie zwar bei Ihrem
Kreisen um die Sonne etliches gelernt haben mögen, aber nicht
allwissend sind, so daß einige Ihrer Meinungen vielleicht über-
holt sind und Sie unter Umständen gut daran täten, sie fallenzulassen, zumindest so lange, bis Sie dieses Buch ausgelesen haben.

Im Zen (der japanischen Kunst, im gegenwärtigen Augenblick
zu leben) wird dieser urteilsfreie Zustand «Anfängergeist» genannt. Ohne diesen sind Ihre Erfahrungen unweigerlich vorge-
prägt, begrenzt und teilweise etwas muffig. Mit dem «Anfängergeist» bekommen Sie die Neuigkeiten, während sie sich vor Ihnen
tummeln, viel schneller mit als jemals durch die Tagesschau.

Das heißt nun nicht, in die Hilflosigkeit eines Neugeborenen
zurückzufallen und alle Urteilsfähigkeit aufzugeben, sondern
nur, bereitwillig anzuerkennen, daß die Wirklichkeit, wie sie

wahrgenommen wird, nur eine Auffassung ist und keine Tatsache.

Sie können die Wirklichkeit nicht als objektive Tatsache erfahren, weil sie sich allein schon durch Ihre Anwesenheit hier verändert. Und so soll es auch sein. In diesem Experiment sind Sie kein davon getrennter Beobachter, der von außen hineinsieht, sondern ein unzertrennlich mit dem Ganzen verbundener Teil, der von innen hinausblickt.

Die Wirklichkeit kann nur subjektiv erfahren werden und nicht objektiv, weil es praktisch unmöglich ist, sich lange genug von Meinungen freizumachen. Außer natürlich, Sie sind ein Yogi in einer Bergeinsiedelei und haben gelernt, mit Ihrem Geist permanent im Zustand undifferenzierter Absolutheit zu verharren. Und selbst dann bin ich nicht ganz sicher, ob Sie nicht laut aufschreien würden, wenn Ihnen jemand eins mit einem glühendheißen Schürhaken auf den Po geben würde.

Jedenfalls ist es eine gute Übung, immer daran zu denken, daß es hier viel mehr gibt, als man bewußt wahrnimmt, ein vollständiges Universum, um genau zu sein, und daß die wirklichkeitsbegrenzenden, vorgefaßten Überzeugungen nichts weiter sind als Meinungen und nicht unbedingt die göttliche Wahrheit.

Machen Sie einmal den Versuch, vorübergehend Ihre Auffassungen von der Wirklichkeit fallenzulassen. Trauen Sie sich, und bohren Sie ein paar Löcher in das Bild des Lebens, das Sie sich gewebt haben, so daß die Wirklichkeit dahinter ein wenig Luft holen kann. Wiederholen Sie die folgende Affirmation in schriftlicher, gesprochener oder gesungener Form mindestens neunmal im Monat:

- *Meine Erfahrungen sind lediglich das Produkt meiner Überzeugungen.*
- *Ich will meine Überzeugungen vorübergehend fallenlassen.*
- *Ich hebe jetzt alle Grenzen auf, die ich meiner Wirklichkeit auferlegt habe.*
- *Ich will jetzt alles mit neuen Augen sehen.*
- *Ich erlaube meiner Wirklichkeit, sich ständig zu regenerieren.*

Achten Sie auf etwaige zynische Trotzreaktionen Ihres Geistes, und wiederholen Sie diese Affirmationen noch einmal.

Die Wirklichkeit wird wahrlich spannend, sobald Ihnen aufgeht, daß Sie nicht allein bei diesem Spiel mitspielen.

Fokus

Worauf Sie Ihr Augenmerk richten, das entwickelt sich.

Konzentrieren Sie sich auf das in Ihrem Leben, was positiv ist, und das Wunder nimmt zu; konzentrieren Sie sich auf das Negative, und der Wirrwarr nimmt zu. Von Ihren schöpferischen, lebensbejahenden Eigenschaften und Ihren destruktiven, lebensverneinenden Neigungen haben diejenigen Aspekte stets die Oberhand, denen Sie die meiste Aufmerksamkeit schenken.

Das gilt auch für Ihr generelles Weltbild. Sie können leicht eine Rechtfertigung dafür finden, daß Sie an Ihrer negativen Sicht der Welt festhalten. Dabei könnten Sie durch einen geschickten kleinen geistigen Schachzug ebensogut die positiven Seiten sehen. Sie könnten beispielsweise die Zeitung lesen und zu dem Schluß kommen, daß es nur Korruption, Gewalt, Mord und Katastrophen in aller Welt gibt. Wenn Sie auf dieser Ansicht beharren, verbreitet sie sich, und schließlich spiegelt die ganze Welt diese Ansicht wider.

Statt dessen könnten Sie Ihr Augenmerk darauf richten, daß die Mehrzahl der Menschen ein relativ friedliches Leben führt und daß es eigentlich, gemessen an der Größe der Weltbevölkerung, wenig Katastrophen gibt. Wenn man beispielsweise einmal an das unvorstellbar riesige tägliche Verkehrsaufkommen auf den Straßen dieser Erde denkt und ferner an die unglaubliche Komplexität all der Entscheidungen, die von den Fahrern dieser Fahrzeuge jeden Augenblick neu getroffen werden müssen, kann man nur staunen, wie wenig Unfälle im Verhältnis dazu passieren.

Übertragen Sie nun diese Sicht der Dinge auf die gesamte globale Infrastruktur der menschlichen Gesellschaft in all ihrer kippeligen Komplexität. Bedenken Sie das Temperament, die Unbeständigkeit von uns Menschen, zu der sich unsere faktische Zerstörungsmacht (in bezug auf alles) gesellt, und Sie werden zugeben müssen, daß es ein Wunder von der gleichen Art wie das Urwunder der Schöpfung ist, daß wir überhaupt noch hier sind.

Mit anderen Worten: Sie haben die Wahl, eine positive Welt zu schaffen, die Ihnen und all denen, die mit zu Ihrem Lebenskreis gehören (also letztlich jedem) Freude bereitet, oder eine negative, die allen den Tag ruiniert.

Probieren Sie einmal die folgende Meditation, um sich eine positive Wirklichkeit zu schaffen:

Stimmen Sie sich eine Zeitlang geistig auf die Idee einer alle Menschen und alle Völker umfassenden Harmonie und friedlichen Koexistenz ein.

Der Ursprung dieser Idee liegt tief in Ihrem Herzen.

Stellen Sie sich, während Sie ruhig ein- und ausatmen, bildlich vor, sie ginge wie ein feiner farbiger Nebel von Ihnen aus, der nach und nach das ganze Antlitz der Erde bedeckt.

Sehen Sie, wie er in alle Herzen eindringt, besonders in die Herzen derer, die im Wahn befangen sind.

Spüren Sie ihn überall pulsieren, bis er die Runde gemacht hat und wieder zu Ihnen zurückkommt.

Das ist die Liebe in Aktion.

Die Quelle dieser Liebe ist das Tao.

Kosten Sie sie aus, und kehren Sie zurück.

Besorgnis

Krieger oder Angsthase, Sie haben die Wahl.

Dieses Spiel ist ganz und gar interaktiv. Ihnen wird eine Reihe von wichtigen Wahlmöglichkeiten im Leben geboten, von denen Ihre Zukunft abzuhängen scheint, ich wiederhole: scheint. Gegen Ende des Spiels erweist es sich jedoch, daß Ihr Schicksal, welche Wahl Sie auch getroffen haben mögen und mit welchen scheinbaren Folgen, immer gleich ausgeht: Das Spiel ist aus. Was danach geschieht, ist ungeachtet unsterblicher Geistkörper und unvergänglicher Kerne reine Vermutung und entzieht sich der Verantwortung des Spielleiters.

Zu Beginn des Spiels werden Sie unter dem Symbol eines Griesgrams in der oberen linke Ecke des Bildschirms die Option «Besorgnis» erblicken. In der gegenüberliegenden Bildschirmecke finden Sie unter dem Symbol einer guten Fee die Option «Vertrauen». Diese Optionen werden die Reihe der Entscheidungen, die Sie treffen müssen, nicht beeinflussen, sondern dienen nur dazu, Ihren Spielerfahrungen mehr Farbe zu verleihen.

Wenn Sie den Griesgram anklicken, bestreiten Sie das Spiel mit einem Gefühl der Angst und Unruhe, das zu einer unnötigen zusätzlichen Adrenalinausschüttung führt, an Ihren Kraftreserven zehrt, Ihr Immunsystem schwächt, Sie für mentale, physische und bakterielle Angriffe anfällig macht und die Atmosphäre in Ihrem unmittelbaren Umkreis mit positiven Ionen vernebelt, so daß Sie für die anderen Mitspieler eine Zumutung sind. Wenn Sie die Fee anklicken, bestreiten Sie das Spiel mit einem Gefühl der Gelassenheit und Zufriedenheit, das zusätzliches Chi in Ihrem System freisetzt, Ihr Immunsystem stärkt, Sie vor mentalen, physischen und bakteriellen Eindringlingen schützt und die Atmosphäre in Ihrem unmittelbaren Umkreis mit heiterer Ruhe aufhellt, so daß Sie sich im Beruf und bei geselligen Anlässen großer Beliebtheit erfreuen.

*Es steht Ihnen frei, zwischen den beiden Optionen hin- und her-
zuwechseln, sooft Sie wollen, aber denken Sie daran, daß nur die
Atmosphäre fühlbar davon betroffen wird und infolgedessen die
Qualität der Erfahrung, keinesfalls jedoch der tatsächliche Ablauf
der Ereignisse oder das Endergebnis.*

Viele Spieler klicken als Kinder und Jugendliche den Griesgram
an, meist auf Anraten «erfahrener» Spieler, und vergessen oft die
Fee-Option. Denken Sie daran, daß dieses Spiel verzaubernd
wirkt und beim Spieler einen rauschartigen, selektiven Gedächt-
nisschwund auslöst, so daß er sich manchmal kaum daran zu erinnern vermag, daß ihm diese Option zur Verfügung steht.

Sich Sorgen zu machen ist nichts weiter als ein konditionierter
Kniereflex Ihrerseits auf die Optionen, die sich im Laufe Ihrer
persönlichen Wanderung auf der großen Straße des Lebens ergeben. Die Angsthasenattitüde ist bloß eine gewohnheitsmäßige
Haltung, die Sie einnehmen. Es steht Ihnen frei, sie jederzeit gegen die Haltung des aufrechten, vertrauensvollen Kriegers einzu-
tauschen.

Damit diese Entscheidung ihre Wirkung entfalten kann, müssen Sie jedoch unablässig auf der Hut sein, denn das System neigt
dazu, automatisch in «Besorgnis» zu verfallen. Es dauert zwischen etwa zwei Nanosekunden und 46 Jahren, den vollen Null-
Sorgen-Status zu erreichen, je nachdem, wie oft Sie wieder vergessen.

Zweifel

Der Zweifel ist ein Luxus, der, so verlockend er auch
sein mag, am besten allzeit vermieden wird, besonders in
extremen Notsituationen.

Zweifel besteht darin, Entscheidungen in Frage zu stellen, die Sie
getroffen haben und durch die Sie sich in Ihrer derzeitigen Lage
befinden. Das ist eindeutig eine vollkommene Energiever-
schwendung. Die Situation, in der Sie sich gegenwärtig befinden
oder die Ihnen, wenn Sie so wollen, Ihr Tao geliefert hat, sei sie
angenehm oder unangenehm, ist nach dem ehernen Gesetz der
Angemessenheit im Augenblick genau die richtige für Sie. Folglich müssen alle Entscheidungen Ihrer früheren Ichs, die Sie in
diese Lage gebracht haben, bezogen auf das Gesamtbild richtig
gewesen sein. Mit anderen Worten: Haben Sie Vertrauen zu sich
selbst. Zeigen Sie zu allen Zeiten Selbstvertrauen, wie groß auch
das Chaos zu sein scheint, das Sie um sich herum angerichtet haben, und verstärken Sie Ihr Vertrauen dann lieber noch mehr.
Das ist das einzig Vernünftige. Sie treffen Ihre Wahl, und es ergeben sich daraus Konsequenzen, die Sie wiederum zu Ihrem Vorteil ausnutzen, wann immer Sie können, während Sie auf Ihrem
Weg anderen helfen.

Vertrauen ist das einzige Gegenmittel gegen den Zweifel. Sie
müssen also auf die Ihnen selbst und damit auch dem Weg
(ihrem ureigenen Tao) innewohnende Weisheit vertrauen.

Wiederholen Sie einfach die nächsten dreieinviertel Tage un-
entwegt die folgende Affirmation, bis sie ein immer gleiches Muster auf der Tapete Ihres Geistes geworden ist:

*Ich habe Vertrauen zu mir, ich habe Vertrauen zu mir, ich habe
Vertrauen zu mir, ich habe Vertrauen zu mir, ich habe Vertrauen
zu mir, ich habe Vertrauen zu mir, ich habe Vertrauen zu mir, ich
habe Vertrauen zu mir, ich habe Vertrauen zu mir, ich habe Ver-*

trauen zu mir, ich habe Vertrauen zu mir usw.

Nachgeben oder Dranbleiben

Wenn Sie nicht wollen, daß Sie von negativer Energie beeinflußt werden, dann hören Sie auf, sich ihr zu widersetzen.

Der Widerstand gegen eine auf Sie einwirkende Kraft, sei sie physisch, verbal oder mental, verursacht am Punkt ihres Auftreffens eine Explosion in Ihrem Energiefeld, die Ihr gesamtes Gleichgewicht stört und Ihre Fähigkeit vermindert, effektiv zu reagieren. Wenn Sie dieser Kraft hingegen keine Angriffsfläche bieten, erschöpft sie sich ganz von selbst.

Wenn Sie der Kraft eines auf Sie abzielenden Schlages, ob es sich um etwas so Körperliches wie einen Fausthieb oder um etwas wirklich Unangenehmes wie die Telefonrechnung handelt, nachgeben, verhalten Sie sich wie ein Matador, der einem anstürmenden Stier elegant ausweicht.

Beim Dranbleiben hingegen würden Sie dem Stier Ihr Cape vor die Nase halten, während er an Ihnen vorbeirast. Nachgeben heißt, einer herannahenden Kraft auszuweichen, während man zentriert ist und sein Gleichgewicht und seine Würde beibehält. Dranbleiben heißt, auf Tuchfühlung zu gehen, sich geistig in den Gegner zu versetzen und ihn dadurch sofort abwehren zu können, sobald sich die Gelegenheit dazu ergibt. (Das funktioniert wie ein ausgeklügeltes Hebelwerk.)

Nachgeben und Dranbleiben sind eine Entsprechung zu leer und voll (siehe *Voll und leer*, S. 29).

Stellen Sie sich vor, ein Gegner stände direkt vor Ihnen. Ihr Gegner holt mit der geballten Faust zum Schlag auf Ihre rechte Brustseite aus. Sie drehen nun, die Füße fest auf den Boden gepflanzt, den Oberkörper aus der Taille heraus nach rechts, so daß da, wo das Ziel war, nichts mehr ist. Durch diese Ausweichbewegung wird die anvisierte Brustseite aus dem Bereich der gegnerischen Faust entfernt, so daß deren Schlagkraft ins Leere geht. Zur gleichen Zeit, während Sie den Oberkörper nach rechts drehen, schwingt Ihre linke Seite nach vorne und versetzt Sie in die Lage, mit der linken Faust zum Gegenschlag auf die rechte Seite Ihres Gegners auszuholen. So wird durch Nachgeben und Dranbleiben (leer und voll im Wechsel) der Angriff mit seiner eigenen Kraft dahin zurückgelenkt, woher er kam.

Alle Kraft, die auf Sie einwirkt, ist ursprünglich ein Ausdruck absoluter Liebe, ist reine Energie, die durch die jeweiligen Filter der Person, von der sie ausgeht, mehr oder weniger entstellt ist. Wenn Sie diese Entstellung durchschauen und sehen, daß Ihnen absolute Liebe entgegengebracht wird, allerdings ziemlich scheußlich verpackt, lassen Sie das Paket einfach ungeöffnet an den Absender zurückgehen.

Ebenso geht es bei einem mentalen oder verbalen Angriff. Die sich nähernde Kraft, ob sie durch eine Faust, durch Worte oder Gedanken befördert wird, beginnt ursprünglich als reiner Impuls des anderen, Ihnen sozusagen die Hand zu reichen. Gewaltsam wird sie erst, wenn sie die Filter der gegnerischen Persönlichkeit durchlaufen hat. Schauen Sie durch die Persönlichkeitshülle hindurch zum reinen Geist dahinter, dessen einziges Kapital die absolute Liebe ist, und lassen Sie Liebe von Geist zu Geist überströmen. Lassen Sie die negative Kraft an sich vorbeigleiten, und geben Sie Liebe zurück.

Bleiben Sie also, wenn die Telefonrechnung ankommt, in Ihrer Mitte, und widersetzen Sie sich nicht. Nehmen Sie sie als Ausdruck absoluter Liebe entgegen, die es Ihnen ermöglicht, weiterhin Gespräche zu führen, und erwidern Sie die Rechnung liebevoll mit Ihrem Scheck.

Vier Unzen (110 g)

Zum Leben sind drei Unzen Druck zuwenig und fünf Unzen zuviel; vier Unzen hingegen sind genau richtig.

Wenn Sie geistig und körperlich flexibel und anpassungsfähig genug sind, um jeder herannahenden physischen oder anderen Kraft nachzugeben und dabei Haltung und Gleichgewicht zu bewahren, also keinen Widerstand zu leisten, wird die betreffende Kraft keinen Einfluß auf Sie haben. Lassen Sie, während Sie mit beiden Füßen fest auf dem Boden stehen, keine Kraft mit mehr oder mit weniger als vier Unzen Druck an sich heran. Geben Sie also, wenn eine Kraft von tausend Pfund auf Sie zukommt, so weit nach, daß diese Kraft nicht stärker auf Ihre Person einwirken kann als mit vier Unzen Druck. Stellen Sie sich vor, Sie ständen in einem Rohr. Eine große Menge Wasser strömt langsam durch das Rohr auf Sie zu. Wenn Sie sich dem Wasser frontal entgegenstellen und versuchen, der heranflutenden Welle standzuhalten, werden Sie in dem Moment, wo die überlegenere Kraft auf Ihren Widerstand trifft, umgeworfen. Wenn Sie sich hingegen seitlich drehen, so daß das Wasser an Ihrem Körper eine schmalere Angriffsfläche hat, können Sie sich besser behaupten.

Wenn Ihnen jemand mit einer Schlagkraft von tausend Pfund einen Hieb auf die linke Wange gibt, Sie sich aber rechtzeitig weiter nach links drehen (nachgeben) und dem Schlag so unmittelbar vor dem Auftreffen durch Ausweichen seine Kraft nehmen, reduziert sich der Druck auf Ihre Wange auf vier Unzen (allerdings nur, wenn Sie entsprechend geübt sind). Es ist genauso, als brächten Sie einen Bullen von tausend Pfund Gewicht durch leichtes Zupfen am Nasenring mit vier Unzen Kraftaufwand in Bewegung.

Stellen Sie sich vor, ein Spatz wollte von Ihrer Handfläche fortfliegen, käme aber nicht von der Stelle, weil Sie ihm nur vier Unzen Widerstand gewähren.

Umgekehrt sollten Sie, wenn Sie in irgendeiner Situation Druck ausüben, nicht mehr und nicht weniger als vier Unzen anwenden. Wenn Sie auf einen Luftballon mit tausend Pfund Schlagkraft eindreschen, wird weniger Druck auf einen größeren Teil der Oberfläche ausgeübt, so daß der Ballon nur eine kurze Strecke fliegt und wieder zu Boden sinkt. Wenn Sie den Ballon hingegen mit nur vier Unzen Kraftaufwand mit dem Finger antippen, üben Sie im Verhältnis mehr Druck auf eine kleinere Zone der Oberfläche aus, so daß der Ballon anmutig durchs Zimmer schwebt und dann erst niedersinkt. Ebenso geht es mit einem Papierflieger.

Der Grund dafür ist der, daß Sie durch Konzentration Ihrer Intention und Ihres Chi in einem einzigen Punkt mit nur vier Unzen Nachdruck eine viel stärkere Reaktion hervorrufen als durch blindwütiges Bearbeiten einer großen Fläche mit einem Kraftaufwand von tausend Pfund.

*Wirken Sie auf andere, ihren Geist, ihren Körper und ihr Seele,
mit maximal vier Unzen Druck ein. Bleiben Sie locker (siehe
Locker ans Werk, S. 78).*

*Senden Sie beim Sprechen Schallwellen von maximal vier Un-
zen Stärke aus.*

*Wenden Sie bei Körperkontakten (jeder Art) maximal vier Un-
zen Kraft auf.*

*Setzen Sie beim Gehen oder Laufen Ihre Füße mit maximal vier
Unzen Kraft auf.*

Vier Unzen Stärke gestatten Ihnen, mit Ihrem ganzen Körper zu
lauschen und dadurch die Energiemuster zu interpretieren, denen Sie lauschen. Drei Unzen sind zuwenig und fünf Unzen zuviel für intelligente Kontakte.

Die vier Unzen sind natürlich nur ein Gleichnis dafür, sich in
Gedanken, Worten und Werken der Leichtigkeit und Unauffälligkeit zu befleißigen (siehe *Unauffälligkeit*, S. 123).

NACHGEBEN

Unauffälligkeit

Bewegen Sie sich immer unauffällig wie ein wachsamer Fuchs. Gehen Sie leise, und zollen Sie mit jedem Schritt dem Erdboden, der Sie trägt, Respekt.

Denken Sie sich Ihre Schritte leicht, denn ein Krieger trampelt nicht wie ein betrunkener Elefant herum. Wenn Sie leichten Schrittes gehen, sparen Sie nicht nur Schuhleder und -gummi und stören das empfindliche Feld von Schallwellen in Ihrer Umgebung nicht, sondern es hilft Ihnen auch, sich Ihre Energie zu bewahren und infolgedessen fröhlichere, ausgeglichenere Gedanken und Gefühle zu haben.

Stellen Sie sich das nächste Mal, wenn Sie die Straße entlanggehen und an nichts anderes Wichtiges denken müssen, bildlich eine Tasse Tee in Ihrem unteren Tantien (dem psychischen Zentrum unterhalb des Nabels) vor. Ihre Aufgabe besteht darin, von dem Tee in der Tasse beim Gehen keinen Tropfen zu verschütten.

Oder:
Stellen Sie sich vor, der Erdboden wäre mit Blattgold überzogen, und Sie dürften ihn nicht beschädigen, während Sie darüberlaufen.

Bei einiger Übung werden Sie plötzlich, wie von Zauberhand, auf der Bildfläche erscheinen können, ohne sich durch Schallwellen anzukündigen.

Sie begeben sich in jede Situation, ohne Ihre Ankunft zu signalisieren, und gehen wieder, ohne eine Spur zu hinterlassen. Diese Fähigkeit ist mit der Geschicklichkeit gepaart, sich unsichtbar machen zu können, und der Fähigkeit, sich seine Energie zu bewahren.

Die Leichtigkeit des Schrittes steht in einem unmittelbaren

Verhältnis zur Leichtigkeit der Energie, Gefühle und Gedanken und umgekehrt, aber Leichtigkeit heißt nicht Schweben. Jeder Schritt muß einen festen Bodenkontakt herstellen. Die Fußsohlen sind wichtige Rezeptoren für Informationen, die der Boden liefert.

Alles, was auf diesem Planeten geschieht, von der Landung einer kleinen Fliege auf Ihrer Nase bis hin zu einer Atomexplosion, verursacht Schwingungen sowohl in der Luft als auch im Boden. Diese Schwingungen bergen komplexe Informationen in sich, die automatisch von Ihrem Unbewußten, Ihren Instinkten, aufgenommen werden. Deshalb können Tiere Erdbeben nahen spüren – und Sie besitzen ebenfalls diese Fähigkeit.

Mit den Füßen hören zu können ist ein Hauptbestandteil Ihres mentalen Kraftpotentials. Probieren Sie, um diese Fähigkeit zu entwickeln, einmal die folgende Meditation im Gehen:

Stellen Sie sich vor, Sie wären ausgegangen und hätten zwei technisch perfekte Mikrofone gekauft und in Ihren beiden Fußsohlen installiert. Sicher eine merkwürdige Sache, aber trotzdem: Stellen Sie sich beim Gehen vor, diese Mikrofone würden die Informationen aufnehmen, die in den Schwingungen im Boden enthalten sind. Wenn Ihre Gedanken einigermaßen ruhig sind, können Sie die Informationen unter Umständen in Form von Bildern empfangen und sich von ihnen auf Ihrem Weg leiten lassen.

Dies ist Teil eines Prozesses, mit dem Sie Ihren Körper zu sensibilisieren vermögen, damit er Schwingungen empfangen kann wie eine große Satellitenschüssel, so daß Sie ein breiteres Spektrum an Informationen aufnehmen und Ihre Intuition steigern können.

Laufen

Als Krieger müssen Sie, wie andere Tiere auch, bei Gefahr weglaufen können, und sei es nur bei Gefahr Ihres eigenen Wahnsinns.

Es leuchtet wohl ein, daß Sie manchmal, im Angesicht extremer Gefahr, nachgeben müssen, und das können Sie nur durch Wegrennen. Im Grunde sollten Sie immer lospreschen, wenn sich bei einer offensichtlichen Gefahr die Gelegenheit dazu bietet. Weglaufen ist die Urform der Selbstverteidigung. Was Sie vielleicht davon abhält, ist die Angst, das Gesicht zu verlieren; es ist jedoch viel wahrscheinlicher, daß Sie Ihr Gesicht verlieren, wenn Sie kämpfen müssen. Darum ist es wichtig, den Bewegungsapparat regelmäßig zu trainieren, um ihn in Hochform zu halten. Laufenkönnen dient nicht nur dem vorrangigen Zweck, einer herannahenden Kraft wie etwa wilden Tieren, wild gewordenen Menschen oder gar wild gewordenen Bussen auszuweichen, sondern auch dem anderen, ebenso wichtigen Zweck der Jagd, um beispielsweise hinter dem wild gewordenen Bus herzujagen.

Für alle, die mit gesunden Beinen gesegnet sind, stellt das Laufen nicht bloß eine Überlebenskunst des Kriegers dar, es liefert auch optimale Voraussetzungen für die Meditation, das heißt die Übung in Bewußtseinsveränderung. Vorbedingungen für das bewußtseinsverändernde Laufen, in taoistischen Kreisen «auf dem Land fliegen» genannt, ist, daß Sie sich entspannen, sinken, atmen und spüren, was in Ihnen vorgeht, während Sie laufen. Der Gegensatz dazu wäre es, wenn Sie sich anstrengen, um einen Wettbewerb zu gewinnen, abzunehmen, fit zu bleiben oder mit Ihren Jogginggefährten mitzuhalten.

Die beste Zeit für das «Fliegen auf dem Land» ist der Morgen, wenn sich der alltägliche unangenehme Dunst noch nicht aufgebaut hat und das Chi aus dem Erdboden noch frisch ist.

Der beste Ort zum ersten Übungsflug auf dem Land ist eine Laufstrecke in freier Natur, der schlechteste (oder zumindest langweiligste) eine «Tretmühle» im Fitneßraum.

Der beste Trainingspartner sind Sie selbst. Die Gesellschaft anderer beim Laufen bedeutet normalerweise eine Ablenkung und zwingt häufig zu oberflächlichem Geplauder, das Sie aus Ihrem Atemrhythmus bringt und Ihre Meditation stört.

Ziehen Sie sich richtig an, damit Sie gegen Kälte, Feuchtigkeit, Wind oder Hitze gewappnet sind. Bringen Sie sich nicht selbst in die Lage, schneller laufen zu müssen, als Sie eigentlich wollen, nur weil Sie sich aufwärmen müssen.

Tragen Sie Schuhe, in denen Sie Ihre Füße spüren und Ihre Zehen spreizen können und die gleichzeitig Ihre Knöchel und Ihren Spann stützen und Ihre Fußsohlen abpolstern. Oder laufen Sie barfuß.

Achten Sie darauf, daß Ihr Körper gut aufgewärmt ist, bevor Sie starten, besonders in den kälteren Monaten. Alle Übungen, bei denen Ihre Gelenke gelockert, die Muskeln gestreckt werden und Ihnen Ihr Körper bewußt wird, kommen dafür in Frage, aber die taoistischen Aufwärm- und Entspannungsübungen sind eigentlich die besten, die ich kenne (Stoff für ein weiteres Buch).

Legen Sie den Verlauf und die Länge Ihrer Laufstrecke fest, und starten Sie mit der klaren Intention, durchzuhalten. Wenn Sie zum Beispiel beschließen, auf einer kurzen Laufstrecke neun Runden zu drehen, sollten Sie das als bindend betrachten und nicht davon abweichen (aus reiner Faulheit), außer im Notfall.

Stellen Sie sich vor, wie Sie Ihren Lauf vollenden und sich geläutert, entspannt, erfrischt und wie neugeboren (warum nicht!) fühlen.

Prüfen Sie, ehe Sie vom Gehen zum Laufen überwechseln, ob Sie haltungsbedingt irgendwo verspannt sind, speziell im Bereich des Schultergürtels und Nackens.

Strecken Sie Ihre Wirbelsäule in die Länge, werden Sie breit in Schultern und Hüften, sinken Sie, heben Sie Ihre Lebensgeister zum Scheitelpunkt Ihres Kopfes, zentrieren Sie sich, und entspannen Sie sich.

Bleiben Sie während des gesamten Laufs in diesem Zustand, indem Sie etwa alle dreieinviertel Minute eine Kontrolle vornehmen.

Laufen Sie anfangs langsam, die Ellbogen vom Körper abgewinkelt, die Schultern locker, und beginnen Sie sofort mit der Vier-Stufen-Atmung (siehe Seite 40), wobei Sie jede Atemstufe mit einem Schritt zusammenfallen lassen, also ein – ein, aus – aus zeitgleich mit Schritt – Schritt, Schritt – Schritt kombinieren.

Achten Sie auf Ihre Fußsohlen (siehe Die Füße, S. 52), und lassen Sie Ihre Gedanken schweifen. Stellen Sie sich vor, die Erde sei Ihre Tretmühle und würde sich unter Ihren Füßen drehen, während Sie auf der Stelle treten. Setzen Sie die Füße mit maximal vier Unzen Gewicht auf.

Laufen Sie langsam, legen Sie nie Tempo vor, denn Sie befinden sich in keinem Rennen. Die Beschleunigung muß von selbst kommen wie bei einem Pferd, das vom Trab in einen leichten Galopp fällt, sie darf nicht erzwungen werden. Verlängern Sie, wenn sich die Beschleunigung von selbst ergibt, Ihre Schritte, entspannen Sie Ihren Körper noch mehr, besonders im Bereich der Hüften, und fühlen Sie, wie Sie von Ihrem Geistkörper emporgehoben werden und fliegen.

Am besten fliegen Sie, wenn Sie leicht, unauffällig und fröhlich laufen und die Erde nicht zertrampeln.

Machen Sie, sobald Sie das Gefühl haben, in eine vollkommen mühelose Gangart verfallen zu sein, ein bißchen Psycholooping (siehe dort, S. 66) und überprüfen Sie Ihre Tantiens (siehe Die drei Tantiens, S. 57).

Bleiben Sie auch gegen Ende Ihres Laufes, während Sie allmählich wieder zum Gehen überwechseln, bei der Vier-Stufen-Atmung, und behalten Sie sie eine Weile im ursprünglichen Tempo bei, um den Wechsel glatter zu gestalten.

Spontaneität

Spontanes Handeln ist unwiderstehlich.

Sie handeln spontan, wenn Sie einem Drang folgen, der aus dem tiefsten Innern Ihres unteren Tantien kommt. Spontanes Handeln entspringt dem freien Willen. Es beginnt mit der Zunahme von Chi im unteren Tantien (dem Ozean der Energie im Unterbauch), das Sie in Unruhe versetzt, wenn Sie es zu ignorieren versuchen. Diese Unruhe erzeugt eine Kraft, die zu Ihrem mittleren Tantien hinaufströmt (dem Purpurpalast in Ihrer Brust) und sich in einem unerklärlichen Verlangen äußert wie zum Beispiel: «Ich will etwas, aber ich weiß nicht, was.» Dieses Verlangen baut seinerseits auch wieder eine Kraft auf, die ins obere Tantien steigt (in die Höhle des ursprünglichen Geistes im Gehirn) und dann von Ihrem Geist in ein Bild dessen umgewandelt wird, was in die Tat umgesetzt werden möchte, zum Beispiel auf einem Bein die Straße entlangzuhüpfen und mit lauter Fistelstimme zu singen: *«You can't always get what you want»*.

Dieses Bild erzeugt eine Kraft, die wieder rückwärts nach unten strömt und im mittleren Tantien das schöpferische Verlangen auslöst, aktiv zu werden. Das wiederum erzeugt eine Energieladung im unteren Tantien, die dafür sorgt, daß Sie spontan hinausrennen und unter Gesang auf einem Bein herumhüpfen (falls es wirklich das ist, was Sie tun wollen).

Das alles geht so schnell, daß Sie es gar nicht bemerken, wenn Sie nicht besonders achtsam sind. Ihnen wird es so vorkommen, als säßen Sie eben noch friedlich und läsen in einem Handbuch, um im nächsten Moment draußen auf der Straße spontan den totalen Hanswurst zu spielen.

Die meisten Impulse sind allerdings nicht stark genug, um den ganzen Weg bis oben zu schaffen. Wenn der ursprüngliche Drang im unteren Tantien nur so stark ist, um bis zum mittleren Tantien in der Brust aufzusteigen, werden Sie unruhig, weil Sie etwas wollen, was Sie nicht recht definieren können. Ihr oberes

Tantien (im Gehirn), das auf diese Weise von dem Energiestoß in den unteren Tantiens abgeschnitten ist, greift auf ein altes, eingefahrenes Programm zurück und bietet Ihrem Geist eine Reihe von Handlungsmöglichkeiten an, durch die das rastlose Verlangen unten befriedigt werden könnte. Da sich dieses Programm auf frühere Erfahrungen bzw. Erinnerungen beschränkt, gelingt es ihm meistens nicht, eine diesem Verlangen angemessene Reaktion hervorzurufen, und so sitzen Sie schließlich immer noch da, während draußen irgendein anderer Hampelmann auf einem Bein über die Straße hüpft und dummes Zeug singt (siehe *Muße statt Aufschieben*, S. 101).

Ist das mittlere Tantien (Brust) durch physischen, emotionalen oder mentalen Streß «blockiert», kann die im unteren Tantien erzeugte Kraft daran vorbei sofort ins obere Tantien hochschießen, sich also über die Funktion des mittleren Tantien einfach hinwegsetzen. An diesem Punkt verschmilzt das ursprüngliche rastlose Verlangen im Gehirn mit einem der eingefahrenen Programmpunkte, ohne ein echter Herzenswunsch geworden zu sein, was statt einer kreativen, spontanen Aktion eine Ersatzhandlung zur Folge hat – Sie rauchen vielleicht noch einen Joint, genehmigen sich noch einen Drink, verführen noch jemanden oder essen noch einen Müsliriegel.

Oft ist der Drang, spontan zu handeln, zwar stark, aber der Mechanismus, der ihn zum Ausdruck bringen müßte, funktioniert nicht richtig, weil Ihr Tantien-System gestört ist. Eine durch Streß ausgelöste Blockierung im unteren Tantien verzerrt das Verlangen schon bei seiner Entstehung und führt zu sexueller Gehemmtheit oder Überaktivität, Verstopfung oder Durchfall, Perversitäten und Gewaltausbrüchen oder Anfällen von extremer Schüchternheit. Eine Blockierung des mittleren Tantien entstellt den Wunsch, zur Tat zu schreiten, löst Verwirrung bezüglich des Verlangens aus, führt zu Unentschlossenheit, Hartherzigkeit, einem Gefühl der Isoliertheit und verrückten Entscheidungen.

Eine Blockade im oberen Tantien verzerrt die Bilder, mit denen Ihr Geist aufwartet, so daß Sie Dinge in die Tat umsetzen, durch die Sie im Gefängnis oder in der Psychiatrie landen. Spontanes Handeln ist tugendhaftes Handeln (siehe *Tugendhaftigkeit*, S. 238), das Ihrer totalen Ganzheit entspringt, das heißt Ihrer Person im vollen Kriegerstatus, und kann nur aus einem starken Inneren kommen, wie Sie es durch die Übungen dieses Handbuchs entwickeln können.

Beobachten Sie, wenn Sie einmal die Entwicklung von Spontaneität erforschen wollen, wie und wo (aber nicht, warum) Sie die Spontaneität unterbinden, ohne den Versuch zu machen, daran etwas zu ändern, und wiederholen Sie in den nächsten zwei Tagen schriftlich oder mündlich möglichst oft die folgende Affirmation:

«*Ich lasse spontanes Handeln tief aus meinem Bauch heraus zu. Ich kann gefahrlos auf die spontanen Regungen meines Körpers reagieren.*»

Ach was, pfeifen Sie auf das alles; spontan sein bedeutet zu tun, was Sie unbedingt tun wollen … also tun Sie's, und machen Sie mich nicht für die Folgen verantwortlich!

Die Einheit der Gegensätze

Sie brauchen nicht mehr zu entscheiden, ob Sie Sünder oder Heiliger sein wollen. Jetzt können Sie beides zugleich sein.

Sie brauchen nicht mehr zu wählen zwischen Verwirrung und Klarheit, Verrücktheit oder geistiger Gesundheit, Liebe oder Gefühlskälte, Toleranz oder Starrsinn. Wie bei allen Dingen, die Yin und Yang sind, sind diese Begriffe relativ und nicht etwa absolut. Sie können Yogalehrer sein und trotzdem rauchen; eine Hure, die meditiert und spirituelle Texte studiert; oder ein Drogendealer, der Menschenleben rettet. Sie könnten sogar ein ehrlicher Politiker sein, obwohl das ziemlich unwahrscheinlich ist.

In dieser neuen Multiple-choice-Wirklichkeit steht es Ihnen vollkommen frei, sich einzugestehen, daß Sie alle möglichen Gegensätze in sich tragen. Nach dem ehernen Gesetz von Yin und Yang gehört zu jeder menschlichen Eigenschaft auch ihr Gegenteil, das auf der dunklen Seite ihres Mondes lauert. In der Märchenwelt, auf die sich das Paradigma unserer sterbenden Kultur gründet, ist jemand, und besonders ein Krieger, entweder edel oder gemein. Wenn er jedoch nur edel ist, wie steht es dann damit, daß er seiner Freundin einmal nicht ganz die Wahrheit gesagt hat, und wenn er gemein ist, was ist mit all den Leuten, denen er geholfen hat? Es ist unmöglich, ausschließlich das eine oder das andere zu sein. Na los! Geben Sie zu, daß Sie alle Gegensätze, Widersprüche und Paradoxe der Welt in sich tragen!

Die anderen auch. Verurteilen Sie sie nicht dafür, daß sie dies oder das sind, denn je nach Beleuchtung und Kameraeinstellung wird deutlich, daß sie dies *und* das sind. Situationen ebenfalls. Eine bestimmte Situation kann unmöglich gut oder schlecht sein. Was sie ist, hängt vollkommen davon ab, von wo aus und wann sie betrachtet wird und wer sie betrachtet. Eine Situation ist sowohl gut als auch schlecht. Selbst der Silberrand der Wolken kann angelaufen sein.

Wenn Sie das akzeptieren, hören Sie auf, voreilige Schlüsse zu ziehen, und betrachten sich selbst, andere und die Situationen, die sich mit ihnen ergeben, ohne Werturteil. Sobald Sie erkannt haben, daß Sie selbst, jemand anders oder eine Situation weder gut noch schlecht ist, sondern beides, eröffnet sich Ihrem Blick sofort die transpersonale Ebene, die über die Gegensätze hinausgeht. Wenn Sie die Gegensätze transzendieren, treffen Sie unmittelbar auf das Tao und sind würdig, für diese Zeit Meister oder Meisterin genannt zu werden.

- *Schreiben Sie erst all Ihre positiven Eigenschaften und dann deren Gegenteil auf.*

- *Schreiben Sie erst all Ihre negativen Eigenschaften und dann deren Gegenteil auf.*
- *Vergleichen Sie die beiden Listen miteinander, und schauen Sie, ob sie übereinstimmen.*

Sagen Sie: «Ich habe all diese Widersprüche in mir. Ich bin Sowohl-als-Auch. Ich kann ein Held und ein Feigling sein, ein Heiler und ein Dealer, ein Engel und ein Teufel, glücklich und traurig, zuversichtlich und ängstlich, kann mich lieben und hassen, alles gleichzeitig, und trotzdem vollkommen normal sein.»

Und jetzt hören Sie mit all dem Humbug auf, und tun Sie etwas Spannendes.

Sie dürfen sich zwar frei zu diesen Widersprüchen, die Sie in sich tragen, bekennen, aber nicht unbedingt in aller Öffentlichkeit. Manchmal verlangt das Spiel von Ihnen, für eine Seite Partei zu ergreifen. Halten Sie in diesem Fall die Spielregeln in Ehren, rufen Sie sich jedoch die Relativität aller Erscheinungen ins Gedächtnis, und machen Sie sich nichts vor, da Sie sonst die Möglichkeiten einschränken, die die Situation bietet.

Moral und Unmoral

Moral macht sauer.

Eine moralbestimmte Lebensweise, bei der ein Sittenkodex eingehalten wird, ist der klassische konfuzianische Weg. Die Anhänger des alten Konfutse (Konfuzius) glauben, daß sich bei einem Menschen, wenn man ihn eine Reihe von Verhaltensweisen für jede nur erdenkliche Situation lehrt, seine innere psychoemotionale Struktur ganz von selbst dieser äußeren Form angleicht. Mit anderen Worten: Präge das Äußere, und das Innere wird sich daran anpassen.

Dieser Denkansatz ist sicher in mancher Hinsicht richtig. Große totalitäre Reiche haben aufgrund dieses Prinzips eine zeitweilige Blütezeit erlebt. Ein langes Register von umfassenden Regeln und Geboten muß dabei gelernt und strikt befolgt werden. Um diese durchzusetzen, ist der einzelne verpflichtet, sowohl sich selbst als auch andere ständig zu überwachen, wodurch die Grundlagen für einen Polizeistaat geschaffen werden. Bei strikter Einhaltung der betreffenden Regeln und Gebote soll sich ein tugendhafter Charakter herausbilden. Allerdings wird dabei nicht berücksichtigt, daß jeder Mensch alle möglichen Widersprüche in sich trägt und seine Schattenseiten folglich dauernd unterdrücken und verleugnen muß, um tugendhaft zu erscheinen.

Ein solches System zu unterstützen, das Zwang anwenden muß, um den Schein zu wahren, ist so, als wolle man ein Haus erbauen und begänne damit, zuerst die Wände zu tünchen. Ebenso wie große totalitäre Staaten, die sich nur durch übertriebene Gewalt erhalten können, irgendwann zusammenbrechen und untergehen, ergeht es auch den Menschen, die sich auf Kosten ihrer inneren Integrität ausschließlich auf Äußerlichkeiten konzentrieren: Sie bekommen am Ende einen Nervenzusammenbruch, zetteln Kriege an, mißbrauchen Huren und richten allen möglichen unnötigen Schaden an. Es ist kein Zufall, daß «moralisch» und «moralinsauer» so nahe beieinanderliegen, denn beim blinden Einhalten eines Sittenkodex verliert man die Berührung mit seinem wahren Selbst und versauert. Moral macht also wirklich sauer.

Im Gegensatz dazu glauben die fortschrittlichen Anhänger des Tao, daß man zum Zwecke von Verhaltensänderungen die Entwicklung seines wahren Wesens fördern muß, indem man seine Aufmerksamkeit nach innen richtet. Durch fleißiges Beherzigen der in ebendiesem Handbuch dargelegten inneren Prinzipien und Methoden werden Sie einen Zustand unaufhörlichen Friedens, absoluter innerer Harmonie, unerschöpflicher Macht und ewiger Dauer erreichen (siehe *Die drei freundlichen Gottheiten*, S. 61). Wenn Sie sich in diesem Zustand befinden, und sei es nur zu einer kurzen Stippvisite, sind Sie im Einklang mit Ihrem wahren Wesen, das an sich lebensbejahend und positiv ist. Wenn Sie mit Ihrem wahren Wesen mitgehen, das die Essenz Ihres Geistkörpers umfaßt, befinden Sie sich automatisch in einem Zustand der Tugend, das heißt der Authentizität. Wenn Sie authentisch sind, sind all Ihre Gedanken und Handlungen sich selbst und anderen gegenüber aufrichtig, also lebensfördernd.

Moralbegriffe sind dann unnötig und irrelevant. Wenn Sie mit Ihrem wahren Wesen eins sind, Ihre drei Tantiens in abgestimmter, dreifacher Harmonie zusammenwirken, Ihr Herz offen ist, Ihr Geist klar und Ihr Handeln spontan, können Sie gar nicht anders, als sich selbst und Ihren Mitmenschen mit der größten Fürsorglichkeit und Achtung zu begegnen, deren Sie zu dem betreffenden Zeitpunkt fähig sind. Außerdem haben Sie, wenn Sie die Bedeutung des Gesetzes von Ursache und Wirkung erfaßt haben, das heißt andere so behandeln, wie Sie selbst von ihnen behandelt werden möchten, ein weiteres Mittel, um unangemessene Handlungen ihrerseits auszuschließen.

Als Krieger brauchen Sie keine anderen Moralvorstellungen, Regeln oder Gebote als die, allem Leben ebensoviel freundlichen Respekt entgegenzubringen wie Ihrem eigenen; Ihrem eigenen Leben ebensoviel freundlichen Respekt entgegenzubringen, als sei es das Universum selbst; sich selbst und anderen helfend und heilend beizustehen, wann immer Sie können; und in Liebesdingen sowie in Fällen von Notwehr und zur Verteidigung Ihrer selbst oder Ihrer Angehörigen gegen solche, die Sie zu schädigen oder zu vernichten drohen, den Schaden möglichst gering zu halten.

Bewußtheit im gegenwärtigen Augenblick

Es gibt nur einen Augenblick, und der ist jetzt, während Sie das hier lesen.

Das war immer der einzige Augenblick und wird es auch immer bleiben. Dieser Augenblick verändert sich nie. Was sich ändert, sind die augenblicklichen Kulissen. Dieser Augenblick hat Geburt und Tod Hunderter von Universen miterlebt und wird wahrscheinlich noch länger durchhalten, um auch noch Geburt und Tod weiterer Hunderter zu erleben. Doch welche Zeit Ihre Uhr auch anzeigen mag und welches Datum Ihr Kalender, an diesem Augenblick ändert sich nichts.

Zügeln Sie die wilden Pferde Ihres Geistes, die hemmungslos hierhin und dahin streifen zu Erinnerungsbildern der Vergangenheit oder vorgestellten Szenen der Zukunft. Ziehen Sie Ihr Bewußtsein in die Höhle des ursprünglichen Geistes zurück, und finden Sie in diesem Augenblick, jetzt, Ihre Mitte.

Widerstehen Sie der Versuchung, Ihre Gedanken wahllos auf Zukunftsvorstellungen zu projizieren, außer bei Übungen zur positiven Visualisation (siehe *Visualisation*, S. 152). Auch nur fünf Minuten in die Zukunft abzudriften und die Gedanken frei umherschweifen zu lassen beschwört oft Unruhe herauf. Ein Beispiel: Sie erwarten den Besuch von Freund oder Freundin. Schon projizieren Sie eine Vorstellung auf Ihre innere Leinwand. Sie sehen den Tee und das Gebäck, die Stimmung, das Geplauder und Ihre Liebe zueinander vor sich und sind glücklich, während Ihr Chi schon zum mittleren Tantien (dem Herzzentrum) emporsteigt. Während Sie sich so Ihren Phantasien hingeben, schaltet Ihr System auf einmal, holterdipolter, auf die Option «Besorgnis» um (siehe *Besorgnis*, S. 114). Jetzt nämlich schleicht sich der Griesgram in die augenblickliche Glückseligkeit ein, Sie werden unruhig, und gleich wechselt Ihre

Phantasie zu Horrorbildern über: Freund oder Freundin sind wortkarg, der Tee ist kalt, das Gebäck trocken, die Stimmung gedrückt, das Gespräch mühsam, und von Liebe ist nicht viel zu merken.

Während Sie mit Ihrem Adrenalinspiegel herumgespielt haben, fand ständig der Augenblick in all seiner Majestät statt mit dauerndem Szenenwechsel, doch Sie haben alles verpaßt. Es gibt nur diesen Augenblick, und Sie haben ihn verpaßt.

Genauso ist es mit Erinnerungen an die Vergangenheit. Wenn Sie in Gedanken zu lange in vergangene Bilder eintauchen, ob aus Nostalgie oder um sich quälenden Selbstvorwürfen auszusetzen, überkommt Sie am Ende unweigerlich das beunruhigende Gefühl unerfüllter Sehnsucht. Inzwischen wechselt die Szene wieder ohne Ihr Zutun, und Sie haben dadurch, daß Sie nicht dabei waren, kostbare Zeit verloren.

Tatsache ist, daß alle Kraft des Universums, die je da war und je dasein wird, in diesem gegenwärtigen Augenblick enthalten ist. Dessen Kraft (Chi) ist der Katalysator, der Ihre Gedanken in die manifeste Wirklichkeit umsetzt. Wenn Sie im Geiste mit einer anderen Zeit beschäftigt sind, wird Ihnen der Zugang zu dieser Kraft verwehrt, und Sie werden folglich genau des Labsals beraubt, das Sie irrigerweise in vergangenen und zukünftigen Projektionen gesucht haben.

Außer bei speziellen Visualisationssitzungen mit Heilwirkung auf vergangene und zukünftige Szenarien ist es das Zeichen eines kranken Geistes, wenn man irgendwo anders seine Zeit zubringt als in diesem gegenwärtigen Augenblick. Nur aus der Unbewegtheit dieses Augenblicks heraus können Sie die Kraft schöpfen, um die Dinge in Erscheinung treten zu lassen, die Sie wünschen. Nur in ebendiesem Augenblick finden Sie die Nahrung, den Frieden und die Heilung, die Sie ersehnen.

Dieser ewige Augenblick ist wie ein Weiher, der das Wasser der Jugend und Unsterblichkeit enthält. Wenn Ihr Geist nicht mit Denken beschäftigt ist (Erinnerungen und Zukunftsprojektionen, Bedauern und Besorgnis), während Sie meditativ in Ihrer

Mitte ruhen und frei atmen, ist es wie ein Bad in diesem Heilwasser.

Geistig gesund können Sie nur in diesem Augenblick sein. Alles können Sie überhaupt nur in diesem Augenblick sein.

Selbstmitleid

Wenn Sie oder Ihre Angehörigen nicht gerade vor einem Exekutionskommando stehen (in welchem Fall ich mich frage, warum Sie dies dann jetzt lesen?), ist das einzige, was Sie von vollkommener Glückseligkeit und Erfüllung in diesem Augenblick abhält, Selbstmitleid.

Selbstmitleid ist ein Mittel, mit dem Sie sich unbewußt daran hindern, voll und ganz im gegenwärtigen Augenblick dazusein und im Leben voranzuschreiten. Es ist eine Verzögerungstaktik, die ihren Ursprung in der Angst vor allem Neuen und in mangelndem Vertrauen auf die Weisheit Ihrer ureigenen Reise über die große Straße des Lebens hat.

Die Gefahr beim Selbstmitleid ist, daß es Ihr Chi aufzehrt, Sie Ihrer Lebensfreude beraubt und überhaupt heimtückisch ist. Es ist ein Virus im System, der unbemerkt durch die Sprünge in Ihrer mentalen Struktur dringt wie ein giftiger Nebel und den geistigen Raum in Ihrem oberen Tantien füllt. Es gelangt überallhin, und Sie bemerken es ebensowenig wie den Luftdruck von etwa einem Kilogramm pro Quadratzentimeter, wenn Sie nicht extrem wachsam sind. Es ist seinem Wesen nach ein Schmarotzer und klammert sich an jeden Wirtsgedanken, der gerade über Ihre Leinwand flimmert. Da es auf diese Weise unsichtbar ist, weil es nur die sichtbare Gestalt seines Wirtsgedankens annimmt, ist es ein Meister der Verwandlungskunst und nahezu unmöglich aufzuspüren. Trotz seiner vielen Verkleidungsformen kommt es besonders gern als Stimme der Vernunft daher und stürzt sich auf die Ungerechtigkeiten Ihres Lebens. Es wartet mit Ideen auf wie etwa: «Das ist absolut lächerlich und darf eigentlich nicht wahr sein» (siehe *Vertrauen*, S. 105) oder: «Ich bin müde, ich hab keinen Bock mehr» (siehe *Muße statt Aufschieben*, S. 101), oder: «Was soll's, die Welt geht sowieso unter» (siehe *Weltuntergangsstimmung*, S. 148). Solcherart mit der weisen Stimme der Vernunft getarnt, klingt es vollkommen einleuchtend, und schon gehen Sie ihm auf den Leim, wenn Sie nicht lernen, es zu erkennen.

Das einzige verräterische Anzeichen, das Sie bemerken, ist ein Gefühl der Niedergeschlagenheit. So einfach ist das.

Sie denken vielleicht, jeder wäre ab und zu down, und es müsse wohl so sein, doch selbst in Zeiten extremer Seelenqual, des Grams, der Angst und der Trauer können Sie sich dafür entscheiden, im Kern vollkommen glücklich und zufrieden zu sein, während Sie diese momentanen Qualen erleiden (siehe *Die Einheit der Gegensätze*, S. 130).

Nehmen wir einmal an, Ihr bester Freund sei gestorben, und nun werden Sie von abgrundtiefer, bitterer Trauer gequält, die Sie körperlich martert; dabei können Sie, wenn Sie nur wollen, gleichzeitig die unvergängliche Essenz der Glückseligkeit in Ihrer Mitte empfinden (siehe *Zentrieren*, S. 44) und die vollkommene Harmonie des Tao erkennen. In dieser oder einer ähnlich quälenden Situation eine andere Wahl zu treffen, also die positive Einstellung zu verlieren, ist das Werk des Selbstmitleids.

Eine positive Einstellung zu bewahren und in diesem gegenwärtigen Augenblick immer und um jeden Preis in der eigenen Mitte zu ruhen ist das geeignete Gegenmittel.

Die wahre Schönheit dieser Version des Spiels liegt jedoch darin, daß das Selbstmitleid, einmal erkannt, verschwindet und Sie jäh einen solchen Ansturm von schöpferischer Positivität erleben, daß Sie nicht umhinkönnen, mit einem Satz aufzuspringen, pfeifend herumzuhüpfen und etwas Neues zu beginnen.

*Die GFT (Gesellschaft fortschrittlicher Taoisten) empfiehlt, Selbst-
mitleidssitzungen von 23 Minuten Dauer abzuhalten, wann immer sich besonders starke Unlustgefühle einstellen. Verwenden Sie
die Zeit, die Sie sich dazu nehmen, ausschließlich für selbstbemit-
leidende Gedanken und Gefühle. Lassen Sie während dieser Zeit
unter keinen Umständen auch nur einen einzigen positiven Gedanken oder ein einziges positives Gefühl aufkommen. Suhlen Sie
sich genüßlich in den trüben Fluten des Selbstmitleids. Reiben Sie
es sich in die Haare und in die Augen. Hören Sie jedoch sofort damit auf, sobald die 23 Minuten um sind. Hören Sie auf, darin zu
schwelgen, und seien Sie glücklich.*

Negativität ableiten

Wenn die eigenen Vorurteile überwunden sind, kann das Tao
in all seiner befreienden Majestät manchmal leichter in einem
Scheißhaufen erblickt werden als in einem atemberaubenden
Sonnenuntergang.

Es folgt die «Ich-liebe-Hundescheiße-an-meinen-Schuhen»-
Meditation. In einem jähen Anfall von Selbstmitleid der «Ich-
hasse»-Variante wie in: «Ich hasse diesen Tag, ich hasse dieses
beschissene Gefühl, ich hasse diese Hundescheiße an meinen
Schuhen, ich hasse es, so einsam und angsterfüllt zu sein», geben
Sie letzlich zu, daß Sie im tiefsten Herzen, hinter allen Schichten
der geistigen Konditionierung, alles lieben, was Ihnen vor die
Nase kommt, weil es zu Ihrem Leben gehört. Sie lieben dieses
ganze dreckige, stinkende, dunkle, üble, schmierige, moderige,
krankmachende, widerliche Igittigitt, weil Sie unter der Oberfläche Ihrer konditionierten (Pawlowschen) Reflexe nach dem
Motto: «Hundescheiße an meinen Schuhen muß ich nun wirklich nicht mögen – diesen Geruch muß ich nun wirklich nicht

gut finden» den Schock des Ausrutschens, «o Scheiße!», die leichte Peinlichkeit, die Angst vor der Ächtung und den ätzenden Geruch im Grunde äußerst erfrischend finden.

So geht es, wenn Sie sich dem Tao ergeben und in den Verlust dieser bestimmten Art konditionierter Reflexe investieren (man hält Sie für verrückt!). Natürlich sollten Sie sich von dieser Investition nicht dazu verleiten lassen, nur noch den ganzen Tag in Hundescheiße herumzuschlittern, denn das könnte andere vor den Kopf stoßen, die vielleicht noch nicht auf einer so fortgeschrittenen Übungsstufe sind wie Sie.

Wenn Ihnen also das nächste Mal dieses schreckliche Malheur passiert, versenken Sie sich einfach in die «Ich-liebe-Hundescheiße-an-meinen-Schuhen»-Meditation, und überraschen Sie sich selbst damit, in welchem Maße Sie Ihre Vorurteile aufgeben und sich so von den Vorlieben befreien können, die Ihnen sonst enge Grenzen ziehen.

Gehen Sie, um diese Übung gleich jetzt durchzuführen, einfach wie gewohnt Ihren täglichen Verrichtungen nach. Im Laufe des Tages oder der Nacht werden Sie vieles sehen, hören, schmecken, riechen, berühren und denken, was Sie normalerweise sofort ablehnen würden. Ertappen Sie sich jedesmal dabei, und sagen Sie: «Ich mag das», zum Beispiel: «Ich mag diesen Tag, ich mag dieses Unlustgefühl, ich mag diese Hundescheiße an meinen Schuhen (rein theoretisch!), ich mag diesen Preßlufthammerlärm vor meinem Fenster, ich mag diese Autoabgase, ich mag, dies schreiben zu müssen und nicht draußen in der Sonne spielen zu können.»

Zuerst tun Sie nur so, als ob, aber wenn Sie wirklich achtsam und aufrichtig sind, werden Sie mit der Zeit bemerken, daß sich Ihr Herz absolut allem öffnen kann, sobald Sie die Hülle der konditionierten Reflexe abgestreift haben, die Sie an der spontanen Freude über alles in Ihrem Leben hindert.

Selbstverständlich steht es Ihnen auch nach Ihrem freiwilligen Eintritt in einen Zustand der Urteilslosigkeit frei, von Ihrem Un-

IN DIESEM
GEGENWÄRTIGEN
AUGENBLICK

terscheidungsvermögen Gebrauch zu machen, das heißt zugunsten eines gestankfreien Spaziergangs einen Bogen um Hundescheiße zu machen.

Verletzlichkeit

Verletzlichkeit mindert Ihre Fähigkeiten und Ihre Effektivität als Krieger keineswegs, sondern verstärkt sie noch.

Eine Phase gesteigerter Verletzlichkeit stellt sich meistens dann ein, wenn Sie sich von jemandem oder etwas trennen müssen, dessen Sie sich zur Rückenstärkung bedient hatten. Dadurch wird plötzlich die Schwäche bloßgelegt, die Sie kompensiert hatten, indem Sie die betreffende Person oder Sache zu Hilfe genommen haben. Wenn Sie sich an eine morsche Mauer gelehnt haben (den Partner, den Beruf, eine schlechte Angewohnheit usw.) und die Mauer plötzlich nachgibt, kommen Sie für einen Augenblick aus dem Gleichgewicht, und in dieser Zeitspanne, in der Sie sich bemühen, Ihr Gleichgewicht wiederzufinden, haben Sie das Empfinden, besonders schwach und verletzlich zu sein.

Verletzlichkeit ist jedoch der einzig wahre Seinszustand. Verletzlich zu sein heißt offen zu sein sowohl für Verwundungen als auch für Freuden. Offen zu sein für die Wunden, die das Leben schlägt, heißt auch, offen zu sein für seine Fülle und Schönheit. Verbergen oder verleugnen Sie Ihre Verletzlichkeit nicht, denn Sie ist Ihr größtes Plus. Seien Sie verletzlich, zittern und beben Sie ruhig bis in die Knochen. Das Neue und Schöne, das in Form von Menschen, Situationen und Dingen unterwegs zu Ihnen ist, kann Sie nur erreichen, wenn Sie verletzlich, das heißt offen sind.

Stellen Sie sich bildlich vor, Sie wären ein verletzliches kleines Kind und säßen mitten in einem großen, schützenden kosmischen Ei. Obgleich Sie ein wenig zittern, während Sie sich anschicken, den Übergang in eine neue Phase zu bewältigen, haben Sie doch den Mut, offen und verletzlich zu sein. Sehen Sie sich, wie Sie Ihren schweren Erwachsenenpanzer abwerfen und sich dem Unbekannten ausliefern.

Stabilisierungskontemplation im Stand

Stehen Sie aufrecht und fest wie ein Baum!

Um klar denken zu können, müssen Sie sich erst stabilisieren. Sonst ist es so, als wollten Sie Ihren Laptop benutzen, aber irgend jemand würde ihn dauernd vor Ihren Augen auf- und abtanzen lassen. Bevor Sie das Programm «Klar denken» öffnen können, müssen Sie die Kiste der Einsen und Nullen erst fest hinstellen, um das Symbol überhaupt sehen zu können, das Sie anklicken wollen.

Gehen Sie, um Ihr System so zu stabilisieren, daß Sie klar denken können, eingehüllt in geeignete Schichten von schützender und passender Kleidung, nach draußen, und suchen Sie sich einen relativ abgeschiedenen Platz, an dem Sie in Trance fallen können.

Stellen Sie sich hin, die Füße etwa schulterbreit oder sogar etwas weiter auseinander, die Fußkanten parallel und beide Fußspitzen gerade nach vorn ausgerichtet. Beugen Sie die Knie ein wenig (jedes Knie über seinem Fuß), ohne sie dabei nach innen zu drehen, und kippen Sie Ihr Kreuzbein ein bißchen nach vorn, so daß es sich anfühlt, als säßen Sie auf einem Barhocker. Überprüfen Sie Ihre Haltung, stellen Sie sich vor, Ihr Kopf sei am Scheitelpunkt aufgehängt (siehe Die Lebensgeister heben, *S. 54), sinken Sie, und entspannen Sie sich. Heben Sie langsam bei locker hängenden Schultern die Arme auf Brusthöhe, und tun Sie so, als wollten Sie einen Baumstamm umfangen, der so dick ist, daß Ihre Arme nicht*

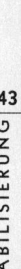

ganz herumreichen. Drehen Sie die Hände so, daß die Hand-flächen zu Ihnen hinweisen, und lassen Sie einen Abstand von ungefähr einer Pampelmuse dazwischen.

Strecken Sie die Schultern, Ellbogen, Handgelenke und Fingerspitzen, und winkeln Sie die Arme an, so daß Sie sie ganz um den Baum herumschlingen können.

Achten Sie weiterhin auf die Entspanntheit der wichtigen Körperzonen: Nacken, Gesicht, Brust und Bauch. Stellen Sie sich vor, von der Unterseite Ihrer Arme tropfte Chi wie eine dicke goldene Flüssigkeit. Spüren Sie, wie alles schwer wird und nach unten drängt, während sich Ihre Wirbelsäule durch Ihren Kopf hindurch nach oben in den Himmel ausdehnt und Sie aufrecht hält. Prüfen Sie die Beugung und Offenheit Ihrer Knie nach, und lassen Sie die Schultern locker hängen, statt sie unnatürlich hochzuziehen.

Fixieren Sie Ihre Haltung in dieser Stellung, und lassen Sie sich von Ihrem Knochengerüst tragen.

Halten Sie diese Position am ersten Tag für die Dauer von neun Runden der Vier-Stufen-Atmung ein, am nächsten Tag 18 Runden lang, und verlängern Sie den Zeitraum immer mehr, bis Sie 81 Runden im Stand schaffen.

Üben Sie sich, wenn Sie dieses Stadium erreicht haben, im Psycholooping und in der Visualisation der drei Tantiens (siehe Psycholooping, S. 66, *und* Die drei Tantiens, S. 57).

Betrachten Sie diese Übung nicht als Herausforderung für den Powermann oder die Powerfrau, sondern gehen Sie sachte daran. Versuchen Sie nicht, die leisen inneren Regungen zu unterdrücken, die von selbst in Ihrem Körper aufkommen wollen. Falls sich ein unwillkürliches Zittern einstellt, ist das ein Anzeichen für eine gesunde Spannungslösung und sollte gehegt, gepflegt und genossen werden.

Wenn Sie jeden Tag mindestens 81 Atemzyklen lang so stehen (einige Tao-Freaks stehen eine Stunde und länger), stärken Sie Ihre physischen und energetischen Grundlagen und entwickeln das Schnellstabilisierungspotential (SSP), das Sie in die Lage ver-

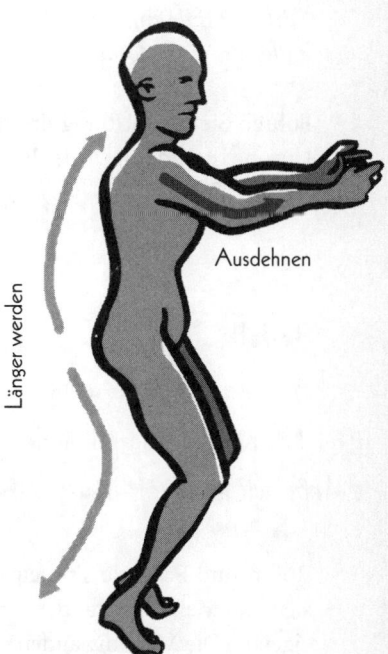

Länger werden

Ausdehnen

Stabilisierung

setzt, in einer Krisensituation rasch Ihre Standfestigkeit wieder-zugewinnen. (Denken Sie daran, daß angesichts einer Katastrophe der Meister sich von anderen dadurch unterscheidet, daß er sie schneller meistert.)

Stellen Sie sich, während Sie in der beschriebenen Position daste-hen, vor, Sie hielten statt des Baumes eine Säule aus übernatürli-chem Spezialeffektlicht umfangen, das vom Himmel herabströmt und durch den Ring, den Sie mit Ihren Armen bilden, tief in die Mitte der Erde eindringt. Während Sie diese Kraft kanalisieren, er-halten Sie eine Megaladung an kosmischem Chi.

Führen Sie diese Übung immer dann durch, wenn Ihr Geist in Unruhe ist und um wieder Boden unter den Füßen zu gewinnen. Danke.

Beifall

Es ist eine feine Sache, wenn einem Beifall gespendet wird, und furchtbar, wenn man fallengelassen wird – aber nur in dem Maße, wie man sein fiktives Selbst ernst nimmt.

Ruhm und Schande sind eigentlich nur Projektionen, Phanta-sien und Meinungen anderer und damit nicht mehr wert als Ihre eigenen. Die Meinung anderer Leute über Sie ist wie eine Wolke, die am Himmel vorüberzieht und hierhin und dahin getrieben wird, je nachdem, von woher der stärkere Wind bläst. Fällt sie positiv aus, wird Ihr fiktives Selbst angenehm massiert, ist sie ne-gativ, wird es gebeutelt, aber es tut nur in dem Maße weh, wie Sie an den Mythos dessen, der Sie sind, glauben.

Umgekehrt kann Ruhm, Beifall, Bekanntheit oder auch bloß offene Zustimmung Spannungen verursachen, wenn Sie Angst davor haben, all das wieder zu verlieren, während Ungnade und Schande für eine gewisse Zeit durchaus eine angenehme Zuflucht sein können.

Letztlich sind Sie es selbst, der sich applaudiert oder auspfeift, und Ihr «Publikum» reflektiert das einfach nur in diesem verrückten Spiegelkabinett.

Beifall und Ablehnung wechseln im sich drehenden Rad von Yin und Yang, deshalb ist jede Anstrengung, das eine festzuhalten und das andere zu vermeiden, vergeblich. Es ist bei weitem besser, wenn Sie sich mit Ihrem Geist identifizieren, der ewig und unveränderlich und jenseits von Beifall oder Ablehnung anderer oder auch Ihrer selbst ist.

Visualisieren Sie sich als eine Schande für die Gesellschaft und totalen Versager, und sagen Sie zu dieser fiktiven Person: «Ich liebe dich.»

Sehen Sie sich jetzt als gefeierte Persönlichkeit mit hohem gesellschaftlichem Status, und sagen Sie zu dieser fiktiven Person: «Ich liebe dich.»

Sagen Sie von nun ab immer zu sich, wenn es Ihnen einfällt, «Ich liebe dich», bis an Ihr Lebensende.

Auf der Party will jeder mit Ihnen reden und Ihnen mitteilen, wie großartig Sie sind, weil's dort gerade angesagt ist. Die Boulevardzeitungen zerreißen Sie in der Luft, weil's bei denen gerade angesagt ist. Wenn Sie genug Geistesgegenwart haben, nehmen Sie es nicht persönlich.

Ruhm und Schande, Beifall und Ablehnung sind Illusionen. Das eine Mal bekommen Sie den Bauch gepinselt, das andere Mal fallen Sie drauf.

Weltuntergangsstimmung

Die sorgenvolle Beschäftigung mit dem Ende dieser Welt
und ähnlichen Katastrophen ist nur wieder ein anderes Mittel,
sich vom gegenwärtigen Augenblick abzulenken.

Niemand weiß, wann die Welt untergeht. Vielleicht geht sie morgen schon unter, vielleicht nächste Woche, vielleicht auch nie. Alles verändert sich, und so ist es immer schon gewesen. Nur weil die Welt oder speziell dieser Planet gerade von Menschen beherrscht wird, heißt noch lange nicht, daß sie nicht bald von Spinnen beherrscht wird. Für Sie und mich wäre das unangenehm, und es würde mit Sicherheit unsere Marketingstrategie über den Haufen werfen. Für die Spinnen jedoch würde der normale Geschäftsalltag weitergehen.

Tatsächlich geht mit jedem Wort, das Sie lesen, eine Welt zu Ende, denn irgendwo gibt gerade jemand seinen Löffel ab, und genau deshalb ist es kreuzdumm, sich auch nur einen kurzen Augenblick lang Sorgen um etwas zu machen, besonders um das Ende der Welt, selbst wenn es Stoff für eine geile Liebestragödie wäre.

Weltuntergangsstimmung ist eine Form des Selbstmitleids und als solche eine Verzögerungstaktik (siehe *Muße statt Aufschieben*, S. 101), mit der Sie das Eingehen auf die in diesem Augenblick bestehende Welt zu vermeiden versuchen.

Statt sich Sorgen zu machen und zu klagen, sollten Sie lieber jubeln. Jubeln Sie voll tiefer Dankbarkeit über den herrlichen Reiz eines jeden Augenblicks, wie anstrengend und abartig er auch sein mag.

Das bedeutet aber nicht, blind für die auf Sie lauernden Gefahren auf diesem Planeten herumzuspazieren, sondern nur, daß Sie sich dadurch nicht davon abhalten lassen, vollkommen wachsam zu sein, um effektiv, angemessen und fröhlich auf alles reagieren zu können, was in diesem Augenblick geschieht. Bisweilen werden Sie sicher von der Angst vor Gefahr, von Trauer über die sinnlose Zerstörung und Verzweiflung angesichts des Leidens ergriffen werden. Wappnen Sie sich dann mit doppelter Kraft, und tun Sie alles, was in Ihrer Macht steht, um Leben zu erhalten und zu schützen, und jubeln Sie dabei, oder seien Sie wenigstens mit Freude bei der Sache. Das ist das einzige, was ein Krieger tun kann.

Panik

«Du darfst nie in Panik geraten, mein Lieber.»

Sie haben also endlich beschlossen, die große spirituelle Lehrerin aufzusuchen, von der alle reden. Nachdem Sie in Gesellschaft zahlreicher ernsthafter spiritueller Sucher (warum leben sie nicht ihr Leben?) eine halbe Stunde lang zu ihren Füßen meditiert haben, erhalten Sie die Gelegenheit, ihr eine Frage zu stellen. Die muß natürlich gut sein: tiefschürfend und bedeutungsschwer, und sie muß zeigen, daß Sie metaphysisch vorangekommen und einen Deut besser sind als der «Durchschnitt». Sobald sich also die Gelegenheit bietet, ergreifen Sie sie beim Schopf und tragen nun, während Sie ihr unschuldsvoll in die unglaublich klaren Augen schauen (sie hat keine Joints geraucht, ohne zu inhalieren) mit gekonnter Spontaneität die Frage vor, die Ihnen während der ganzen Meditation im Kopf herumgegangen ist, eine Frage, die zeigen wird, daß Sie mit dem Gedanken Ihres eigenen Todes gerungen und sogar auf eine noch größere Angstvorstellung verfallen sind, mit der Sie sich quälen. Sie fragen: «Wenn man im Augenblick seines Todes in Panik gerät, wirkt sich das nachteilig auf den Bewußtseinszustand aus; wird man dadurch abgelenkt und daran gehindert, zu höheren Ebenen aufzusteigen?» Tiefe Stille breitet sich im Raum aus. Sie können die Wirkung Ihrer Frage auf die besagte ernsthafte Jüngerschar förmlich riechen, während allen die

Tragweite Ihrer Worte plastisch vor Augen steht. Die Lehrerin
wendet langsam den Kopf, um Sie anzuschauen, starrt Sie nach
einer langen, erwartungsschwangeren Pause durchbohrend an und
antwortet:
  «Du darfst nie in Panik geraten, mein Lieber.»

Panik, ein Zustand des totalen inneren Aufruhrs, sorgt dafür, daß
Ihre Gedanken mit Ihnen durchgehen. Statt Ihren Geist, den
wilden Hengst, zu zügeln (siehe *Zentrieren*, S. 44), erlauben Sie es
dem verdammten Vieh, in Galopp auszubrechen, und wie es
eben über die Klippe hinauszustürmen droht, fällt Ihnen plötzlich, sofern Sie das Handbuch bis hierher aufmerksam gelesen
haben, das Atmen ein (siehe *Die Atmung*, S. 35). Sie drosseln das
Tempo, achten auf die Vertiefung der Atembewegungen, rasten
in Ihren unvergänglichen Kern ein, und schon sind Sie wieder
Krieger. Panik beendet.

Orientierung

Als Krieger müssen Sie immer wissen, wo Sie sind.

Derzeit befinden Sie sich auf einer riesigen Kugel mit einer relativ dünnen Rinde aus Gestein, in deren Eingeweiden Feuer
brennt und die sich mit etwa 1600 Stundenkilometern in östlicher Richtung um ihre eigene, leicht geneigte Achse dreht,
während sie gleichzeitig mit 100 000 Stundenkilometern einen
150 000 000 Kilometer von ihr entfernten gewaltigen Ball aus lo-
derndem Wasserstoff umkreist. Das sind umgerechnet etwa 30
Kilometer pro Sekunde, was so schnell ist, daß es wahrscheinlich
Ihr Vorstellungsvermögen übersteigt, und bedeutet, daß Sie im
kommenden Jahr etwa 946 Millionen Kilometer reisen.
  Das Schöne ist, daß Sie es sich gar nicht vorzustellen brauchen, sondern es statt dessen fühlen können. Und wenn Sie wis-

sen wollen, wie das ist, dann halten Sie einfach inne. Werden Sie still, und was immer Sie in dieser Stille in Ihrem Bauch fühlen, das ist es. So einfach ist das. So fühlt es sich an, mit ungefähr 100 000 Stundenkilometern herumzusausen und sich dabei auch noch mit etwa 1600 Stundenkilometern um sich selbst zu drehen. Es müßte Sie eigentlich ein wenig schwindelig machen, aber dank der Kreiselwirkung können Sie vermutlich meistens Ihr Gleichgewicht bewahren. Sollten Sie jedoch einmal nicht ganz auf der Höhe sein und die Orientierung verloren haben, als schwämmen Sie mutterseelenallein, ohne jeglichen Bezugspunkt, in einem Meer bedeutungslosen menschlichen Unsinns herum, gibt es ein höchst wirksames Mittel, wieder ins Lot zu kommen, nämlich indem Sie ein Weilchen konkret über die abartige Geschwindigkeit nachsinnen, mit der Sie genau in diesem Augenblick durch dieses unermeßliche gewölbte Himmelsrund sausen, das wir salopp «Raum» zu nennen pflegen.

Immer dann, wenn Ihnen nach dieser Kontemplation zumute ist, dürften bloße sieben Minuten ausreichen, um Ihnen wieder einen klaren Blick für die Dinge zu geben und Ihrem Geist von neuem das Wunder dessen, was tatsächlich unter der Oberfläche des ganzen menschlichen Wahnsinns hier abläuft, vor Augen zu führen. Dann werden Sie hoffentlich Ehrfurcht empfinden und vielleicht auch etwas Grauen, was durchaus zweckdienlich ist, weil es Sie daran erinnert, die große Annehmlichkeit hochzuschätzen, daß irgendwo etwas verhältnismäßig Festes da ist, ein Ruheplatz für Ihr Sitzbein.

Sehen Sie sich selbst in einem Vergnügungspark, wo Sie in einen Planetensimulator gehen, der Ihnen das wirklichkeitsgetreue Gefühl suggeriert, mit etwa 30 Kilometern pro Sekunde um eine Sonne zu kreisen und sich dabei noch mit 1600 km/h gegenläufig um die eigene Achse zu drehen. Das Gefühl ist erstaunlich sanft und zugleich höchst erhebend. Sie sind während der gesamten Zeitdauer, volle sieben Minuten lang, wie gebannt. Dann steigen Sie aus und gehen wieder angenehmen Beschäftigungen nach.

Widmen Sie dieser Orientierungskontemplation einige Zeit und Energie, bis Sie sich mitten im Alltag, von Sonnenauf- bis Sonnenuntergang, auf der Stelle wie der Blitz im Bruchteil eines Augenblicks darauf einstimmen können.

Visualisation

*Sie müssen erst ein klares Bild von etwas haben,
ehe Sie es realisieren können.*

Die Visualisation ist ein Ritual, bei dem Sie sich geistig auf ein Bild dessen konzentrieren, was Sie begehren, und es so vor Augen haben, als sei es schon greifbare Wirklichkeit.

Dieses Bild kann gegenständlich, symbolisch oder auch beides sein. Wenn Sie sich zum Beispiel nach Seelenfrieden sehnen, können Sie sich entweder auf sich selbst konzentrieren und sich bildlich vorstellen, wie friedlich Sie, Ihr Gesicht und Ihr Körper aussehen, oder sich ein Symbol plastisch ausmalen, etwa eine Sonnenblume, die aus einem Yin-Yang-Zeichen in einem Stern herauswächst, eingehüllt von rosigem Nebel (oder lieber ohne Nebel – zuviel New-Age-Kitsch!). Vielleicht wollen Sie auch beides miteinander kombinieren und sehen sich selbst, wie Sie entspannt Pirouetten auf den Blütenblättern der Sonnenblume tanzen. Oder Sie stellen sich einfach das Wort «Frieden» in 3 D auf einem prähistorischen Felsen vor. Sie können sich ein einzelnes unbewegtes Bild oder eine Reihe von bewegten Bildern aussuchen.

Lassen Sie sich in Ihrer Höhle des ursprünglichen Geistes in der Mitte Ihres Gehirns nieder wie in einem Vorführraum, und projizieren Sie Ihr Bild auf die Leinwand hinter Ihrer Stirn. Halten Sie gleichzeitig die Verbindung zu Ihrem unvergänglichen Kern aufrecht, und atmen Sie.

Lassen Sie dem Bild, während Sie es auf Ihrer inneren Lein-
wand betrachten, ein Quantum Leidenschaft aus Ihrem Herzen
und Chi aus Ihrem Bauch zuteil werden, das heißt, konzentrieren
Sie Ihre Intentionen auf das Bild, bis Sie es als wirklich empfin-
den.

Lassen Sie Ihr Bild, sobald Sie die Sinneserfahrung gemacht ha-
ben, daß es ein reales Lebensereignis ist, und es gerochen, ge-
schmeckt, gehört und berührt haben, auf die Größe eines Atoms
zusammenschrumpfen, das von sanftem Licht umhüllt ist, sagen
Sie etwas in der Art von «Amen», «so sei es», und lassen Sie los.
Loslassen heißt, seine Manifestation dem Tao zu überantworten
und sich nicht mehr darum zu kümmern.

Danach wird es, je nach Realisierbarkeit des Erhofften, der jeweiligen Glaubensstärke und anderer Variablen, die sich meiner
Kenntnis entziehen, normalerweise jedoch in die Zuständigkeit
des Schicksals fallen, zwischen drei Tage und dreißig Jahre dauern, bis Ihr Bild schließlich auf der Erdebene Gestalt annimmt.
Wenn Sie persönliche Eigenschaften visualisieren, die Sie weiter-
entwickeln wollen – etwa Zuversicht, schlanke Hüften, ein schö-
nes Gesicht und Herzenswärme –, oder bestimmte Begabungen
und Fertigkeiten – etwa eine neue Tonleiter auf der Gitarre zu
spielen oder eine mitreißende Rede zu halten –, werden Sie im
allgemeinen schneller Erfolg haben, als wenn Sie sich 32 Millionen Euro visualisieren, aber es gibt absolut keine festen Regeln.

Mit gleicher Wirksamkeit läßt sich die Visualisationsmethode
auch für höchst banale Zwecke wie zum Beispiel die Suche nach
einem Parkplatz (kaufen Sie sich ein Fahrrad!) oder nach einem
Taxi (falls es wirklich furchtbar regnet) anwenden, vor allem
aber für etwas so Grundlegendes wie die Erschaffung des eigenen
Geistkörpers (siehe *Der Geistkörper*, S. 76). Sie kann für Dinge
wie beispielsweise die erfolgreiche Vollendung von Projekten,
Hausverkäufe, die Auflagensteigerung einer Zeitschrift, den Sieg
bei einem Rennen ebenso durchgeführt werden wie zu «altrui-
stischen» Zwecken, etwa, um Frieden in der Welt zu schaffen.

Wenn zwei und mehr Leute ein und dasselbe Ziel gleichzeitig visualisieren, multipliziert sich die Energie für die Realisation der betreffenden Sache um ein Vielfaches. So werden Wahlen gewonnen, das heißt vermarktet, und Religionen erhalten, das heißt vermarktet.

Es besteht kein großer Unterschied zwischen dem Visualisieren und dem Tagträumen. Bei beidem wird ein Bild im eigenen Innern gesehen und als wirklich erfahren.

Die Visualisation unterscheidet sich vom Tagtraum nur in der Zielsetzung. Während das Tagträumen ein undiszipliniertes Umherstreifen auf den blühenden Auen der Phantasie ist, ist die Visualisation ein gezielter Raubzug.

Das blaue Lasso

Soll es etwas Neues sein – das blaue Lasso fängt es ein.

Nehmen wir einmal an, Sie wollten gern einen schicken Laptop mit allen Schikanen haben und würden zur Realisation dieses Wunsches eine Visualisation ansetzen. Sie führen also das ganze Ritual aus, einschließlich Zentrieren, Atmen, Sinken, Entspannen, Konzentration auf das Bild eines Laptops und was nicht sonst noch alles. Um nun diesem Ritual ordentlich Nachdruck zu verleihen und dadurch seine Wirksamkeit zehnfach zu steigern, sollten Sie diesen kleinen Visualisations-Kickstart mit dem «blauen Lasso» anwenden.

Sobald Sie das Bild des Laptops deutlich und scharf und gut zentriert vor Augen haben, stellen Sie sich ein Lasso vor, das in Form eines blauen Lichtstrahls aus Ihrem unteren Tantien (dicht unter dem Nabel) herausschießt in Richtung des Laptopbildes. Werfen Sie nun die Schlinge des Lichtstrahls um den Laptop, und holen Sie ihn wie ein echter Cowboy (oder Fischer, je nach Vorliebe) ein.

Mit den Bildern anderer Menschen funktioniert das allerdings ganz und gar nicht, falls Sie zum Beispiel versuchen wollten, sich mit dem Lasso eine/n Geliebte/n zu fangen. Das wäre «Schwarze» bzw. manipulative Magie, von der ein Krieger um jeden Preis die Finger lassen sollte. Manipulative Magie ist ein Schuß, der immer nach hinten losgeht, am Ende Sie selbst erwischt und Sie um zehn Leben zurückwirft.

Manifestation
Die Bedeutung anderer Menschen

Jeder will das bekommen, was er sich wünscht.

Selbst Heilige wollen das erreichen, was sie sich wünschen, nämlich heilige Werke. Das ist nichts, dessen man sich schämen müßte. Das Spiel mit der Wunscherfüllung ist die beste Ablenkung von der Kälte des unendlichen Raums, die den Menschen bisher eingefallen ist. Es macht sie strebsam, was sie von der Straße fernhält, und stattet sie mit der nötigen Zielgerichtetheit aus, ohne die sie nicht aus dem Bett kämen. Und wenn sie nicht aus dem Bett kämen, würden sie zusammenschrumpeln und sterben. Es ist also gut, sich aus dem Bett zu erheben, um das zu erreichen, was Sie wünschen. Wenn jedoch die Manifestation dessen, worauf Sie aus sind, Ihnen und anderen unter dem Strich mehr schadet als nützt, bleiben Sie wohl doch besser im Bett, bis Sie mit sich im reinen sind.

Ihre Wünsche in dieser Welt berühren unweigerlich auch andere Menschen. Wenn Sie hinter Geld her sind, woran nichts auszusetzen ist (siehe *Geld*, S. 235), wird es Ihnen durch andere ausgehändigt. Wenn Sie Lust oder Liebe wollen, wird sie Ihnen, sofern Sie nicht etwas schräg sind, durch andere zuteil. Wenn Sie ein großes schöpferisches Werk verwirklichen wollen, wird es nur mit Hilfe anderer gelingen.

ALLES FLIESST

Die beste Möglichkeit, an das zu kommen, was Sie wollen, ist offensichtlich die, andere zu überreden, es Ihnen zu verschaffen. Das wird normalerweise auf unterschiedlichste Art erreicht, sowohl offen als auch versteckt, durch Betteln, Flehen, Werben, Drohen, rohe Gewalt oder honigsüße Schmeichelworte. Das alles sind äußere Methoden, die geschultes Können und dauernde Anwendung erfordern und im Grunde alle auf Gewalt beruhen im Gegensatz zu den inneren, die bloß die Fähigkeit voraussetzen, sich zu konzentrieren und auf das Chi zu verlassen.

Zufällig hat die GFT (Gesellschaft fortschrittlicher Taoisten) weitreichende Versuche gemacht, die mit überwältigender Eindeutigkeit zu dem Schluß führten, daß die innere Methode, an das zu kommen, was man will, sehr überzeugende 23 Prozent energiesparender und kostengünstiger ist als die äußere.

Die innere Methode gleicht der äußeren insofern, als Sie auch dabei das, was Sie wollen, durch andere erreichen. Worin sich beide unterscheiden, ist die Kommunikationsebene, auf der Sie aktiv werden.

Was Sie haben wollen, ist zu Anfang nur eine Idee in Ihrem Kopf, eine Schöpfung des Bewußtseins. Dann zeichnet sich das Bild davon auf Ihrer inneren Leinwand ab und ist nach Zugabe von ein wenig Leidenschaft aus dem Herzen und Chi aus dem Bauch ein Gestalt gewordener Gedanke, der direkt zum Kern des geheimen Räderwerks im universalen Maschinenraum vordringt und sich mit der Zeit schließlich auf der Erdebene manifestiert.

Auf dem Weg zu seiner vollständigen Manifestation hat dieser Gestalt gewordene Gedanke jedoch auch die Widerstände im Geist verschiedener anderer Schlüsselpersonen zu überwinden, die ihn durch ihre Zustimmung ratifizieren müssen.

Wenn diesem Gedanken genügend Energie aus dem Maschinenraum zufließt, wird ihm die Zustimmung schnell gewährt. Wenn nicht, wird die Idee schon im Planungsstadium vereitelt. Um die zur Überwindung der Widerstände nötige Energie mitzuschicken, müssen Sie zuerst eine ausreichende Menge davon aufbringen. Statt also Ihre Energie ans Überreden anderer zu verpulvern (äußere Methode), nutzen Sie sie lieber dazu, das Originalbild ins Zentrum des Maschinenraums weiterzuleiten.

Das ist die umständliche Art zu sagen: «Was man sieht, das geschieht», denn wenn Sie es sehen, sich wirklich leidenschaftlich auf das Bild konzentrieren und es dann dem Tao übergeben, materialisiert es sich leicht und mühelos und erspart Ihnen eine Menge Lauferei.

Konzentration aufs Wesentliche

Überraschen Sie sich!

Machen Sie es, statt sich auf eine bestimmte Gestalt festzulegen, so richtig cool nach taoistischer Art, und konzentrieren Sie sich auf das Wesentliche. Das heiß, statt sich vorzustellen, wie eine Geliebte oder ein Geliebter zu Ihnen kommt (manipulatives Verhalten – pfui!), visualisieren Sie sich selbst mit dem Gefühl der Erfüllung, das Sie hätten, wenn Sie mit dieser besonderen Person zusammen wären. Statt zu visualisieren, 32 Millionen Euro regneten auf Sie herab (visualisieren Sie lieber, sie regneten auf mich herab!), visualisieren Sie sich selbst mit einem Gefühl der Sicherheit und Befriedigung, wie es sich jedesmal einstellt, wenn der Kontoauszug kommt. Sie sehnen sich nicht nach der Sache selbst, vielmehr wollen Sie das Gefühl, das Wesen dieser Sache erfahren. Nicht den geliebten Menschen, sondern die Liebe. Nicht das Geld, sondern die Sicherheit oder den Reiz. Nicht den Ruhm, sondern das gute Gefühl.

Wenn Sie sich auf ein bestimmtes Gefühl konzentrieren, nach dem Sie verlangen, erzeugen Sie Schwingungen mit einer anziehenden Wirkung auf Leute, Ereignisse und Dinge, die durch das unveränderliche Gesetz der Affinität jenes Gefühl in Ihnen wecken. Auf diese Weise schränken Sie das, was das Tao für Sie tun kann, nicht durch einen Ihrer lokalen, persönlichen Filter ein.

Damit haben Sie sozusagen ein pauschales Freilos. Aus unerfindlichen Gründen verhält es sich mit der normalen Programmierung in unseren Breitengraden so, daß Sie den Tag unter dem Motto beginnen. «Ich werde mich heute nur wohl fühlen, wenn ich das und das erreiche.» Für gewöhnlich würden Sie dann losgehen und das und das zu realisieren versuchen. Wenn Sie sich jedoch auf die Manifestation des Gefühls konzentrieren, daß alles o. k. ist, was immer auch geschieht, würden Sie alles o. k. finden, und das und das, vielleicht sogar etwas noch Besseres, würde sich ganz von selber realisieren, und wenn nicht, wäre es auch o. k.

Vielleicht ist das nur ein taoistischer Begriff, aber wenn Sie dabei das Gefühl haben, alles sei o. k., dann ist es das auch.

Der Hauptvorteil dieses pauschalen Manifestationsstils ist der, daß er für Überraschungen gut ist, die Sie entzücken werden – mögen Sie heute viele erleben.

Sagen Sie: «Heute bin ich für viele angenehme Überraschungen offen.»

Erfolg ohne Mühe

Visualisieren Sie, bevor Sie sich diesem Abschnitt widmen, wie Sie ihn mit einem Lächeln auf dem Gesicht leicht und mühelos zu Ende lesen. Vergessen Sie dann alles, entspannen Sie sich, und lesen Sie.

Sie wollen, daß etwas geschieht. Sie visualisieren es durch gezielte Konzentration, die mit einem Quantum Leidenschaft und Chi gesättigt ist, und lassen es los, als würden Sie eine E-Mail abschicken. Sie malen sich aus, was Sie sagen wollen und welche Wirkung es auf den Empfänger hat, und dann tippen Sie es ein und klicken «Senden» an. Jetzt versuchen Sie aber keineswegs, es durch die Telefonleitung zum örtlichen Server und weiter zum Server des Empfängers zu verfolgen, sondern lassen es einfach los und geben sich der nächsten Zerstreuung in Ihrem Leben hin.

Nach einiger Zeit trifft Ihre Intention im Zentrum des universalen Räderwerks ein und kehrt, Gestalt geworden, wieder zu Ihnen zurück, ohne daß Sie irgendwelche Energie daran verschwendet haben, die Sache voranzutreiben. Sie haben einfach Ihren Wunsch geäußert und losgelassen. Das heißt nun nicht, daß Sie sich jetzt auf die faule Haut legen und darauf warten, daß etwas geschieht, außer natürlich, Sie tun das gern. Vielmehr haben Sie durch das Loslassen jetzt die Freiheit, Ihren spontanen Impulsen nachzugeben; das sind Einfälle, die von selbst kommen und in ihrer Kraft kaum zu ignorieren sind. Wann immer Sie einem Impuls nachgeben, kommen Sie Ihrem Ziel näher (dessen Güte nur von Ihnen abhängt, also passen Sie auf!).

Zum Beispiel könnten Sie ein Team von Leuten leiten, die sich mit einem kreativen Projekt beschäftigen. Sie wünschen sich ein bestimmtes Ergebnis, aber die verschiedenen Beteiligten sind vielleicht ganz unterschiedlicher Auffassung und verweigern sich Ihrem Ziel. Statt nun auf Ihr Team einzureden und ihm um den Bart zu gehen, damit es sich Ihrem Willen unterwirft, visualisieren Sie Ihr beabsichtigtes Ergebnis, lassen los und sind frei für spontanes Handeln. Im Verlauf der weiteren Arbeit an dem Projekt schließen sich alle Teamkollegen allmählich Ihrer Vision an, nur glauben sie mittlerweile, daß es ihre eigene ist. Das nennt man «von hinten führen».

Sie legen Ihre Intention fest, lassen los, widmen sich wieder Ihrem Alltagsleben, und wenn die Zeit reif ist, fügt sich das Beabsichtigte ganz von selbst. Falls es nicht klappt, liegt es entweder daran, daß Sie keine klare Intention hatten, oder daran, daß Ihr vermeintlicher Wunsch im größeren Gefüge der Dinge zu kurzsichtig war und schon etwas Besseres unterwegs ist.

Vordrängeln

In diesem Spiel gewinnen Sie, oder Sie gewinnen,
ganz wie Sie wollen.

Sie kommen vor der Disco an, in der Sie sich mit Freunden ver-
abredet haben. Zu Ihrem Entsetzen reicht die Schlange derer, die
ebenfalls noch in die ohnehin schon gedrängt volle Disco hin-
einwollen, bis um die Ecke.

Sie stehen nicht auf der Liste der geladenen Gäste und trauen
sich nicht zu, den stämmigen Rausschmeißern an der Tür irgendwelche Storys zu erzählen, aber hinein müssen Sie.

Ihnen fallen Ihre neuerworbenen Fähigkeiten in der Erfüllung
Ihrer Wünsche durch Visualisation ein. Sie zentrieren sich, verlangsamen Ihre Atmung, lassen Ihre Energie ins untere Tantien
sinken und stellen sich dort auf der Straße bildlich vor, wie Sie
selbstsicher auf die Rausschmeißer zugehen. Die glauben in Ihnen die eine oder andere gefeierte Persönlichkeit wiederzuerken-
nen, gönnen Ihnen ihr Rausschmeißernicken, und schon sind
Sie drin.

Nach vollbrachter Visualisation überprüfen Sie, ob Sie auch
überall entspannt sind, klinken sich in Ihre Kernenergie ein und
schreiten an der Schlange der Wartenden vorbei zur Eingangstür
der Disco. Es geht schief. Sie werden kaum eines Blickes gewür-
digt und weggescheucht wie der letzte Arsch.

Da stehen Sie nun auf der Straße und sind peinlichst berührt.
Außerdem sind Sie von dem Handbuch enttäuscht und zweifeln
an der Realität Ihrer mentalen Kräfte.

Der Haken an der Sache ist, daß es nicht immer funktioniert,
und das darf es auch nicht, denn aus den Fehlschlägen lernen Sie
am meisten. Der Selbstprüfungsprozeß, der jetzt womöglich ein-
setzt, ist wichtig.

Vielleicht tragen Sie lediglich die falsche Kleidung oder haben
doch noch ein bißchen zu wenig Selbstsicherheit und Selbstverständlichkeit an den Tag gelegt. Oder Ihre Visualisation war

nicht mit allen drei Zentren verbunden (siehe *Die drei Tantiens*, S. 57). Auf jeden Fall lag es in Ihrem Schicksal begründet, daß Ihnen heute der Eintritt verwehrt wurde. Das könnte symbolisch bedeuten, daß Sie noch nicht durch das nächste Tor im Leben gehen sollten, weil Sie erst noch mehr lernen müssen.

Sie stellen sich also bescheiden wieder hinten an die Schlange, die jetzt noch länger ist, und finden es tröstlich, ein gewöhnlicher Mensch zu sein. Im Hinblick auf Ihren Übungsweg ist es ein höchst erfolgreicher Abend.

Betrachten Sie die Rausschmeißer als Ihre heutigen Gurus und die Wartenden in der Schlange mit Ihnen als deren Anhänger, und sprechen Sie dann zwölfmal die folgende Affirmation:

«*Ich will das Geschenk, das in jeder Situation enthalten ist, annehmen, wie blöd ich mir auch vorkommen mag.*»

Discokultur

Eine vollkommen überfüllte Disco voller schwitzender, tanzender Leute ist die perfekte Umgebung für Wunder.

Sie sind in Ihrer Lieblingsdisco, und die aufgelegte Musik ist genau von der Art, wie Sie Ihrem inneren Rhythmus heute abend zuträglich ist. Ihr Kopf hat fleißig im Takt genickt. Ihre Hüften haben sich im richtigen Rhythmus gewiegt, und Ihre Zehen haben den Takt geklopft. Ihre Trommelfelle sind ein paarmal stark strapaziert worden von wohlmeinenden Freunden und Bekannten, die den unmöglichen Versuch unternahmen, ein Gespräch mit Ihnen zu führen nach der Methode, bei der man sich abwechselnd etwas ins Ohr brüllt. Natürlich konnten Sie höchstens mal ein, zwei Worte verstehen, was keine Rolle spielte, da es ohnehin Blabla war, aber Sie haben genickt und gelächelt, und Ihre Eustachischen Röhren schmerzen jetzt noch.

Es ist ungefähr vier Uhr morgens, und Sie fragen sich allmählich, warum Sie überhaupt noch da sind. Der Zauber oder was immer es war, was Sie gefangenhielt, fängt an zu verblassen, Ihr tranceartiger Zustand hat Risse bekommen, und schließlich müssen Sie sich eingestehen, daß Sie sich langweilen. Allerdings glauben Sie insgeheim, daß etwas Entscheidendes mit Ihnen nicht stimmen kann, wenn Sie nichts mit sich anzufangen wissen, während alle anderen voll drauf sind.

Das ist genau der richtige Zeitpunkt für ein Wunder.

Konzentrieren Sie Ihr Bewußtsein auf Ihr Herzzentrum, Ihren Purpurpalast, das Zentrum der transpersonalen Liebe, wo der alte Halunke von Wohltäter sitzt. Lassen Sie ihn einen stetigen Strom warmer Energie von der Mitte Ihrer Brust in die Herzen aller Anwesenden ausstrahlen, während Sie tief und gleichmäßig ein- und ausatmen.

Widmen Sie sich dieser Übung ein paar Minuten lang, halten Sie dann inne, und warten Sie, und wenn jetzt nicht genau der oder die Richtige auf Sie zukommt, um Sie wieder mitzureißen ins Vergnügen, oder etwas anderes Nettes passiert, ziehe ich mir die Schuhe an und gehe.

Es kommt darauf an, einen neuen Erfahrungshorizont zu finden, die Illusion einer Disco voller Discobesucher, die sich amüsieren, zu durchschauen und die tiefer liegende Wirklichkeit von Geistwesen zu erkennen, die zusammengekommen sind, um ein wenig Energie zu kanalisieren und umzuwandeln. Statt der Loser zu sein, der so tut, als fühle er sich wohl, sind Sie nun der Wundertäter im Einsatz.

Völlig daneben wäre es allerdings, wenn Sie allen erzählen würden, was Sie gerade tun oder vorhaben. Das wäre nicht nur eine üble, eklige New-Age-Methode, Aufmerksamkeit zu erregen, es würde auch den Zauber null und nichtig machen.

Affirmationen

Es ist so, weil ich es sage.

Alles, was Sie greifbare Wirklichkeit werden lassen, entspringt einem Gedanken. Gedanken haben Macht. Worte sind Gefäße für die Gedanken, darum besitzen Worte Macht. Das können Sie in den Medien überprüfen: Fast alles, worüber in den Nachrichten berichtet wird, ist etwas, das Leute gesagt haben und nicht, was sie getan haben. Wunder vollbringen zu können, ob im kirchlichen Rahmen oder bei einem Spiritistentreffen, setzt einen korrekten Wortgebrauch voraus. Erfolgreiche Werbung setzt korrekten Wortgebrauch voraus. Jede Botschaft, und sei sie noch so erhaben oder noch so banal, beruht auf Worten. «Und Gott sprach: Es werde Licht!» was zeigt, daß sogar der große Daddy Worte für seine Vision brauchte.

Worte prägen Welten, deshalb ist es auch so wichtig, sie richtig zu gebrauchen. Die Anwendung von Affirmationen ist die Kunst, seine Welt durch präzisen Gebrauch von Worten positiv zu gestalten. Eine Affirmation, im wörtlichen Sinne die Bekräftigung von etwas, das man will, kann gesprochen, gesungen (rezitiert), oder geschrieben werden oder alles auf einmal. Eine Affirmation, die sechsmal oder öfter wiederholt wird, erzeugt ein geistiges Bild (eine Visualisation), das, wenn es mit genügend Emotionalität befrachtet wird, das heißt mit Leidenschaft und Chi, bestimmte Veränderungen in Ihrem Energiefeld hervorruft (siehe *Das mentale Ei*, S. 73), die ihrerseits innerhalb des von Ihnen festgelegten Rahmens bestimmte Veränderungen in Ihrer Welt bewirken. Affirmationen können ganz verschiedene Form annehmen, haben jedoch ein Prinzip gemeinsam: Die Feststellung wird positiv und im Präsens getroffen. Die Grundform ist die: «Ich bin»-Aussage, zum Beispiel: «Ich bin schön; ich bin stark; ich bin gesund; ich bin fähig, bei allem, was ich will, Erfolg zu haben.»

Dann gibt es noch die «Ich wähle»-Variante, zum Beispiel:

«Ich wähle die Schönheit; ich wähle die Stärke; ich wähle Gesundheit; ich wähle den Erfolg in allem, was ich will.»

Des weiteren gibt es die Sorte «Ich verdiene», zum Beispiel: «Ich verdiene Schönheit; ich verdiene es, das, was ich will, zu bekommen» usw.

Und ferner den eher weihevollen Stil à la «Ich manifestiere jetzt» wie in: «Ich manifestiere jetzt Schönheit in meinem Leben; ich manifestiere jetzt leicht und mühelos alles, was ich will.»

Sie können auch alles miteinander kombinieren, etwa so: «Ich bin stark und weise. Ich wähle heute Kraft und Weisheit, um etwas Herrliches zu schaffen. Ich verdiene heute etwas Herrliches. Ich manifestiere jetzt eine herrliche Überraschung.»

Die Affirmation laut auszusprechen, besonders in Gegenwart einfühlsamer Mitmenschen, kann ihre magische Kraft verstärken, was für die Wirkungsweise aller frommen Gesänge, Rezitationen und Beschwörungsformeln gilt.

Stellen Sie sich eigene Affirmationen in beliebiger Form zusammen, ganz nach Gefühl und je kreativer, desto besser, als würde das, was Sie durch die Affirmation bekräftigen, eben jetzt geschehen. Sagen Sie nach Möglichkeit nicht: «Ich will heute eine Riesenmenge schaffen», denn dadurch wird die Kraft auf eine imaginäre Zeit in der Zukunft gerichtet, obwohl es immerhin schon besser ist, «ich will» zu sagen statt «ich werde wohl nicht», aber am besten wäre es, wenn Sie sagten: «Ich schaffe heute eine Riesenmenge.»

Schreiben Sie siebzehnmal auf: «Ich habe die Macht, alles zu manifestieren, was ich will, indem ich es mir einfach durch Affirmation bestätige. Solange meine Affirmationen mit dem natürlichen Lauf dessen, was geschieht, übereinstimmen, zeigen sie auch jedesmal Wirkung. Wenn sie keine Wirkung zeigen, kommt etwas Größeres, Besseres auf mich zu. So soll es sein.»

Beenden Sie jede Affirmation mit einem Abschlußsatz wie: «So möge es geschehen», «so soll es sein» oder einfach «so ist es».

AFFIRMATIONEN

Eine aufmunternde Affirmationssitzung ist das perfekte Gegenmittel für einen schweren Anfall von Wankelmut und ein weit wirkungsvollerer Energieeinsatz, als sich Sorgen zu machen.

Segnen und Verfluchen

Da Worte eine gewaltige Macht haben, ist es wichtig, bei Äußerungen anderen gegenüber weisen Gebrauch davon zu machen.

Öffentlich abgegebene Äußerungen wirken wie ein Zauberbann, denn sie bannen Gedanken in die Form des Wortes.

Sie können sich stets entscheiden, ob Sie eine Situation, sei es Ihre eigene oder die eines Mitmenschen, in einem positiven oder negativen Licht sehen wollen. Wenn ein Freund Ihnen seine Geschichte erzählt und Sie sehen sie in einem negativen Licht, so daß Sie eine entsprechend negative Äußerung dazu machen, kommt dies einem Fluch gleich. Ärzte tun das häufig unabsichtlich, wenn sie jemanden fälschlicherweise für unheilbar krank erklären, ihn also quasi zum Tode verurteilen, indem sie den Gesundungswillen des Patienten lähmen.

Wenn Sie die betreffende Situation hingegen lieber in einem positiven Licht sehen und eine dementsprechende Bemerkung machen, kommt diese einem Segen gleich.

Sollte sich also jemand bei Ihnen über Kniebeschwerden beklagen, wird Ihre Äußerung, er werde wohl nie wieder laufen können, wie ein Fluch auf ihn wirken, während die Bemerkung, Sie sähen förmlich, wie er in sechs Monaten wieder die Berge hinaufkraxle, ein Segen für ihn ist. Letzteres wäre natürlich daneben, wenn ihm gerade das Bein bis zum Knie amputiert wurde.

Falls Leute Sie aufgrund ihrer eigenen Negativität unabsichtlich auf diese Weise verfluchen, sollten Sie eine Affirmation dagegenstellen. Sagt Ihr Freund beispielsweise: «Das schaffst du nie!» lassen Sie diese Negativität nicht das letzte Wort ans Universum sein, sondern entgegnen darauf: «Ich kann alles schaffen, was ich will.»

Mögen alle Flüche jetzt von Ihnen genommen sein, und mögen Sie zehntausendfach gesegnet sein mit allem, was Ihr Herz begehrt.

Beten

Wenn man spirituell schlampig ist . . .

Wenn Sie in mystisch/frommer Stimmung sind oder sich in einer Notlage befinden und beten möchten, dann beten Sie. Schämen Sie sich nie zu beten, und lassen Sie sich nicht davon abhalten, weil Sie sich in irgendeiner Weise für unwürdig halten. Tatsache ist, daß Beten die Energien zum Besseren wendet, was immer Sie Schreckliches getan haben mögen.

Beten Sie, zu wem, um was und wann immer Sie möchten. Beten Sie zum Berg, beten Sie zu den Ahnen, beten Sie zur Erde, beten Sie zum Tao (es hört allerdings nicht zu!), beten Sie zur Großen Mutter, beten Sie zu Jehova, Allah, Buddha, Jesus, Lakshmi, Shiva oder zum Großen Geist, es ist egal. Sie dürfen sich frei und in aller Ruhe dem Gottsurfen widmen. Sie werden am Jüngsten Tag nicht dafür bestraft, daß Sie spirituell schlampig sind. Beten dient nicht der Gottheit, die Sie anbeten, sondern Ihnen. Beten ist so, als würden Sie einen Umschlag falten, in dem Sie Ihre Herzenswünsche an das universelle Briefzentrum schicken, das seinen Sitz ebenfalls in Ihrem Herzen hat.

Dieses Spiel kennt keine Regeln. Sie brauchen nicht an einen bestimmten Gott oder eine bestimmte Göttin zu glauben, um zu beten. Sie brauchen sich auch nicht an eine traditionelle Gebetsform zu halten. Beten ist keine religiöse Angelegenheit, obwohl es von diversen Organisationen, die wir Religionen nennen, vereinnahmt worden ist. Beten ist lediglich ein Mittel, um den Geist, die Energie und die Leidenschaft Ihrer derzeitigen Person wieder mit dem Geist, der Energie und der Leidenschaft Ihres universalen (höheren) Selbst zu verbinden. Wenn Sie beten, dann beten Sie zu dem Gott oder der Göttin in Ihrem Innern. Das hat Auswirkungen auf Ihr Energiefeld, das sich wiederum in eine positiv geladene Kraft umwandelt, durch die etwas Gutes geschieht. Beten ist eine andere Art der Visualisierung und besonders wirksam als Fürbitte für jemand anders. Viele Krieger, die gemeinsam um das gleiche beten, können Berge versetzen. So funktioniert Teamwork.

Geduld

Wünschen Sie sich, wenn Sie einen Wunsch frei haben, daß alles so ist, wie es ist. Warten Sie dann geduldig darauf, daß Ihr Wunsch in Erfüllung geht.

Geduldig abzuwarten, daß etwas Gutes geschieht, ist keine passive Haltung. Geduldiges Warten ist eine Aktivität. Wenn Sie mit vollem Wissen und im Vertrauen darauf, daß das, was für Sie bestimmt ist, Sie nicht verfehlen wird, atmen, sich entspannen und den spontanen Impulsen aus Ihrem Innern nachgeben, engagieren Sie sich schon dadurch aktiv in der Welt und genießen Augenblick für Augenblick, bis sich das Gute, auf das Sie so geduldig gewartet haben, zur gegebenen Zeit in voller Größe vor Ihren Augen manifestiert.

Sie haben keine Sekunde Ihrer kostbaren Zeit daran verschwendet, sich zu wünschen, daß es anders wäre. Geduldigsein heißt, sich alles genauso zu wünschen, wie es ist, weil man weiß,

WO SIE SIND

daß sich die Dinge nach dem unveränderlichen Gesetz von Yin und Yang ohnehin von selbst verändern, und wenn Ihre Intention von Anfang an klar war, werden sich die Dinge so verändern, wie es Ihren Interessen am besten dient. Geduld gleicht der Einstellung eines Patienten, der sich den Händen eines Heilers anvertraut und ihn das tun läßt, was ihm zur Genesung verhilft.

Ungeduld, die jeden von uns zuzeiten überkommt, ist so, als würde man dem Heiler sagen, was er tun soll. Das funktioniert nicht. Ungeduld ist eine Form des Selbstmitleids und eines der Mittel, sich von dem abzulenken, was gerade im gegenwärtigen Augenblick passiert. Wenn Sie ungeduldig darauf warten, daß etwas Gutes geschieht, und denken, daß Ihr ruheloser Geist dann endlich zur Ruhe kommt, werden Sie feststellen müssen, daß die sorgenvollen Gedanken aus Angst vor der Leere (siehe dort, S. 99) gleich wieder da sind, sobald der Neuigkeitswert der betreffenden Sache verflogen ist.

Wenn Sie geduldig warten, während Sie sich aktiv und voll bewußt dem gegenwärtigen Augenblick widmen und im Trubel des Geschehens die Stille Ihrer eigenen Mitte erfahren, kommen ganz von selbst Engel zu Ihnen, von gewöhnlichen Sterblichen ganz zu schweigen, wenn die Zeit dafür reif ist, und möge es eine gute Zeit für Sie sein!

Sagen Sie vierzehnmal hintereinander: «Ich bin von unendlicher Geduld erfüllt, von unendlicher Geduld bin ich erfüllt.»

Vorbereitung

Vorbereiten, vorbereiten, vorbereiten.

Bereiten Sie sich auf eine wichtige bevorstehende Situation stets durch Visualisationen, Affirmationen oder Gebete (falls Sie gerade darauf stehen) vor, die sich auf den Ausgang dieser Situation beziehen. Vorbereitung verhilft zur Schärfung der Intention und bündelt das Chi zu einer konzentrierten Kraft, so daß Sie mit der Situation, wenn sie schließlich da ist, effektiv umgehen können.

Die kürzeste Methode, sich auf ein Ereignis vorzubereiten, ist die Visualisierung des Raumes, in dem es stattfinden soll, und sich vorzustellen, dieser sei bis unters Dach von strahlendem, alles durchdringendem, blitzblauem Spezialeffektlicht durchflutet, das alle Teilnehmer erfaßt (auch wenn das nur Sie selber betrifft) und mit Ihrer Positivität ansteckt. Das wirkt sich stets auf alle segensreich aus und besonders auf Sie, der oder die Sie Ihren Geistkörper so umsichtig vorausgeschickt haben, um die Wogen zu glätten (siehe Der Geistkörper, *S. 76, und* Astralreisen, *S. 172).*

Auf einer prosaischeren Ebene kann die Vorbereitung des Körpers (Hygiene, Bewegung und Outfit), der Grundausstattung (Stifte, Laptops, Seile, Flaschenzüge usw.) und des Zubehörs (Erkundigungen, Infos, Medikamente usw.) vor einem wichtigen Ereignis auch als meditative Gelegenheit wahrgenommen werden, um im Hinblick auf das bestmögliche Ergebnis die eigene mentale Kraft zu erhöhen. Aufmerksame Vorbereitungen dienen wie die japanische Teezeremonie oder das Schwerterschärfen vor der Schlacht dazu, Geist, Körper, Chi und Seele konzentriert in einer Intention zu bündeln. Die daraus entstehende Kraft ist so real wie die Spitze eines Schwertes, die (bei einiger Übung) auch den härtesten Widerstand durchstößt und zerbricht.

Letztendlich bereitet sich der Krieger natürlich auf den Tod vor, den letzten Übergang auf dieser Erdenrunde, das größte bevorstehende Ereignis überhaupt, und möge es sich Zeit lassen mit seinem Eintreffen!

Besondere Leistungen
Astralreisen

Da es billiger und nicht so umweltverschmutzend ist wie Flugreisen oder öffentliche Verkehrsmittel, weniger anstrengend als Radfahren (kaufen Sie sich trotzdem eins!) und fast noch schneller als das Licht, setzt sich das Astralreisen trotz des strikten Gepäckverbots als größter Hit bei einer neuen Art von Stadtkrieger rasend schnell durch.

Wirklich, denken Sie doch nur mal, welch ein Spaß es wäre, wenn Sie mittels Teleportation jeden Punkt im Universum in jedem Augenblick der geschichtlichen Zeit aufsuchen könnten. Nun, Sie können es, oder, genauer gesagt, Sie tun es schon, meist unbewußt, während Sie träumen und in den gelegentlichen unerwarteten, übersinnlichen Momenten.

Jedenfalls nutzt und steigert diese Technik Ihre angeborene Fähigkeit, Ihren Geistkörper jederzeit kraft Ihres Willens im Nu überallhin zu schicken. Leider ist die Methode noch nicht so weit entwickelt, daß Sie sich körperlich teleportieren lassen könnten, aber wir arbeiten daran. Das tut jedoch in dem Fall nichts zur Sache, wenn Sie sich die außerordentlich vergnügliche Erfahrung gönnen wollen, in Ihrem persönlichen Geistkörper durch den unsichtbaren Kosmos zu sausen, um tollkühne Taten sowie Fernheilungen zu vollbringen, sich dem Liebesspiel hinzugeben (ja, sogar das – aber nur mit Einwilligung der oder des anderen, sonst ist es eine parapsychische Vergewaltigung), Botschaften zu übermitteln und wichtige Informationen zu sammeln. Vergessen Sie neben dem Vergnügen nicht, wie vorteilhaft es sein kann, sich zum Zwecke der Visualisation, der Manifestation und des Zusammentragens von Informationen in die Zukunft zu versetzen. Stellen Sie sich vor, Sie könnten sich vor der Zeit zu einem bevorstehenden wichtigen Ereignis begeben, um die Atmosphäre günstig zu beeinflussen und Ihren Weg vorzubereiten.

Wahlweise können Sie sich auch so, wie Sie gerade sind, samt all Ihrem Wissen in der Zeit zurückversetzen, um Ihr früheres Selbst auf einem schwierigen Wegstück anzuleiten, denn wer könnte das besser als Sie, von Gespenstern und Außerirdischen einmal abgesehen?

Alles, was Sie dazu tun müssen, ist Psycholooping, um Ihren Geistkörper gut im Griff zu haben, und dann die folgende Übung auszuführen:

Sie wissen ja, wie Soldaten schlangengleich auf dem Bauch durchs Unterholz robben (ab und zu jedenfalls); genauso müssen Sie sich bewegen, nur daß Sie dabei auf Ihren Hinterbacken sitzen. Zuerst schieben Sie die rechte Pobacke nach vorn, dann die linke und stellen sich vor, daß Sie bei jeder Fortbewegung unglaubliche Entfernungen in der Zeit zurücklegen. Körperlich rühren Sie sich gar nicht von der Stelle. Sie stellen es sich bloß vor und fühlen es, während Sie mit geschlossenen Augen (nachdem Sie dies gelesen haben) in Ihrem mentalen Ei dasitzen und psycholoopen, ein unsterblicher Geistkörper, der kühn durch die Leere schwirrt.

Sie können sich im freien Fall fortbewegen, ohne ein bestimmtes Ziel vor Augen zu haben, und Ihrem Geistkörper einfach freie Hand lassen; er wird Sie immer irgendwo absetzen, wo es interessant ist, wenn Sie nicht einen bestimmten Punkt in Zeit und Raum ausgewählt haben, den Sie schnurstracks ansteuern wollen. Was Sie bei Ihrer Ankunft dort machen, ist Ihre Sache und würde den Rahmen dieses Handbuchs sprengen, allerdings möchte ich nicht verhehlen, daß Sie bei Aktivitäten auf dieser Ebene sich selbst und anderen schweren psychischen und infolgedessen auch physischen Schaden zufügen können, wenn Sie sich irgendwo einmischen, wo Ihre Anwesenheit nicht gefragt ist.

Die Heimreise verläuft am bequemsten, wenn Sie große Kreise ziehen (plötzliche Kehren können zu Anfang etwas verwirrend sein), bis Sie wieder am genauen Aufenthaltsort Ihres physischen

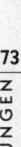

Körpers in Zeit und Raum andocken können. Sobald Sie das getan haben, werden Sie mit atemberaubender Geschwindigkeit, in teuflischer Eile sozusagen, wieder zurückgezogen, also vergessen Sie nicht, Ihren Körper auf dem Weg nach Hause noch einmal eingehend aus dieser interessanten, neuen Perspektive zu betrachten.

Richten Sie sich, sobald Sie wieder hineingeschlüpft sind, richtig herum darin ein (mit dem Gesicht nach vorn), und geben Sie Ihren Gliedern einen Augenblick Zeit, sich einzupassen. Wenn Sie dabei wieder ein paarmal psycholoopen, beugen Sie ernster Desorientiertheit und Störungen Ihres geistig-psychischen Grundgerüstes vor.

Sollte Ihre Astralreise durch lokale Turbulenzen auf Erdebene jäh abgebrochen werden, kehrt Ihr Geistkörper sofort zurück, und schon sind Sie wieder in Ihrem Körper, wenn auch etwas zerzaust, als wären Sie gerade aus einem tiefen Traum erwacht. Hat man einmal angebissen, kann diese Art des Reisens süchtig machen, benutzen Sie sie also nicht als Ablenkung von Dingen, die getan werden müssen, sonst werden Sie «Astrofreak» genannt (siehe *Drogen – Ketamin*, S. 211 f.).

Aus dem eigenen Hinterkopf heraustreten

Wie man hinten aus seinem Kopf herauskommt. Vorsicht!

Wenn Sie in Extremsituationen, die mit Machtkämpfen verbunden sind und bei denen Sie oder jemand, den Sie beschützen wollen, geistig-seelisch oder körperlich Schaden nehmen könnte, Herr oder Herrin der Lage werden und die Kraft des Gegners neutralisieren wollen, dann und nur dann ist es statthaft, den Geistkörper aus dem Hinterkopf heraustreten zu lassen. Dadurch kann ein gewaltiger Verbrauch von Energiereserven ausgelöst werden, der zu unvorhersehbaren Nachwirkungen oder gar Totalausfällen führen kann, weshalb es langsam und geduldig geübt werden und nicht als Spielerei in Gegenwart anderer gemacht werden sollte. Andererseits ist es, falls Sie Powertrips mögen, sicher von Zeit zu Zeit verlockend wegen der spürbaren mentalen Überlegenheit, die es Ihnen den anderen gegenüber verschafft. Machen Sie also weisen Gebrauch davon!

Mitten in Ihrem Hinterkopf, an der Nahtstelle zwischen Hals und Schädel, befindet sich die Hinterpforte des «geheimnisvollen Durchgangs», die direkt in die Höhle des ursprünglichen Geistes im Zentrum Ihres Gehirns führt. Visualisieren Sie, wie sich diese Pforte öffnet (eine Schiebetür tut's am besten), um Ihrem Geistkörper den Austritt zu ermöglichen. Widmen Sie sich nun mindestens neun konzentrierten Runden des Psycholoopings, so lange, bis Sie das Gefühl haben, sicher und bequem in der Gestalt Ihres Geistkörpers geborgen zu sein. Entweichen Sie, während Sie ruhig die Vier-Stufen-Atmung durchführen, Ihrem Hinterkopf einfach wie Aladin der Wunderlampe, und spüren Sie, wie Sie immer größer werden, bis Sie auf den Scheitelpunkt Ihres eigenen Kopfes herabblicken können. Nutzen Sie diese neue Perspektive aus, schauen Sie sich um, und richten Sie Ihre Aufmerksamkeit auf einen beliebigen Gegenstand. Umschließen Sie den Gegenstand sanft mit der mentalen Form Ihres Geistes, bis er vollkommen davon eingehüllt ist, als hätten Sie ein Netz über einen wilden Tiger geworfen. Die Übung sollte mit offenen Augen durchgeführt werden.

Sollte es einmal nötig sein, können Sie dieses hübsche kleine Manöver nach einiger Übung an einem Gegner ausprobieren, und dann werden seltsame Dinge geschehen. Ihr Gegner wird vielleicht sogar Ihr Freund. Achten Sie darauf, daß Ihr Geistkörper hinterher durch die gleiche Pforte wieder hereinkommt, denn andernfalls schlüpft er durch Nase und Augen zurück, wovon unter Umständen Ihre Augen ein paar Tage lang jucken und Ihnen die Nase läuft.

Ruhen Sie sich anschließend stets aus, und psycholoopen Sie ein bißchen.

Intuition

Ihre Intuition (die innere Stimme) wird Sie vor möglichen Gefahren bewahren und Sie davon abhalten, irrezugehen, solange Sie den Mund halten und zuhören.

Situationen erzeugen Schwingungen. Von negativen, unter Umständen gefahrvollen Situationen gehen langsame Schwingungen aus. Positive, dem Leben womöglich förderliche Situationen strahlen schnelle Schwingungen aus. Wenn diese Schwingungen auf Ihr Energiefeld treffen, erzeugen sie entweder Resonanzen oder Dissonanzen in Ihrem unteren und mittleren Tantien, je nach Ihrer eigenen derzeitigen Wellenlänge.

Langsamen Schwingungen ausgesetzt zu sein bewirkt schwere, träge Gefühle im Körper und zehrt an den psychischen Kräften. Schnellere Schwingungen hingegen lösen leichte, pulsierende Gefühle im Körper aus und stärken die psychischen Kräfte.

Deshalb werden Sie, wenn Ihr psychisches Kraftfeld stark ist und Ihre eigene Schwingungsrate hoch, nur positive Situationen anziehen. Von negativen Situationen werden Sie automatisch abgestoßen, und es ereignen sich auch keine «Unfälle». Sie werden sich körperlich schwer und unbehaglich fühlen, wann immer Sie Gefahren nahe sind. Wenn Ihr Geist still genug und Ihre Aufmerksamkeit auf den gegenwärtigen Augenblick konzentriert ist, können Sie die Dissonanz in Bauch und Brust förmlich hören wie eine losschrillende Alarmglocke, die Sie aus der Tiefe Ihres Körpers drängt, sich in eine bestimmte Richtung zu bewegen.

Folgen Sie dem immer.

Manchmal nimmt dieses Drängen die Form eines inneren

Dialogs mit Ihrem höheren Selbst, Ihrem Geistführer, Ihrem Schutzengel, einer außerirdischen Intelligenz, Freund Harvey dem Hasen oder sonstwem an, dem Sie die leise innere Stimme zuordnen. Diese Gesprächsform kann sehr unterhaltsam und beruhigend sein, sollte aber nicht zu oft genossen werden, da sie im Extremfall stracks ins Irrenhaus führt.

Vielleicht empfangen Sie Ihre Botschaften dann und wann auch durch «Indianerzeichen» wie etwa die Sprüche auf vorbeifahrenden Lastwagen oder Wolkenformationen am Himmel. Auch darin sollten Sie maßvoll sein und nicht in allem und jedem ein Zeichen für sich sehen, denn sonst geraten Sie vollkommen in Verwirrung. Lassen Sie es einfach geschehen, wenn es geschieht, aber suchen Sie nicht danach.

Sie können das Schwingungsbarometer auch als Hilfsmittel benutzen, um eine Entscheidung zu treffen. Die eine Möglichkeit gibt Ihnen ein körperliches Gefühl der Leichtigkeit, die andere ein Gefühl der Schwere. Entscheiden Sie sich immer für die Leichtigkeit.

Mißerfolg

Es gibt keinen Tod, es gibt keinen Mißerfolg, Sie haben nichts zu fürchten.

Wenn Sie Ihr Leben nach Erfolg und Mißerfolg beurteilen, dürfen Sie nicht vergessen, daß diese Begriffe keineswegs absolut, sondern relativ sind. Ihre Bewertungskriterien sind dubios und subjektiv und beruhen auf einem eingeschränkten Blickwinkel. Wenn Sie Erfolg mit Langlebigkeit gleichsetzen, bedeutet der Tod das endgültige Scheitern für Sie.

Das ist eine äußerst pessimistische Betrachtungsweise Ihrer Reise auf der großen Straße; danach wären Sie zum Mißerfolg geboren.

Auch wenn Sie Erfolg mit finanziellem Reichtum und Status gleichsetzen, werden Sie am Ende scheitern, denn beim letzten Übergang werden Sie sowohl das Geld als auch den Status abgeben müssen.

Wenn Sie hingegen Erfolg mit der Qualität der Zeit gleichsetzen, die Sie voll bewußt in der Realität des gegenwärtigen Augenblicks (des ewigen Augenblicks) zubringen, wobei materieller Reichtum und Langlebigkeit als Nebenprodukte anfallen können, haben Sie im Moment des Todes nichts zu verlieren und kommen zu höchstem Erfolg, weil Sie beim großen Übergang den ununterbrochenen Seidenfaden des Bewußtseins erhalten.

Erfolg heißt überleben und bezieht sich auf das Überleben Ihres Bewußtseins bis heute, diesen besonderen mikrokosmischen Zugang zum universalen Bewußtsein, der eigens für Sie da ist. Und während Sie dies lesen, sind Sie wieder ein Stück weiter. Herzlichen Glückwunsch, Sie haben es (bisher) geschafft, Sie sind erfolgreich. Wirklich, wenn Sie einmal überlegen, wie extrem unwahrscheinlich es ist, ausgerechnet in dieser Form in so großem Stil zu erscheinen und darüber hinaus all diese Pracht und Herrlichkeit ringsum zu manifestieren, ganz zu schweigen von der interessanten Gesellschaft, in der Sie sich befinden, und diese Form sogar lange genug zu erhalten, um lesen zu lernen, dann sind doppelte Glückwünsche angebracht.

Angesichts dieser herkulischen Großtat können Sie die örtlichen Enttäuschungen, die Sie von Zeit zu Zeit erleben, etwa den Verlust von Geld, Liebe und anderen tröstlichen Annehmlichkeiten, kaum als Mißerfolge bezeichnen. Es wäre sicher zutreffender, sie Wegweiser zu nennen, Lektionen, die Sie auf Ihrem Weg lernen müssen, um zu wachsen.

Das beste Mittel gegen Versagensangst ist die Selbstliebe. Lieben Sie sich, was immer Sie auch tun mögen. Egal, was es ist. Ohne Ausnahme. Immer. Ob Sie sich dämlich, schlecht oder häßlich finden: Lieben Sie sich, während Sie denken, wie dämlich, schlecht oder häßlich Sie sind.

Sagen Sie einfach: «Ich liebe mich, was auch immer ich tue.»
Wiederholen Sie es möglichst oft.

Wenn Sie sich daran gewöhnt haben, sich zu lieben, was auch immer Sie tun, dann wird es Ihnen auch leichter fallen, alle anderen zu lieben, was immer sie tun mögen. Sobald Sie das kapiert haben, haben Sie die Buddhaschaft erreicht, und dann kann man Ihnen dreifach gratulieren.

Angst

Das Allerwichtigste für Sie ist,
sich über Ihre Angst hinwegzusetzen.

Es ist unmöglich, Angst mit der Wurzel auszureißen. Das wäre auch töricht, denn sie ist ein lebenswichtiger Verbündeter. Sie brauchen Angst zum Überleben, im Notfall wie im Lebensalltag. Angst ist nicht dazu da, Sie zu lähmen. Sie ist dazu da, Ihnen einen Stoß in die richtige Richtung zu geben. Sie ist nicht dazu da, Sie zu beherrschen, sondern soll Ihnen dienen.

Ihre Angst hält Sie davon ab, sich die Hände am Ofen zu verbrennen, aber sie hält Sie nicht vom Essenkochen ab. Um Ihren Weg effektiv fortsetzen zu können, müssen Sie Ihre Angst überwinden. Um die Angst überwinden zu können, müssen Sie sie zuerst einmal erkennen und dann trotzdem weitergehen, obwohl Sie vielleicht nur so schlottern. Diese angstschlotternde, aufrichtige Bereitschaft, immer weiterzugehen, während die Welt ringsum von ganz alleine ihrer Vollendung entgegenstrebt, ist wahrer Mut.

Es gibt fünf Grundarten von Angst, und eine davon lauert stets dicht unter der Oberfläche. Ganz dicht unter der Oberfläche sitzt die Angst vor dem Verhungern – seinen Lebensunterhalt nicht verdienen zu können.

WICHTIGE
INFORMATIONEN
SAMMELN

Darunter sitzt die Angst vor Demütigung, Ächtung oder Verbannung seitens des eigenen Stammes bzw. derer, die einem Rückhalt geben – das heißt vor einem schlechten Ruf.

Noch tiefer sitzt die Angst vor dem Tod.

Und darunter sitzt die Angst vor dem Leben nach dem Tode, vor der Hölle, vor einer schauderhaften Wiedergeburt, etwa als Stubenfliege, eingesperrt in einer muffigen Bibliothek – vor der göttlichen Gerechtigkeit also.

Zuunterst, tief innen, sitzt die Angst vor körperlichen Schmerzen – vor den möglichen Qualen auf dem Weg bis zum Eintritt des Todeszustands.

Wenn Sie diese Gesichter der Angst kennen, können Sie sich leichter damit anfreunden. Sich mit der Angst anzufreunden stärkt die positiven Kräfte. Sobald Sie mit der Angst gut Freund sind, verwandelt sie sich in gespannte Erregung, ein Grund dafür, warum Horrorfilme solchen Anklang finden (Adrenalinsucht).

Sagen Sie: «Ich bin gut Freund mit der Angst. Immer, wenn ich Spannung oder Anregung brauche, tue ich mich mit ihr zusammen.»

Der Tod

Als Krieger sind Sie längst tot.

Der Tod, diese endgültige Grenze, dieser schreckliche Übergang in Gott weiß was, ist weiß Gott eine Illusion. Nichts passiert (und es gibt keinerlei Gegenbeweise). Sicher, Sie verlassen Ihren Körper, was schmerzhaft sein kann, aber sobald Sie das hinter sich haben und die eher eingrenzenden Hüllen der eingeschränkten sterblichen Persönlichkeit weggefallen sind, finden Sie sich einfach da wieder, wo Sie immer waren, wenn Ihr Bewußtsein nicht im sozialen Trubel des Erdenlebens anderweitig beschäftigt war: Sie sitzen bequem im Reich der Ewigkeit und schauen zu, wie Ihr Traum-Ich gewohnheitsmäßig immer wieder, Leben um Leben, Gestalt annimmt.

In diesen sogenannten Todeszustand (das ewige Leben) tritt der Krieger ein, wenn er meditiert, die Gedanken abgeklungen sind und das Bewußtsein still geworden ist. Es heißt, daß dort Sicherheit herrscht und zudem das Arbeiten viel leichter fällt, da keine behindernden physischen Einschränkungen mehr bestehen.

Um den vorteilhaftesten Gebrauch von diesem uneingeschränkten Zustand machen zu können, wären Sie gut beraten, wenn Sie jetzt schon die Beziehung zu Ihrem Geistkörper vertiefen, weil er das Vehikel ist, das Sie aufnimmt und dorthin trägt, das Medium, in dem Sie Ihr unsterbliches Dasein fortsetzen, bis Sie es erneut vergessen haben und wieder aus jemandes Leib (oder einem Ei!) hervorbrechen.

Ungeachtet der Wiedergeburtslehre oder des Träumens von einem paradiesischen Leben nach dem Tod ist es wichtig, sich auf den Tod vorzubereiten und willens zu sein, im geeigneten Augenblick würdevoll loszulassen, die Larve entschlossenen Herzens abzustreifen und wieder einmal ins große undifferenzierte Absolute zurückzukehren.

Die folgende Kontemplation wird Sie darin schulen, Ihre Stiefel stilvoll ein letztes Mal aufzuhängen, und hat den unmittelbaren Nutzen, Ihre Ängste insgesamt merklich zu minimieren.

Setzen Sie sich bequem hin, und atmen Sie sich, während Sie die Luft einströmen lassen, in den Zustand des Todes hinein; seien Sie einfach tot. Atmen Sie sich, während Sie die Luft wieder ausströmen lassen, ins Leben hinein und erneuern Sie das Kunstwerk, das Sie um sich herum geschaffen haben – Ihr Leben.

Ziehen Sie sich jedesmal, wenn Sie einatmen, mit allen Sinnen von der Erdwirklichkeit zurück. Verschmelzen Sie jedesmal, wenn Sie ausatmen, mit allen Sinnen mit der gesamten Schöpfung.

Das ist eine schwere, knochenharte Übung, die jedoch, wenn sie einigermaßen regelmäßig ausgeführt wird, den Erleuchtungsgrad und den allgemeinen Entspannungszustand merklich steigert. Üben Sie, sobald Sie mit Ihrer Todesvorstellung glücklich sind, immer das Totsein, empfinden Sie sich als reines Phantom, als eine Illusion im Kopf anderer Menschen. Bereits tot zu sein bedeutet, daß man nicht mehr sterben oder in irgendeiner Weise übel verletzt werden kann, daß man also nichts zu verlieren hat. Wer nichts zu verlieren hat, kann alles gewinnen, und was immer einem dann begegnet, ist eine reine Zugabe.

Gegenanzeige: Es ist nicht ratsam, sich vor Vollendung des Lebenszyklus (Schicksal) körperlich umzubringen, da es bei vorzeitigem Öffnen der Waschmaschine eine Ektoplasmaüberschwemmung auf dem Fußboden gibt. Sollten Sie selbstmörderische Tendenzen verspüren, erspart Ihnen diese Kontemplation unter Umständen den Aufwand, sie konkret in die Tat umzusetzen, und Ihren Hinterbliebenen das Putzen.

Grunderfordernisse

Das erste, was einem dazu einfällt, sind Luft, Wasser, Nahrung, Obdach, Kleidung, Gesellschaft, menschliche Wärme (letzteres optional). Sobald diese Grundanforderungen erfüllt sind, können Sie aufatmen, sich zurücklehnen und den Film angucken.

Davon ausgehend, daß Sie etwas relativ Festes, Stabiles gefunden haben, worauf Sie sich niederlassen können (ein Planet reicht), haben Sie noch folgende Grundbedürfnisse: Sie brauchen Luft zum Atmen, Wasser zum Trinken, Nahrung zum Essen, ein Obdach zum Schutz vor den Elementen, Kleidung zum Verbergen Ihrer Schamteile, Gesellschaft (unsichtbare bzw. spirituelle und andere) als Bezugspunkt, um nicht verrückt zu werden, und

menschliche Wärme, das heißt Liebe, vor allem in den prägen-
den Jahren (optional, allerdings ist Entzug nicht besonders zu
empfehlen).

Wann immer Sie in Aufregung geraten, weil Sie nicht genügend materielle Annehmlichkeiten im Leben zu genießen meinen, sollten Sie diese Liste durchgehen. Wenn alle Punkte abge-
hakt sind, geht es Ihnen gut – mögen Sie bald wieder alle Dinge
im richtigen Verhältnis sehen (siehe *Selbstmitleid*, S. 137). Wenn
ein Punkt fehlt, unternehmen Sie besser etwas, oder Sie sterben.
So einfach ist das.

Obdach

Suchen Sie sich den höchstgelegenen Wohnsitz auf möglichst
festem Grund, um für einen plötzlichen Anstieg des Meeresspiegels
gerüstet zu sein.

Wenn Sie Ihren geographischen Wohnort frei wählen können,
suchen Sie sich ein festes Plateau weit ab von Verwerfungslinien
und Vulkanen (aktiven und erloschenen) für den Fall, daß unsere gute Mutter Erde einmal zu rumpeln und zu schwanken an-
fängt. Der Ort sollte in der Nähe einer Quelle mit frischem
Trinkwasser sein, dessen Verknappung bald Anlaß zu großer
Sorge geben wird. Es sollte genügend Anbaufläche für etwas Eß-
bares geben, mit dem Sie sich ernähren können, und / oder
Gleichgesinnte in der Nähe. Versuchen Sie herauszufinden, welche Nachbarn den gleichen Bewußtseinsstand haben wie Sie und
die Art von Schwingungen ausstrahlen, die Ihnen angenehm
sind.

Falls Sie derzeit mehr am Stadtleben orientiert sind, sollten Sie
sich wegen der Luft möglichst weit oben auf dem nächsten Hü-
gel ansiedeln und in der Nähe eines offenen Geländes, wo Sie bei

Ihren täglichen Übungen nackten Erdboden, Gras oder Sand unter den Füßen haben können (siehe *Training*, S. 31). Vermeiden Sie die Nähe von Kraftwerken und Hochspannungsmasten sowie Gegenden, in denen es Sie kalt überläuft (siehe *Intuition*, S. 176).

Eignen Sie sich ein paar Grundkenntnisse in Geomantie (Feng-Shui) an, und beachten Sie die Grundprinzipien des Chi-Stroms in der Erde, damit Sie sich nicht über einer gestörten Chi-Ader niederlassen. Halten Sie sich bei der Ausschmückung und Inneneinrichtung möglichst an geomantische Prinzipien, denn dadurch wird Ihr eigener Chi-Strom verstärkt und Ihr Weg in der Außenwelt geebnet. Meiden Sie lärmerfüllte Orte, oder halten Sie genügend Ohrstöpsel bereit. Stille, die Freiheit von Motorengeräuschen, dürfte sehr bald schon wie das Trinkwasser auf der roten Liste der aussterbenden Arten stehen, dabei braucht ein Krieger von Zeit zu Zeit Stille, um Weisung von oben zu empfangen. Machen Sie auch einen Bogen um feuchte, dunkle oder zugige Behausungen.

Umgeben Sie sich mit möglichst vielen schönen Dingen, ohne Ihr Herz daran zu hängen.

Nichts ist fest. Alles fließt. Seien Sie immer umzugsbereit.

Fahren Sie für eine Meditation über das Wohnen neun Monate auf das Meer des Abenteuers hinaus, leben Sie eine Weile ohne festen Wohnsitz, schlafen Sie auf Sofas oder in Palästen, und üben Sie im vollen Wind und freien Fall das Tao-Surfen.

Geben Sie außerdem, wann immer es Ihnen möglich ist, Obdachlosen etwas Geld (und seien Sie nicht knickerig).

Luft

Überall in der Welt ist die Luft verschmutzt.

Lassen Sie sich nicht von idyllischen Szenen angeblich «unberührter» Natur täuschen. Die Luftverschmutzung ist selbstverständlich im näheren Umkreis von Großstädten schlimmer. Atmen Sie immer so tief wie möglich ein, Sie bekommen dann zwar mehr Gift ab, aber auch mehr Sauerstoff. Flaches Atmen schützt nicht vor den Schadstoffen, sondern verursacht bloß eine Verspannung des Zwerchfells und behindert so den Chi-Strom.

Halten Sie sich also nicht zurück. Atmen Sie den Dreck ein, und verwandeln Sie ihn mit der Kraft Ihrer Überzeugung in lebenserhaltendes Chi. Begeben Sie sich möglichst oft und regelmäßig in unverdorbenere, weniger dicht besiedelte Gegenden, um Ihre Lungen mit frischer Luft vollzupumpen. Ziehen Sie frühmorgens los, wenn das kosmische Chi noch sauber ist und bevor die geistig-psychische und physische Verschmutzung Gelegenheit hatte, sich den Tag über auszubreiten.

Machen Sie sich die Luft, die Sie umgibt, bewußt, und schätzen Sie sie wie ein Fisch das Wasser. In diesem Augenblick, während Sie dies lesen, drücken gute sechs Kilogramm Luft auf Ihren Körper (falls Sie nicht im Weltraum herumschweben).

Wasser

Trink-, Wasch- und Brauchwasser wird immer schneller ein kostbares Gut, und die ausreichende Versorgung damit kann nicht länger als gesichert gelten.

Dreißig chinesische Städte einschließlich Pekings sind dabei, aufgrund einer exzessiven Absenkung des Grundwasserspiegels abzusinken. Wenn China als aufsteigender Stern am Himmel der Weltherrschaft im Sinken begriffen ist, hat das Auswirkungen, die uns eines Tages unser Frühstück verderben könnten (weil es nicht mehr genug Tee/Kaffee gibt).

Wasser, die Mutter allen Lebens, ist der greifbarste Beweis dafür, daß es Magie und magische Substanzen gibt, und es sollte nicht durch unnötig langes Aufdrehen von Hähnen und Schläuchen verschwendet werden.

Danken Sie jedesmal, wenn Sie einen Schluck nehmen, beten Sie es an, falls Ihnen danach zumute ist, und denken Sie darüber nach, ob Sie sich nicht für regenlose Zeiten einen kleinen Vorrat von Wasserreinigungstabletten anlegen sollten.

Nahrung

Nicht die Nahrung selbst erhält Sie, sondern das Chi im Essen.

Die Nahrungskette hat zwar ein paar verrostete und angebrochene Glieder, aber das sollte Sie nicht davon abhalten, eine feine Mahlzeit zu genießen, wann immer Sie können. Doch wegen der Brüche in der Nahrungskette, die Störungen des in der Nahrung enthaltenen Chi bewirken, ist es heutzutage ziemlich normal, mit einem mehr oder weniger angeknacksten Magen herumzulaufen. Machen Sie von Ihrer Visualisationskraft Gebrauch, um alles, was Sie essen, auch Cornflakes, in erstklassiges Chi umzuwandeln. Vermeiden Sie dunkles Fleisch (einschließlich Lamm), da es Leber und Nieren angreifen kann, was mitunter zwei Tage später zu arthritischen Symptomen, Reizbarkeit und Lustlosigkeit führt. Nehmen Sie möglichst nicht zu viele Milchprodukte zu sich, denn sie steigern die Schleimabsonderung, schaden den Atmungsorganen und verstopfen Ihr Energiefeld. Lassen Sie nach Möglichkeit die Finger von Schnellgerichten und Tiefkühlkost, die mit negativem Chi geladen sind und binnen einer Stunde Ihre Kräfte erschöpfen. Meiden Sie Schalentiere, und halten Sie aufgrund der zunehmenden Meeresverschmutzung generell Maß bei Fisch.

Machen Sie sich einen fröhlichen Farbenmix aus grünen, gelben und roten Speisen (z. B. Kohl, Hirse und Tomatenpaprika). Die Farbzusammenstellung ist ein nützlicher Schnellkurs für eine ausgewogene Yin-Yang-Ernährung – essen Sie nicht zuviel Blaues!

Das Wichtigste ist, Essen zu genießen, das mit Liebe zubereitet wurde und daher mit Chi angereichert ist. Wenn das Essen bei der Zubereitung mit Chi aufgeladen worden ist, spielt es keine so große Rolle, ob es sich um frische und ökologisch einwandfreie Zutaten handelt, denn das Chi wird sowieso aufgenommen, auch wenn das Essen aus einer Dose stammt.

Segnen Sie jeden Bissen, auf dem Sie herumkauen (idealerweise fünfzigmal kauen pro Bissen), indem Sie sich bewußt darauf konzentrieren, Chi höchster Qualität herauszuholen.

Setzen Sie sich zu den Mahlzeiten, und geben Sie sich möglichst mit gesammelter Aufmerksamkeit dem Essen hin. Konzentrieren Sie sich in erster Linie auf die Nahrungsaufnahme, auch wenn Sie sich beim Essen unterhalten oder lesen.

Grübeln Sie während des Essens nach Möglichkeit nicht über Probleme nach, weil dadurch Ihr Chi ungünstig beeinflußt wird.

Machen Sie sich nicht übermäßig viel Gedanken um die Nahrungsqualität. Unzählige Menschen hungern täglich. Sie würden nicht lange über E-Nummern und Konservierungsstoffe meckern, ebensowenig wie Sie selbst, wenn Sie hungern müßten, also behalten Sie das richtige Augenmaß.

Outfit

Die Hauptfunktion der Kleidung eines Kriegers ist die, den nackten Körper vor den verderblichen Einflüssen der Elemente zu schützen (vor Wind, d. h. Zugluft, Wasser, d. h. Feuchtigkeit, Hitze, d. h. Sonne, Kälte, d. h. Schnee und Eis, usw.). Die Kleidung soll Sie mit einem ausreichend dicken künstlichen Fell (bzw. Feder- oder Schuppenkleid) ausstatten, das Ihrem Körper bei seiner inneren Klimaregulierung eher nützlich als hinderlich ist.

Geschicktes Schichten der äußeren Hüllen ist demnach äußerst wichtig. Naturfasern, besonders Seide, ermöglichen es dem Chi, frei zwischen Ihnen und der Außenwelt zu fließen, und sollten vorrangig getragen werden. Allerdings hat auch die Kunstfaser-technologie große Fortschritte gemacht, insbesondere im Bereich der Mikrofasern, so daß man inzwischen relativ gute Erfahrungen mit einem solchen atmungsaktiven, chi-leitenden Outfit machen kann. High-Tech-Bekleidung aus Nylon (im Snowboard-Stil) mit synthetischem Vliesfutter ist gut für die Wintermonate auf der nördlichen Erdhalbkugel und bietet ausreichenden Schutz gegen Wind.

Verzichten Sie auf Unterwäsche, wann immer es geht (aber nicht beim winterlichen Radfahren in Jeans, wegen der Reibung), weil dann Ihre Sexualenergie freier fließen kann, statt in der Unterhose festzuklemmen (siehe *Hygiene*, S. 192).

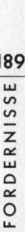

Tragen Sie so lockere Kleidung, wie es modisch gerade noch zulässig ist, da Bequemlichkeit höchste Priorität genießt. Sie müssen sitzen, stehen, laufen, radfahren, tanzen, arbeiten, sich verteidigen und sich strecken können, ohne daß Ihre Kleidung übermäßigen Druck auf Ihre Sexual- und andere lebenswichtige Organe ausübt. Lassen Sie Ihre Beinbekleidung (Hosen und Jeans aller Art) jedoch nicht so tief hängen, daß Ihnen der Schritt fast um die Knie schlottert, sonst bleiben Sie damit beim Absteigen an Ihrem Fahrradsattel hängen, was höchst uncool ist und an öffentlichen Plätzen vermieden werden sollte (siehe *Coolsein*, S. 217).

Auch die Vielseitigkeit der Bekleidung hat ihre Bedeutung, denn sie soll Sie in die Lage versetzen, all Ihre verschiedenen Rollen den Tag über zu erfüllen, zum Beispiel bei widerlichem Wetter mit dem Fahrrad zur Arbeit zu fahren, wo Sie «präsentabel» aussehen müssen, dann zum Selbstverteidigungskurs, danach zu einer Kneipe und weiter zu einer Disco (so sieht der Tagesplan eines professionellen Stadtkriegers aus – vergessen Sie das Essen nicht), und das alles mit den gleichen Sachen. Die gesellschaftlichen Benimmregeln sind derzeit ziemlich locker, so daß Sie in den meisten Fällen mit Arbeits- und Freizeitbekleidung guter Qualität angemessen ausgerüstet sein dürften.

Schlipse sind mit Vorsicht zu behandeln, da dieses schmückende männliche Beiwerk ein Symbol für Fesselung und Sklaverei ist und auch dann, wenn es stolz als ultramännliches Attribut zur Schau getragen wird, paradoxerweise auch ein Symbol der Entmachtung darstellt, ganz zu schweigen von seiner völligen Nutzlosigkeit oder sogar Gefährlichkeit bei einem Kampf.

Die Fußbekleidung ist der Bereifung eines Kraftfahrzeugs vergleichbar und sollte von der höchsten Qualität und perfektesten Technik sein, die Sie sich leisten können. Die Schuhindustrie hat inzwischen einen so befriedigenden technischen Standard erreicht, daß Sie mit einer äußerst effektiven Bewegungsgrundlage rechnen können, besonders im Sportbereich. Kaufen Sie möglichst immer das Feinste vom Feinen, denn teures Schuhwerk ist im allgemeinen nicht nur vielseitiger zu gebrauchen und sieht besser aus, sondern stützt meist auch Knöchel und Spann wirkungsvoller und polstert Fersen und Sohlen besser ab, was ausschlaggebend für das Wohl von Knien und Hüften ist.

Gehen Sie so oft wie möglich barfuß (siehe *Die Füße*, S. 52), weil es affengeil ist und weil Sie auf diese Weise Informationen vom Boden aufnehmen können und Ihre Reflexzonen massiert bekommen, wovon die Gesundheit Ihrer lebenswichtigen Organe profitiert.

Sorgen Sie dafür, daß Sie nicht allzusehr schwitzen in Ihren Turnschuhen, und sollte es doch einmal vorkommen, dann waschen Sie sie kalt in der Maschine.

Turnschuhe ohne Socken zu tragen fördert Fußpilz und Schweißfüße, ein Mißstand, dem Sie mit Lavendelöl abhelfen können, das Sie zwischen die Zehen reiben. Achten Sie vor allem darauf, daß Ihre Zehen nicht gequetscht werden, denn gequetschte Zehen legen sich einem auf die Seele (und die Sohle).

Das Outfit wird auch dazu benutzt, die Gruppenzugehörigkeit anzuzeigen, eine hochentwickelte Kunst und eine Wissenschaft für sich. Wählen Sie Ihre Markenzeichen so, daß Sie im Laufe eines Tages leicht von einer Gruppe / Nation zur anderen überwechseln können, ohne sich ein einziges Mal umziehen zu müssen.

Tragen Sie möglichst keine Kleidung, mit der Sie unnötigerweise öffentliches Aufsehen erregen, denn damit verscherzen Sie sich Ihr Kriegerprivileg, sich unsichtbar machen zu können, und das wäre uncool! Aber Sie dürfen sich trotzdem in die bestgeschnittenen, bestverarbeiteten Kleidungsstücke in den tollsten Farben und aus dem exotischsten Material kleiden, die Sie finden können, um Ihren Beitrag zur Straße als lebendigem Kunstwerk zu leisten. Sie sind auch ein Kunstwerk, das allerdings weit mehr umfaßt als nur Ihr äußeres Erscheinungsbild, also machen Sie sich nicht zuviel Kopfzerbrechen um die Kleidung, niemand wird Ihre Schuhe anstarren, und wenn doch, dann soll er.

Hygiene

Reinlichkeit kommt gleich nach Taolichkeit

Wenn Ihr Körper schmutzig ist, verschmutzt auch Ihre Energie, Ihr Chi. Dreck zeigt, daß man nicht von der Vergangenheit lassen will (wie schmerzhaft sie auch sein mag), als klammere man sich an den Staub und Schmutz von längst Vergangenem. Wenn Sie in Schmutz schwelgen, wollen Sie nicht weiterschreiten. Tägliches Waschen (in hektischen, schmutzigen Stadtgebieten – sonst genügt eine Waschung alle zwei Tage) tut unbedingt not, um das saubere Fließen des Chi zu gewährleisten, das Leben anständig in Gang zu halten und sich das Wohlwollen seiner Mitmenschen zu erhalten. Am besten duscht man, denn beim Baden wird zuviel Wasser verbraucht, und Waschen im Waschbecken reicht nicht.

Verwandeln Sie die Erfahrung des Waschens in eine meditative Übung, indem Sie die magischen Qualitäten sowohl des Wassers als auch des neuen gegenwärtigen Augenblicks goutieren, so daß Sie, während Sie sich die Schamteile abtrocknen, bereit sind, alle möglichen guten Gaben aus dem Universum zu empfangen.

Putzen Sie sich mindestens zweimal am Tag die Zähne, und gehen Sie vorsichtig mit den Wattestäbchen für die Ohren um!

Halten Sie Ihre Kleidung stets makellos sauber, denn in den Falten der Kleidungsstücke bleibt auch gern altes, verbrauchtes Chi hängen.

Benutzen Sie nach Möglichkeit natürliche Seifen und Shampoos und kein Parfüm, Deodorant oder Kölnisch Wasser, da solches Zeug erstens stinkt, zweitens den ausgeglichenen Duft Ihres Energiefeldes stört und drittens falsche Botschaften aussendet. Verwenden Sie lieber dezente Duftstoffe und ätherische Öle, die den natürlichen Körpergeruch ergänzen, statt ihn zu überdecken.

Halten Sie Ihr/e Wohnstatt/Zuhause möglichst sauber und

staubfrei, ohne dem Putzzwang zu verfallen, denn dadurch fördern Sie das gesunde Strömen des Chi.

Lassen Sie sich keinesfalls einen langen Bart wachsen (vor allem nicht, wenn Sie ein Mädchen sind), weil er in die Fahrradspeichen geraten oder bei einem Kampf gerupft werden könnte und Parasiten Unterschlupf bietet.

Schlaf

Das Schlafen ist eine der heilsamsten Beschäftigungen, denen ein Krieger nachgehen kann.

Ihr Körper kommt bei entsprechender mentaler Programmierung (siehe *Affirmationen*, S. 164, und *Intention*, S. 83) mit nur vier Stunden Schlaf täglich aus, aber dadurch kann sich nach einiger Zeit der Adrenalinspiegel erschöpfen. Sieben Stunden Nachtruhe reichen aus zum Träumen und zur Selbstheilung, und der Schlaf vor der Geisterstunde, also vor Mitternacht, ist wirksamer.

In der Schlafenszeit regeneriert sich der Körper und erneuert sich die Energie. Schlafen Sie, wann immer Ihnen danach zumute ist, nach Möglichkeit jedoch an einem Stück. Schlaf heilt nicht nur den Körper, sondern wirkt sich auch auf den Geist, den Durchblick, die Wachsamkeit, die Einstellung und die Stimmung wohltuend aus. Während des Träumens empfangen Sie Informationen, häufig in Form von Vorahnungen. Von diesen Informationen können Sie Gebrauch machen, wenn Sie Ihre Träume sofort nach dem Erwachen aufschreiben (das gelingt mit der Zeit immer leichter). Außerdem leistet Ihr Geist in der Traumzeit Arbeit (siehe *Der Geistkörper*, S. 76, und *Astralreisen*, S. 172), und die Erinnerung daran (an unendlich ferne kosmische Gefilde und dergleichen) können Sie durch Meditation auffrischen.

Schlafen Sie auf der rechten Seite, zusammengerollt wie ein

Drachen, so daß das Blut die Nacht, in gebührendem Abstand vom Herzen, in Ihrer Leber verbringen und diese durchspülen kann. Blutandrang zum Herzen während der Schlafenszeit löst wilde oder beunruhigende Träume aus.

Überlegen Sie sich kurz vor dem Einschlafen, welche Art von Traumreise Sie machen und wie und wann Sie wieder aufwachen wollen (zum Beispiel um 7.23 Uhr mit glänzenden Augen und roten Backen). Schauen Sie dann, indem Sie Ihr Bewußtsein in die Höhle des ursprünglichen Geistes im Zentrum Ihres Gehirns zurückziehen, aus der Mitte Ihrer Stirn heraus, als hätten Sie dort ein zusätzliches (drittes) Auge. Wenn Sie es schaffen, sich Ihre bewußte Wahrnehmung zu erhalten, während Sie tiefer in den Schlaf sinken, werden Sie in diesem Stadium aus Ihrer Stirn heraus Ihren Schlafraum sehen können, viel heller als sonst, als hätte jemand alle Lampen im Zimmer angelassen, und vielleicht ein klein wenig verändert. Sollte Ihnen dies gelingen, können Sie nun, wenn Sie Ihre Energie sinken lassen und ein paarmal psycholoopen, Ihren Geistkörper bei seinen heimlichen Abenteuern begleiten wie Peter Pan oder Wendy. Falls Sie schweben oder fliegen oder auf andere Weise Ihre übersinnlichen Kräfte demonstrieren wollen, müssen Sie sich einfach vorstellen, wie Ihre Hände zu dem magischen Auge auf Ihrer Stirn emporgezogen werden, und sie prüfend von innen und außen betrachten. So erlangen Sie die bewußte Kontrolle über die Reise.

Schlaflosigkeit hat ihre Ursache in zuviel Herzensfeuer (Adrenalin) und kann durch Akupunktur der passenden Punkte effektiv behandelt werden.

Schlafsucht entsteht durch einen Mangel an Yin oder aufbauendem Chi (siehe *Yin-Yang*, S. 25) und kann ebenfalls wirkungsvoll mit Akupunktur und Kräutern behandelt werden (siehe *Heilung*, S. 228).

Menschliche Berührung

Menschliche Berührungen sollten immer Bestandteil Ihres Tagesablaufs sein.

Andere Menschen mit Wärme und Zuneigung zu berühren und umgekehrt auch selbst berührt zu werden ist ein wesentlicher Faktor, was die Erhaltung der physischen, emotionalen und psychischen Gesundheit betrifft. Durch Berührungen wird Chi übertragen (die Grundlage taoistischer Heilung). Am Berührungspunkt wird der Chi-Strom gesteigert, und deshalb tut es auch so gut, wenn einen jemand berührt, besonders, wenn es liebevoll geschieht, denn dabei wird das Chi weich und flexibel.

Berührungen wie Händeschütteln, Umarmen, Massieren, Kuscheln und Heilen erwärmen die Welt und sorgen für sanftere Interaktionen. Liebevolle Berührungen überbrücken Kommunikationsschwierigkeiten viel besser als Worte, sie sind sehr zu empfehlen zur effektiven Verbreitung von gesundem Chi und entspannten Schwingungen unter den Mitmenschen. Berührungen (mit im Schnitt vier Unzen Druck) sind außerdem das wirkungsvollste Mittel, sich über die Energie eines anderen Menschen zu informieren (siehe *Nachgeben und Dranbleiben*, S. 117).

Hüten Sie sich vor körperlichen Berührungen mit Menschen, die negatives Chi ausstrahlen wie Schwarzmagier oder Leute von boshafter Wesensart, da sie Ihr Chi aufzehren. Wenn Ihnen nach dem Kontakt mit einem Mitmenschen plötzlich kalt wird, Sie ein Schauer überläuft oder Sie Erschöpfung überkommt, sind Sie höchstwahrscheinlich gerade angezapft worden; in diesem Fall sollten Sie das Chi von Ihren Händen abschütteln, als hätten Sie sie in schmutziges Wasser getaucht, das Sie wieder loswerden wollen. Anschließend sollten Sie sie nach Möglichkeit unter kaltes fließendes, frisches Wasser halten, eine rituelle Geste, mit der Sie sich selbst die wiedererlangte Sauberkeit bestätigen, und dann die Hula-Hoop-Schleife und das mentale Ei visualisieren.

Werkzeuge

Ohne Werkzeuge kein Werk

Halten Sie Ihre Werkzeuge sauber, in Ordnung und einsatzbereit. Hände, Fahrzeuge, Musikinstrumente, Stereoanlagen, CDs, Disketten, Computer, Bücher, Farben, Filme, Hämmer, Sägen, Seile und Flaschenzüge, praktisch alles, was Sie zur Arbeit benutzen (ob zum Geldverdienen oder nicht), muß funktionsbereit sein.

Ihre Werkzeuge sind Ihr verlängerter Arm. Chi und Bewußtsein fließen durch sie hindurch. Zeit in ihre Pflege zu investieren ist eine Form der Meditation, eine magische Handlung, die Ihren Werkzeugen Macht verleiht, so daß sie Ihnen besser dienen können. Außerdem wirkt es wie ein Magnet, der neue Möglichkeiten anzieht.

Visualisieren Sie all Ihre Werkzeuge einschließlich all dessen, was Sie am Leben erhält (unter Umständen Ihr ganzes Hab und Gut), und hüllen Sie sie in ein weiches, rosa Speziallicht.

Meditation über das Kacken und Pinkeln

Nur keine Hektik bei der Entleerung Ihrer Därme oder Blase, außer natürlich im Notfall.

Die heutige kulturelle Konditionierung, die stets vom Geist der Naturverleugnung geprägt war und noch ist (daher auch die globale Verstädterung, bei der sogar Vogelgesang allmählich zur Seltenheit wird), hat die meisten von uns so geprägt, daß wir uns dieser beiden grundlegendsten Entsorgungsfunktionen schämen. Dabei ist die vollständige Entleerung der Blase und des Darms zur gegebenen Zeit eigentlich das größte Vergnügen der Welt – und kostet nichts, einmal abgesehen von den Abwassergebühren und anfänglichen Einrichtungskosten für Toiletten-schüssel, -spülung usw. Es ist sicher nichts, dessen man sich schämen müßte, sondern letztlich eine wunderbare Gelegenheit, mitten in städtischer Alltagshektik voll und ganz mit der Natur – dem Tao – in Berührung zu kommen.

Steigen Sie, um die Darmbewegungen möglichst wirkungsvoll anzuregen, mit den (nackten) Füßen auf den Toilettenrand (Vorsicht! Gefahr!), und hocken Sie sich über die Schüssel. Falls das nicht geht, sollten Sie zumindest darauf achten, daß Ihr Rücken gerade und möglichst entspannt ist (siehe *Haltung*, S. 45), weil durch Vorbeugen die Gedärme eingeklemmt werden, so daß es zu Stauungen und Verspannungen kommt. Überan-strengen Sie Ihren Beckenboden und speziell den Schließmuskel nicht dadurch, daß Sie mit aller Kraft drücken. Entspannen Sie sich lieber, «sinken» Sie, atmen Sie ruhig, zentrieren Sie sich, und lassen Sie die Schwerkraft die Peristaltik des Darms unterstützen, indem Sie einfach loslassen, als würden Sie gebären, so daß der Kot seinem eigenen Willen folgen kann und in seinem Freiheits-drang nach offenen Gewässern von selbst herabfällt.

Das gleiche gilt für das Harnlassen, das für die Blase ein ange-nehmes Ereignis sein sollte. Sie sollte dazu ermutigt werden, sich von selbst ihrer Bürde zu entledigen, ohne gegen Widerstände in der Harnröhre ankämpfen zu müssen, die durch emotionale Spannungen verursacht werden (etwa eine Blasenentzündung). Personen männlichen Geschlechts stellen sich dabei am besten auf die Zehenspitzen, denn das kräftigt die Nieren. Personen weiblichen Geschlechts sollten dies nur an windstillen Tagen im Freien probieren.

Urin und Kot sind Ballast und Dreck aus der Vergangenheit und sollten, wenn überhaupt, nur für kurze Zeit zurückgehalten werden. Gleichzeitig sind sie eine eindringliche Erinnerung an die eigene Urnatur und haben folglich eine gewisse Achtung ver-dient. Das soll nun kein Aufruf sein, ins Extrem zu gehen wie ei-nige Fetischisten mit ihrer Vorliebe für Abfallprodukte, aber es ist wichtig, aus jeder Kack- und Pinkelsitzung den größtmöglichen Genuß zu ziehen. Jeder, bei dem diese natürlichen Funktionen infolge einer Darm-, Blasen- oder Nierenschädigung gestört sind oder der inkontinent ist, wird dies bestätigen: Die Entsorgungsfunktion von Blase und Darm ist beileibe keine Selbstverständlichkeit. Also machen Sie tagtäglich besten Gebrauch davon!

Sex

Sie sind sexy!

Als Stadtkrieger müssen Sie sexy sein und sich auch immer sexy fühlen. Ihre Beziehung zur Welt muß sexy sein. Ihr Engagement auf diesem Planeten muß sexy sein. Ihre Beziehung zum Göttlichen – ihrem Geist – muß sexy sein. Alles, was Sie tun, muß sexy sein, denn sexy sein heißt, dran zu sein, mit der Lebenskraft verbunden zu sein, und wenn Sie diese Verbundenheit spüren, sind Sie authentisch. Das ergibt sich ganz von selbst, wenn Sie die folgende Übung durchführen:

Stellen Sie sich bildlich röhrenartige Kanäle vor, die in ihren Fußsohlen beginnen und an der Innenseite Ihrer Beine zum Damm (zwischen Anus und Skrotum bzw. Scham) hinaufführen bis in die Spitze Ihres Penis bzw. Ihrer Gebärmutter.

Von da aus führen sie wieder zum Damm zurück, teilen sich, um ihren Weg jeweis an den Außenseiten der Beine nach unten fortzusetzen und wieder an den Ausgangspunkten in den Fußsohlen anzukommen.

Vergegenwärtigen Sie sich, während Sie einatmen, wie Ihr Atem durch Ihre Fußsohlen in diese Kanäle eintritt und bis zum Damm, dann weiter bis zur Spitze Ihres Gliedes bzw. Ihrer Gebärmutter aufsteigt und Ihre Genitalien anfüllt.

BEREIT SEIN ZUM

AUFBRUCH

Vergegenwärtigen Sie sich nun, während Sie ausatmen, wie Ihr Atem durch die absteigenden Kanäle wieder zu den Fußsohlen hinabsinkt und sich für die nächste Runde bereitmacht.

Vollenden Sie mindestens neun solcher Zyklen, und beenden Sie den letzten mit dem Atem (Chi) im Genitalbereich.

Diese Übung wird Ihren Sexualenergiestrom ankurbeln. Sie sollte stets im Verein mit Psycholooping und dem mentalen Ei durchgeführt werden, da sie ein magnetisches Feld erzeugt, das Liebeshungrige anzieht wie Fliegen, so daß Sie einen Filter brauchen werden, um die Marienkäfer von den Mücken zu unterscheiden.

Die Sexualenergie ist das greifbarste Beispiel für das Chi. Die Sexualenergie ist auch das greifbarste Beispiel für den göttlichen Schöpfungstrieb. Ihr hoher spiritueller Status ist dadurch bezeugt, daß mit ihrer Hilfe sogar neue Menschen geschaffen werden können. Mit anderen Worten: Schämen Sie sich nie Ihrer Sexualität.

Wenn Ihre Sexualenergie fließt, haben Sie ein stärkeres spirituelles und körperliches Verbundenheitsgefühl. Dann sind Sie nicht nur ein heißer Typ, sondern auch ein heißer Tip.

Das liegt daran, daß Sie, wenn Ihre Sexualenergie freier durch Ihren Körper (und nicht nur die Genitalien) fließt, sexy sind, und wenn Sie sexy sind, ist die ganze Welt ebenfalls sexy. Jeder Programmdirektor wird Ihnen sagen, daß eine Fernsehsendung sexy sein muß, um eine gute Quote zu erzielen, und ein Buch gleichfalls, um ein Bestseller zu werden, alles muß sexy sein, damit die Leute es wollen, weil sexy das gleiche ist wie göttlich.

Sexy sind Sie, wenn Ihre Sexualenergie frei fließt. Dies wiederum macht Sie selbstbewußt, denn das Chi wärmt Ihnen das Herz und verleiht Ihnen das gewisse Etwas, so daß sich alle Köpfe zu Ihnen herumdrehen, wenn Sie den Raum betreten.

Und nicht nur das – wahr ist auch, daß man wirklich befriedigenden Sex nur dann genießen kann, wenn man sexy ist.

Seien Sie sexy bei allem, was Sie tun. Wiederholen Sie möglichst oft die folgende Affirmation: «Ich bin sexy. Ich bin sexy. Ich bin sexy. Ich bin sexy. Ich bin sexy. Ich bin sexy. Ich bin sexy. Ich bin sexy. Ich bin sexy. Ich bin sexy. Ich bin sexy. Ich bin sexy. Ich bin sexy. Ich bin sexy. Ich bin sexy. Ich bin sexy. Ich bin sexy. Ich bin sexy.»

Kondome

Ein Kondom kann sehr erotisch sein.

Wenn Sie nicht gerade eine gute Ehe oder eine andere Form von fester Partnerbeziehung unterhalten, bei der Sie auch für den Rest Ihres sexuell aktiven Lebens bleiben wollen, und mit absoluter Sicherheit nicht HIV-positiv sind, sollten Sie sich unbedingt mit Kondomen anfreunden.

Alle die uralten Viren, die wir auf der Erde entfesselt haben, sind hochintelligent und von grenzenloser Wanderlust erfüllt. Die Gefahr einer sexuellen Übertragung von diversen Krankheiten wie HIV, Aids, Hepatitis B und C usw. sowie Herpes wird durch das Tragen eines Kondoms erheblich eingeschränkt. Trotzdem gibt es eine Unmenge Leute, die sich wohl für unsterblich halten und munter ohne Kondom drauflos vögeln.

Oft ist der Grund dafür Angst, kaschiert mit gespielter Unbekümmertheit. Männer haben vielleicht Angst, ihre Erektion könnte zurückgehen, wenn sie das Kondom überstreifen. Vielleicht haben sie auch das Empfinden, ein Kondom würde sie irgendwie entmannen oder den Eindruck hervorrufen, als sei der Penis etwas Häßliches und müßte deshalb während sexueller Intimitäten verhüllt werden. Oder sie fürchten, ihr Glied könnte wegen der verminderten Empfindlichkeit wieder erschlaffen.

Frauen haben unter Umständen Angst, als prüde, paranoid oder mißtrauisch angesehen zu werden.

Nun können Sie jedoch, indem Sie die Situation in ein anderes Licht stellen und Ihre Betrachtungsweise verändern, den Akt des Kondomaufziehens so ausführen, als sei er etwas höchst Erotisches und Sie selbst ein absoluter Kondomfetischist.

Stellen Sie sich vor, Kondome würden überall als höchst erotischer Fetisch betrachtet, und das Tragen sei nicht nur cool, sondern geradezu sexy (schließlich wechselt die Mode, um sich den veränderten Sehgewohnheiten der Massen anzupassen). Visualisieren Sie nun, wie Sie oder Ihr Partner mit dem sinnlichen Fingerspitzengefühl einer Stripteasetänzerin ein Kondom überstreifen. Stellen Sie sich vor, daß die Erektion durch die schimmernde, funkelnde Hülle noch gestärkt wird. Das ist gar nicht so weit hergeholt – immerhin sind Modefetische im Umlauf, die erheblich alberner sind. Vergessen Sie nicht, diese Vision mit all Ihren künftigen Sexualpartnern oder -partnerinnen zu teilen. Kondome sind cool.

Achten Sie darauf, daß zum Schluß, wenn das ganze Beben und Bumsen vorbei ist und die Erektion wieder abnimmt, einer von Ihnen beiden das Kondom beim Herausziehen des Gliedes oben am Rand festhält, damit es sich nicht ablöst und drinnen bleibt.

Transport

Die kostengünstigste, energiesparendste, umweltfreundlichste Art, sich in Zeit und Raum von einem Ort zum anderen zu bewegen, ist der Gebrauch der eigenen Muskeln, besonders des Quadrizeps am Oberschenkel, der die Füße beim Gehen, Laufen, Langlaufschi oder Radfahren antreibt, oder des Bizeps, wenn Sie auf dem Wasser leben und rudern oder schwimmen wollen.

Jede andere Methode (abgesehen vom Kriechen oder Astralreisen) erfordert die Kraft von Tieren (Pferden, Rentieren, Schlittenhunden usw.), anderen Menschen (Sänften, Rikschas usw.) oder von solar-, wasserstoff-, batterie- oder mit fossilen Brennstoffen betriebenen Fahrzeugen. Von Tieren gezogene Gefährte, Sänften und Rikschas sind heute kaum noch gebräuchlich, solar-, wasserstoff- oder batteriebetriebene Fahrzeuge sind derzeit noch unerschwinglich, und Fortbewegungsmittel mit Verbrennungsmotoren (Autos, Lastwagen, Busse, Züge, Boote, Schiffe und Flugzeuge) verbrauchen unverhältnismäßig viel menschliche Energie und Rohstoffe (Entwurf, Finanzierung, Verwaltung, Beschaffung der Rohstoffe, Fabrikation, Vertrieb, Straßenbau usw.). Außerdem, und das ist viel entscheidender, vergiftet die Verbrennung von fossilen Brennstoffen zum Betreiben von Verbrennungsmotoren, also von Rohstoffen, die mit einem enormen menschlichen Kraftaufwand gefördert, raffiniert und vertrieben werden, die Luft, auf die wir zum Überleben unmittelbar angewiesen sind. Mit anderen Worten: Das gewaltige tagtägliche Verkehrsaufkommen auf den Straßen, Flugrouten und Seewegen der Welt aufgrund von Beförderungsmitteln, die mit fossilen Brennstoffen betrieben werden, macht uns durch die Luftverschmutzung den Garaus. Wir entwerfen zwar die schicksten Schlitten (Spielzeuge), aber am Ende sind es womöglich nur noch die Spinnen, die damit fahren werden.

Jedesmal, wenn Sie sich auf eine andere Weise als durch Ihre eigene Muskel- und Körperkraft von Ort zu Ort begeben, tragen Sie also wesentlich zu Ihrem eigenen Untergang bei, von meinem mal ganz abgesehen.

Die Benutzung von öffentlichen Verkehrsmitteln reduziert diese Auswirkungen etwas und ist eine gute Möglichkeit, zwanglos mitmenschliche Kontakte zu pflegen, ist allerdings nicht ratsam zur Hauptverkehrszeit, wenn es nicht unbedingt sein muß.

Zu Fuß gehen, Radfahren und Laufen (mit Rucksack für die Arbeitskluft), Fortbewegung aus eigener Kraft also, verpestet weder die Luft, noch verkürzt es Ihr Leben (solange Sie wachsam bleiben). Im Gegenteil, es verlängert wahrscheinlich Ihr Leben noch, weil Sie dabei Muskeln, Atmung und Herz trainieren, den angenehm veränderten Geisteszustand gar nicht zu erwähnen.

Wenn Sie in der glücklichen Lage sind, Ihre Gliedmaßen gebrauchen zu können, dann sollten Sie sie so oft wie möglich zur Fortbewegung benutzen. Solange es noch keine solar-, wasserstoff- oder sonstwie umweltfreundlich betriebenen Fahrzeuge für jedermann gibt, werden Sie natürlich ab und zu auf Fortbewegungsmittel mit Verbrennungsmotoren zurückgreifen müssen, um Ihr Fortkommen zu beschleunigen. Ein Flugdrachen ist nicht gerade das effektivste Transportmittel, um den Atlantik oder den Pazifik zu überqueren, und ein Umzug läßt sich im allgemeinen nicht mit dem Fahrrad bewerkstelligen, aber Sie werden Ihre Lebensqualität merklich steigern und jedesmal zur Reduzierung der Atmosphärenverschmutzung beitragen, wenn Sie sich aus eigener Kraft statt mit Motorkraft auf der Basis fossiler Brennstoffe fortbewegen. Und nicht nur das: Sie befreien sich auch weitgehend von Einschränkungen (Verkehrsstaus), die in Bewegung befindliche Menschenmassen mit sich bringen, und beziehen daraus neue Kraft.

Kurz und bündig: Fahren Sie Rad. Aktivieren Sie vor jeder Art von Fortbewegung stets Ihren mentalen Schutzschild (siehe Das mentale Ei, *S. 73), und/oder beten Sie um Schutz (siehe* Beten, *S. 167).*

Auslandsreisen

Als Krieger steht es Ihnen frei, zu reisen, wohin Sie wollen. Lassen Sie sich auch von gelegentlichen Hindernissen auf dem Weg nicht davon abbringen!

Ihre Reise(ver)kleidung darf beim Ein- und Auschecken auf Flughäfen und bei Grenzübergängen möglichst gar nicht auffallen und sollte voll und ganz den Kriterien entsprechen, unter die «harmlose» Menschen wie Geschäftsleute, glückliche Touristen oder Rucksackreisende fallen, um nicht unnötig die Aufmerksamkeit von Zollbeamten und ähnlichen Amtspersonen auf sich zu ziehen. Womit ich keineswegs gesagt haben will, daß Sie sich in irgendwelche illegalen Aktivitäten einlassen sollten, aber wenn Sie durch ein zu kreatives Äußeres Argwohn erregen, weil Sie nicht der Norm entsprechen, können Sie aussortiert und durchsucht werden, oder Ihnen wird die Einreise verweigert, wodurch Sie aufgehalten werden, sich Ihre Weiterreise verzögert und Ihre Energie erschöpft.

Achten Sie immer darauf, daß bei jeder Art von Reise Ihr mentaler Schutzschild vollständig aktiviert ist, um größtmögliche Unauffälligkeit zu erreichen, und halten Sie Ihre Reiseunterlagen (Ausweis, Tickets usw.) und Ihr Geld zu allen Zeiten dicht am Leibe.

Treten Sie, wo immer Sie sind, leise auf, bewahren Sie sich ihr Chi, und verhalten Sich sich gegenüber jedem, dem Sie begegnen, mit Anmut und Bescheidenheit (siehe *Umgangsformen*, S. 240).

Um leicht zu reisen, sollten Sie nur so viel Gepäck mitnehmen, wie Sie selbst tragen oder einem bezahlten Träger zumuten können. Wenn Sie jemand anders mit Ihrem Gepäck beladen, der nicht gerade begeistert davon ist, entweicht Ihnen Ihr Chi, und Sie verlieren Freunde.

Gehen Sie auf Reisen stets davon aus, daß das höhere Selbst / der Geistkörper / das Tao Sie anleitet, Ihr heilendes Chi zu verbreiten, welchen äußeren Anlaß es auch für Ihre Reise geben mag. Dergestalt sind Sie ein Botschafter und genießen deshalb Immunität, lassen Sie sich also, wenn irgendein Ort für Sie bestimmt ist, nicht von Einwanderungsbeschränkungen aufhalten, denn Sie werden Weisung erhalten, wie Sie einreisen und dort bleiben können. Vertrauen Sie darauf.

Denken Sie immer daran, daß auch die längste und exotischste vorstellbare Reise irgendwohin auf dieser Erdkugel nur ein Katzensprung ist im Vergleich zu der Fahrt, auf der Sie gerade mitsamt dem Planeten unterwegs sind, der mit etwa 100 000 Stundenkilometern durch den Weltraum saust.

Sich einfügen in die Infrastruktur

Hinter jeder Schicht und jeder Facette der Infrastruktur, wie unermeßlich, komplex und verworren sie auch erscheinen mag, stehen Menschen.

Die globale Infrastrukur besteht aus verschiedenen Nationalstaaten unter der Kontrolle von «demokratisch» gewählten oder anders zustande gekommenen Regierungen, die durch Drohung oder nackte (polizeiliche und / oder militärische) Gewalt bestimmte Gesetze durchsetzen. Der Ablauf des täglichen Lebens wird durch meist der Regierung unterstellte zivile Ordnungskräfte geregelt, die sich bis zur lokalen Ebene verteilen.

Die Nationalstaaten sind in unterschiedlichen Allianzen und Handelsvereinigungen oder Militärbündnissen zusammengeschlossen, die meist gegnerische Lager bilden, obwohl die Bündnisse dauernd wundersam wechseln und sich verändern. Der Status quo wird durch internationale Gesetze und Vereinbarungen erreicht und durch Drohung oder nackte Gewalt (nuklear, chemisch, biologisch, durch Sprengstoff) aufrechterhalten.

Die merkantilen und militärischen Beziehungen werden hauptsächlich von den multinationalen Körperschaften und Konzernen getragen, die die Bewegung aller Ressourcen über Medien, Schiffahrt, Transportwesen, Fabrikation, Finanzierung und Verteilung genauestens kontrollieren. Was bei all diesen Aktivitäten herauskommt, schlägt sich am Ende auch auf lokaler Ebene nieder und versetzt Sie (den Nutznießer) in die Lage, in Ihrem örtlichen Supermarkt oder im Laden an der Ecke genau die Tampons zu kaufen, die gerade in einem Fernsehwerbespot angepriesen wurden, ohne dabei überfallen, vergewaltigt oder terrorisiert zu werden.

Bis auf die Tatsache, daß unsere Atmosphäre verpestet, das Wasser vergiftet, die Nahrungskette gestört, unser Leben von Terrorismus, Faschismus, Fundamentalismus und hochwirksamen chemischen, nuklearen und biologischen Kampfstoffen bedroht ist und unser Hirn weitgehend von den Medien kontrolliert wird, funktioniert unsere Infrastruktur eigentlich ganz gut.

Ich möchte sogar behaupten, daß es ein reines Wunder ist, daß wir überhaupt noch da sind. Von diesem Wunder sollten wir ausgehen. Und solange wir das tun, sollte sich unser Handeln unbedingt im legalen Rahmen der jeweiligen Infrastruktur bewegen, wenn wir größtmögliche Bewegungsfreiheit genießen wollen. Trotzdem kann es nicht schaden, mit einem tüchtigen, freundlichen Anwalt auf gutem Fuß zu stehen, der sowohl im Zivil- als auch im Strafrecht bewandert ist, für den Fall, daß man doch mal strauchelt.

Machen Sie im Umgang mit Polizei oder Militär von Ihrem mentalen Schutzschild Gebrauch, und zeigen Sie stets gute Manieren, denn diese Leute haben ebenso Gefühle wie Sie, nur daß sie aufgrund ihrer Rückendeckung von oben meistens am längeren Hebel sitzen, wenn es mal zu einem Malheur oder Streit mit ihnen kommen sollte.

Und das ist der entscheidende Punkt. Alle Leute werden letztlich von ihrer geistigen Verfassung regiert, wie grausam oder mörderisch sie auch sein mögen, und auf der Ebene des Geistigen sind wir Menschen alle miteinander verbunden (im großen Geist). Darum ist es oft wirksamer, zu meditieren, statt für einen Strukturwandel zu demonstrieren, falls das Ihr Wunsch und Begehr ist.

Sehen Sie sich selbst in einem riesigen mentalen Gitternetz aus Speziallichteffekten, die über das System der drei Tantiens Ihren Geistkörper konkret mit dem Geistkörper jedes anderen Menschen auf diesem Planeten (oder im gesamten Universum, wenn Sie großräumiger denken) verknüpfen.

Stellen Sie sich bildlich vor, wie Sie sich nacheinander mit all den Leuten vernetzen, die am Management der globalen Infrastruktur beteiligt sind, als würden Millionen von Glühlampen aufstrahlen. Lassen Sie in der Überzeugung, daß Sie die Energie von mitfühlender Weisheit, das heißt Frieden und Liebe, ausstrahlen können, diese aus Ihrem Herzen strömen, und bringen Sie einem jeden Menschen eine Prise der göttlichen Vernunft. Das ist eine sehr wirkungsvolle Methode, für den Weltfrieden einzutreten.

Drogen

Drogen über Drogen

Zum Zeitpunkt der Entstehung dieses Buches sind die meisten der in der nachstehenden, keineswegs vollständigen Liste aufgeführten Stoffe in der Mehrzahl der Länder dieser Welt verboten, und obwohl ich nicht für ihren Gebrauch plädiere und in den meisten Fällen sogar davon abraten würde, außer zu medizinischen oder religiösen Zwecken, nenne ich im folgenden einige Punkte, die Sie in Betracht ziehen sollten, falls einmal eine oder mehrere solche Substanzen durch Ihre Adern kreisen. (Ich schreibe dies in meiner Eigenschaft als Heiler, der genügend durch «legale» oder «illegale» Drogen verursachte Tragödien mitbekommen hat, und nicht als gewitztes taoistisches Schlitzohr, deshalb werden Sie meinen Ton ungewohnt sachlich finden.)

Haschisch oder Gras (einschließlich des in Hydrokultur gezogenen Skunk), also THC, ist das milde, schmerzstillende Mittel, mit dem schon Königin Viktoria Menstruationsschmerzen zu kurieren pflegte und das oft helfen kann, die Wucht der äußeren Einflüsse zu dämpfen. THC zerstreut im allgemeinen das Chi, wodurch die Konzentration und damit das Kurzzeitgedächtnis beeinträchtigt werden können, im Tausch gegen ein paar Stunden magischer Verzauberung der Wirklichkeit.

Es stimmt zwar, daß THC die kreative Wahrnehmungsfähigkeit steigern kann, besonders, was Musik und visuelle Künste anbelangt, aber hohe Dosen können gelegentlich Verfolgungswahn auslösen, und Langzeitgebrauch kann zu einer Psychose führen (z. B. Skunk-Psychose), die in seltenen Fällen, wenn die Psyche nicht stark genug ausgebildet ist, einen langfristigen Aufenthalt in der Klapsmühle zur Folge hat.

Entscheidend ist es, die Aufnahme von THC durch umfassende und intelligente Übungen wie etwa Tai-Chi, Joggen oder Yoga auszugleichen, um einem Stocken der Organfunktionen vorzubeugen, und die in diesem Buch beschriebenen Zentrierungsmethoden anzuwenden, die die Aufmerksamkeit im Hier und Jetzt bündeln. Bis oben hin vollgeknallt und abgedröhnt zu sein schwächt den mentalen Schutzschild, so daß Sie unter den gegebenen Umständen unnötigerweise Gefahren preisgegeben sind, deshalb sollten Sie unbedingt die mentalen Schutzübungen durchführen.

Es ist kein Sakrileg, in einem leichten Rauschzustand auf achtsame Weise zu meditieren oder sich zu zentrieren. Das ist immerhin besser, als die Zeit mit sorgenvollem Grübeln zuzubringen. Die Hauptsache ist, daß Sie dadurch weder einrosten noch ausrasten oder sich sonstwie von Ihrem Weg abbringen lassen.

MDMA (E oder Ecstasy), das Medikament, das eine ganze Nation in Ekstase versetzte, ist in reiner Form schwer zu bekommen und meist nur verdünnt erhältlich, oft versetzt mit Speed, Heroin und / oder noch unheilvolleren Stoffen, die schwere gesundheitliche Schäden verursachen können.

Es ist zwar ein wirkungsvolles psychogenes Schmerzmittel und steigert die Freude am Tanzen, aber es schwächt die Nieren, greift Leber und Herz an und verschlechtert die Immunabwehr.

Ursprünglich beliebt in der alternativen Therapieszene, war es nie als Massensakrament gedacht, denn eine konstante Körpertemperatur ist ausschlaggebend für eine ausgewogene Nierenfunktion und kann in der Hektik einer heißen Disco nicht aufrechterhalten werden, wie gut das jeweilige Feeling auch sein mag.

Massieren Sie sich vor und nach der Einnahme des Stoffs mit kreisförmigen Bewegungen der Fäuste gründlich die Nieren.

Fasten Sie vorher acht Stunden lang, essen Sie nur Obst, und trinken Sie Wasser, um die Leber zu unterstützen. Nehmen Sie nach Möglichkeit nicht gleichzeitig Alkohol zu sich, denn dadurch werden Leber und Nieren zusätzlich belastet.

Rechnen Sie damit, in der darauffolgenden Woche plötzlich Anfälle von Melancholie zu erleben. In dem Fall sollten Sie positiv damit umgehen und daraus etwas über sich lernen.

Die Alternative, E-Stoffe auf Kräuterbasis, beziehen ihre psychotrope Wirkung meist aus Wirkstoffen der Pflanze *Ephedra*, aus Ephedrinen, die die Lunge verschleimen und Melancholie auslösen können. Trotz ihres natürlichen Ursprungs sind diese Stoffe sehr kräftig und wirken bei häufigem Gebrauch stark destabilisierend auf den Körper.

Achten Sie aufmerksam auf Suchtverhaltensmuster, da die Verwendung von euphorisierenden Drogen über einen längeren Zeitraum hinweg zu lang anhaltenden physischen und psychischen Funktionsstörungen führt. Suchen Sie, wenn es dazu kommen sollte, einen guten Heiler auf (Akupunktur ist eine hochwirksame Heilmethode für diesen Fall).

Vergessen Sie nicht, aufmerksam zu atmen und sich zu entspannen, wenn Sie einen schlechten E-Trip haben.

LSD (Acid) in Tablettenform oder als Tropfen auf Eßpapier wird normalerweise in verträglichen Dosierungen gehandelt, so daß Sie nicht gleich aus dem Fenster springen werden. Einmal abgesehen von seiner leicht halluzinogenen Wirkung, nämlich einer gesteigerten Farbwahrnehmung, Veränderungen im Hörsinn und im Zeitgefühl (Zeitraffer oder Zeitlupe), ist LSD kaum mehr als ein billiges Mittel, das die Spannung und das Tanzvergnügen erhöht, und seine religiöse Bedeutung ist irgendwann im Farbenrausch der sechziger und siebziger Jahre verlorengegangen, wenngleich es als kreatives Laxativ einen durchschlagenden und weitreichenden Einfluß auf Form und Farbton unserer derzeitigen Kultur gehabt hat.

Ein LSD-Trip greift die Nieren an, deshalb sollten Sie sich so vorbereiten wie vor der Einnahme von E. Wenn Sie eine Apfelsine essen oder Orangensaft trinken, schwächt sich die Wirkung von LSD etwas ab, falls der Trip Ihnen zuviel wird oder zu lange dauert. Wenn Sie das Gefühl haben, kurz vor dem Ausflippen zu sein, sollten Sie sich wieder Ihres Körpers bewußt werden, indem Sie tief atmen und sich dabei ein, zwei Minuten sanft auf die Brust trommeln wie Tarzan. Machen Sie ausgiebig Psycholooping, zentrieren Sie sich, und seien Sie in den nächsten Tagen auf Momente der Verwirrung gefaßt.

Ketamin (Vitamin K) ist ein starkes Narkotikum, das normalerweise in der Kinder- und Kleintierchirurgie verwendet wird und dessen Einnahme in genügender Menge gewaltsame Astralreisen von solcher Blitzesschnelle bewirkt, daß Sie davon entweder in der Erkenntnis der Götter (oder Göttinnen) zurückkehren oder mit den Wahnvorstellungen eines Irren. Die Einnahme des Mittels über einen längeren Zeitraum kann sich verheerend auf den Urogenitaltrakt auswirken und manchmal die Entleerung der Blase tagelang nahezu verhindern, die Leberfunktion schwer beeinträchtigen, die Stimmbänder schädigen und die Immunabwehr unterdrücken. Wiederholte Astralreisen (siehe *Astralreisen*, S. 172) dorthin, wo aller Wahrscheinlichkeit nach das Reich des Todes (oder des ewigen Lebens) liegt, führen je nach Häufigkeit der Erfahrung zu Morbidität und im Extremfall zum Selbstmord. Diese Todessehnsucht tritt mit der Zeit sogar bei den geringeren Dosierungen auf, wie sie in Gesellschaft genossen werden. Es ist empfehlenswert, Ketamin-Flüge durch seriöse Akupunkturanwendungen zu entschärfen. «Fliegen» Sie vorzugsweise mit jemandem zusammen, der genügend Geistesgegenwart und Kriegertum besitzt, um auf Sie aufzupassen. Eine engagierte Meditationspraxis trägt dazu bei, totale Verwirrtheit nach dem Flug zu verhüten, und Affirmationen wie: «Ich möchte am Leben bleiben» tun während des Fluges ihre Wirkung.

Wenn es hart auf hart kommt, können Sie sich wie beim LSD-Trip Ihrer Körperlichkeit wieder bewußt werden, indem Sie wie Tarzan sacht auf Ihre Brust trommeln.

Pilze sind zwar vielerorts nicht unbedingt illegal, aber dennoch hochwirksame Medizin und können gelegentlich einen plötzlichen Herztod herbeiführen, selbst die hübschen kleinen Psylocibinhütchen. Behandeln Sie alle Pilze mit großem Respekt, sind sie doch die visionenweckende, märchenhafte Medizin alter Zeit, und genießen Sie sie ausschließlich an einem erholsamen Tag in natürlicher Umgebung bei Tageslicht. Begegnen Sie ihrer schädlichen Wirkung auf Leber und Nieren durch Fasten, Massage und Akupunktur, wie bei den anderen halluzinogenen Drogen auch.

Ayahuasca (Seelenrebe), Peyote-Knöpfe und Meskalin werden überwiegend in formalen Gruppensituationen zu religiösen rituellen Zwecken verwendet (meist von amerikanischen Eingeborenen) und werden zum Zeitpunkt der Entstehung dieses Buches nicht mehr auf der Straße verdealt. Allerdings ist 2CB, ein MDMA-Derivat und die synthetische Form von Meskalin, im Kommen begriffen. Es verstärkt wie LSD die Sinneswahrnehmungen und wird für gewöhnlich mit E zusammen als Cocktail genossen. Bei regelmäßigem Gebrauch kann es zu einer Schädigung des Langzeitgedächtnisses, zu Depressionen und zu einer deutlichen Verhärtung der Einstellung führen. Außerdem können sich vorübergehend Gelenksteifheit und -schmerzen einstellen, die von der Überlastung der Nieren herrühren.

Kokain ist ein Analgetikum. Das Schnupfen oder Rauchen dieses Stoffs schließt das Herzzentrum und bewirkt unter Umständen eine unangenehme Schroffheit des Wesens. Da das Herzzentrum der Kanal für brüderliche und schwesterliche Liebe ist, kann der längere Gebrauch von Koks Sie isolieren und sich störend auf Ihr Sozial- und Berufsleben auswirken. Es ist stark suchtbildend und ebenso schwer wie Nikotin wieder loszuwerden. Die Sucht geht oft mit Lügen gegenüber denen, die Sie lieben, einher, was Ihre Integrität erschüttert und Ihre Entscheidungsprozesse erschwert. Als Crack inhaliert, verwandelt es Sie rasch in einen gefährlichen Zombie und macht ebenso rasch Ihre Möglichkeiten zunichte, Ihren Kriegerstatus aufrechtzuerhalten. Wenn es je einen kleinen Teufel in Form eines weißen Pulvers gab, dann ist es Kokain. Wenn Sie es sich einverleibt haben, sollten Sie unbedingt der Öffnung Ihres Herzzentrums besondere Aufmerksamkeit schenken.

Heroin ist wie Morphium und andere Opiate ein schmerzstillendes Mittel, das oft den Sensibleren, Kreativen unter uns besonders zusagt; die Einnahme des Stoffs stellt jedoch ebenfalls die Aufrechterhaltung des Kriegertums ernsthaft in Frage. Opiate sind, wie Kokain, sehr stark und wirken schneller zerstörerisch, als man denkt. Einige Süchtige, meist solche mit Privatvermögen, können zwar den Anschein von Kriegertum aufrechterhalten, indem sie die Dosis über einen längeren Zeitraum strecken, aber wahrscheinlich nimmt die Sache trotzdem ein böses Ende. Umgekehrt sind Ex-Junkies häufig neue Menschen, die sich schließlich zu wahrer Größe aufschwingen. Das einzig wirksame Gegenmittel gegen Opiate und Kokain ist Abstinenz. Suchen Sie, wenn sich das als zu schwierig erweist, einen guten Heiler auf (siehe *Heilung*, S. 228).

Speed (alias *Whizz*) ist ein Dreckszeug. Es bringt Sie auf Trab, wenn notwendig, aber am nächsten Tag fühlen Sie sich saumäßig. Es greift die Leber an, so daß sich hinterher Depressionen einstellen, und verursacht Pusteln. Ice, die Extremform, sorgt für einen selbstmörderischen Achterbahntrip, von dem Sie lieber die Finger lassen sollten.

Beruhigungsmittel, Schlaftabletten und krampflösende Mittel (E-Freaks, Kokser und Tripper nehmen sie gern, um schlafen zu können) sind stark suchtbildend und sollten nur in dringenden Notfällen eingenommen werden wie etwa zur Beerdigung sehr naher Angehöriger, denn langfristiger Gebrauch erschöpft das Leber-Chi und dämpft die Lebensgeister.

Alkohol ist ein Analgetikum mit leichter sozialer und emotionaler Laxativwirkung, das bei langfristigem, übermäßigem Gebrauch dafür sorgt, daß Sie Ihr Chi und sonst noch allerlei überall verstreuen. Trinken macht dumm und unter Umständen gewalttätig. Exzessiver Alkoholkonsum schwächt Nieren, Leber und Milz, Sie sollten also den Genuß immer unter Kontrolle halten, um in Ihrer Eigenschaft als Krieger voll funktionsfähig und aktiv zu bleiben.

Nikotin, der Wirkstoff der heiligen Tabakpflanze, ist ein mildes adrenalinanregendes Stimulans, das beim heutigen Zigarettenraucherritual Unruhe und Angst etwas dämpfen oder Langeweile und Einsamkeit vertreiben soll. Das Rauchen schadet vor allem der Leber, der Lunge und dem Herzen. Dieser Wirkung können Sie durch regelmäßige Aerobic- (Gehen, Joggen, Radfahren) und Entspannungs- / Konzentrationsübungen (Tai-Chi, Yoga usw.) begegnen.

Kaffee ist ein ziemlich starkes Stimulans mit Schnellwirkung, das den Nebennieren einen kleinen Kick gibt, sie aber gleichzeitig schwächt. Wenn Sie Kaffee trinken, wird es Ihnen schwerer fallen zu «sinken», deshalb sollten Sie Übungen zum Entspannen und Sinken vermehrte Aufmerksamkeit widmen. Tee ist ein milderes Anregungsmittel, das die Nieren weniger angreift, aber einen guten Tee bekommt man eigentlich nur in Großbritannien (ich weiß nicht, warum – vielleicht liegt's am Wasser).

Der Genuß von anregenden Stoffen war immer ein integraler Bestandteil menschlicher Erfahrung. Wenn Sie jedoch merken sollten, daß Sie sich an das eine und / oder andere gewöhnt haben, und davon loskommen wollen, dürfen Sie sich nicht aufs Aufgeben konzentrieren, weil Sie dann immerfort an den Stoff denken müssen, den Sie zu vergessen wünschen. Konzentrieren Sie sich lieber darauf, sich positiven Aktivitäten zu widmen wie Tai-Chi, Meditation, Heilen usw. Bauen Sie bewußt das Positive auf, und das Negative wird sich von selbst geben (oder auch nicht – zumindest ist der Umgang mit Ihnen dann nicht mehr so unerträglich. Sie werden aufhören, wenn Sie aufhören.).

Schließen Sie, welchen Stoff Sie auch zu sich nehmen mögen, einen Vertrag mit sich ab, nicht so abzuheben, daß Sie Ihre Körperfunktionen nicht mehr im Griff haben, also zum Beispiel nicht mehr gehen, sich verteidigen oder bei Gefahr wegrennen können, es sei denn, jemand erklärt sich dazu bereit, auf Sie aufzupassen, aber dann sind Sie ihm eine Gegenleistung schuldig.

Kulte, Gurus, Meister und Meisterinnen

Seien Sie immer auf der Hut vor anderer Leute Trips. Sie haben selbst die Matrix in Ihrem System, die Ihnen, wenn sie aktiviert wird, alle Informationen liefert, die Sie zu Ihrer Erleuchtung und auf dem Weg dorthin brauchen.

Es stimmt zwar, daß andere Leute (Lehrer) oft Auslöser sind, aber sie sind eine reine Erinnerungshilfe, denn sie haben Ihnen nichts zu bieten, was nicht schon in Ihrer ureigenen Matrix enthalten wäre.

Sie alle kennen die Antwort nicht besser als Sie. Im Grunde gibt es überhaupt keine Frage, Sie glauben bloß, da wäre eine. Letzten Endes ist sowieso niemand da, den Sie fragen könnten. Das Tao enthält alle Erkenntnis, und das ist es, was Sie in Ihrem innersten Kern finden werden.

Natürlich brauchen Sie Anleitung von erfahreneren Menschen und sollten diese Gelegenheit beim Schopf ergreifen, wenn sie sich ergibt, aber diese Anleitung wird Ihnen, wenn sie genau ist, nur helfen, Ihr eigenes angeborenes Wissen vom Tao zu vertiefen. Ein echter Lehrer kann Sie lediglich auf Ihrem selbstbestimmten Weg leiten.

Jeder, der Sie davon zu überzeugen versucht, daß sein Weg der einzige Weg zur Erleuchtung ist, ist ein Hochstapler, wie großartig, heilig und strahlend er auch daherkommen mag.

Zollen Sie allen Lehrern absoluten Respekt, lernen Sie von jedem, was immer Sie lernen können, lassen Sie Ihren Selbstfindungsprozeß bei jeder Begegnung wieder in Bewegung kommen, aber liefern Sie sich keinesfalls irgend jemandem aus, schon gar nicht, wenn er sich selbst als Meister oder Meisterin, Guru, Avatar oder Inkarnation einer Gottheit bezeichnet.

Ein wahrer Meister ist jemand, der gelernt hat, eine solche Stille des Geistes zu erreichen, daß er bewußt aus der tiefsten Tiefe der Wirklichkeit, aus dem Tao, leben kann. Ein solcher

Mensch ist bescheiden und wird sich nie selbst einen Meister nennen, denn das hieße das Schicksal herausfordern.

Wenn Sie jemandem die Treue schwören, der mit dem Gurutum seinen Lebensunterhalt verdient (mit Massenhypnose oder als Kultfigur), geben Sie Ihre Kriegermacht ab. Tun Sie das nie. Sollten Sie es getan haben, jetzt in irgendeiner Sekte festsitzen und wünschen, Ihre persönliche Macht wiederzugewinnen, müssen Sie auf Ihr Rücktrittsrecht pochen, es mit den Dämonen und Wachhunden aufnehmen und schleunigst Reißaus nehmen. Als Krieger sind Sie auf einem selbstbestimmten Weg. Sie können selbstverständlich mit diesen Leuten singen, von ihnen lernen, mit ihnen meditieren, Shakti (Chi) von ihnen annehmen und sie achten, aber folgen Sie ihnen nicht. Folgen Sie Ihrem eigenen Tao.

Sagen Sie sofort jetzt neunmal: «Ich folge nur meinem eigenen Weg. Mir steht es frei, zu tun, was ich will. Meine Entscheidungen verbessern die Lebensqualität aller.»

Sagen Sie anschließend: «Ich wiederhole nicht länger blindlings das, was andere mir vorbeten.»(!!!)

Coolsein

Cool!

Das Coolsein, die Fähigkeit, auf jede Situation angemessen zu reagieren, bedeutet wörtlich, daß Sie Ihr Chi so kühl halten müssen, daß es Ihnen nicht durch die Brust zu Kopf steigt (Hitze steigt nach oben), Ihnen die Sicht vernebelt und Sie in Ihrer Entscheidungskraft, Ihren Persönlichkeitsfunktionen und Ihren physischen Aktivitäten lähmt. Wenn Sie Ihr Chi im Bauch festhalten, schlägt Ihr Herz gleichmäßig, so daß Sie weder in Aufregung noch in Panik geraten, und Ihr Kopf bleibt klar, so daß Sie sehen können, wie Sie als nächstes am besten weiter vorgehen, ohne den kürzeren zu ziehen.

Wenn Sie Ihr Chi im unteren Tantien halten, wirken Ihre Bewegungen anmutig (siehe *Unauffälligkeit*, S. 123), und Sie werden sich kaum noch auf dummes Gerede oder oberflächlichen Small talk einlassen. Ein ruhiger, gelassener Geist verleiht Ihnen eine natürliche Bescheidenheit, so daß Sie für die Schwingungen anderer empfindlich werden und deren Chi beurteilen können. Das Chi anderer beurteilen zu können macht Sie zum Herrn oder zur Herrin der Lage. Dann erkennen Sie jederzeit klar das Beste von allem, was sich Ihnen ringsum bietet. Dann wählen Sie auch stets das angemessene Kostüm für jede Ihrer Rollen, das geeignete Transportmittel (ein Frahrrad) und die richtige Musik, um Ihre Schallwellen auf dem Weg leicht vibrieren zu lassen. Kurz: Bewahren Sie Ihr Chi mit Würde (siehe *Haltung*, S. 45), und Sie sind cool.

Coolsein schließt nicht aus, daß Wärme bzw. Liebe ausgestrahlt wird, sonst würde man abgestumpft wirken. Abgestumpftheit taugt nichts (mit Ihnen reden wir nicht) und ist zu vermeiden. Coolsein bringt Farbe ins Leben, denn es ist ein Kanal für den Zeitgeist, das heißt den Geist des Tao, und das ist eine vielfarbige, sexy Angelegenheit (siehe *Sex*, S. 198).

Einer der wesentlichsten Aspekte des Coolseins ist der unvermeidliche gelegentliche Anfall von totalem Uncoolsein. Wenn dieser Fall eintritt, Sie die Kontrolle über Ihr Chi verlieren und sich zum Narren machen, dann geben Sie sich der Verlegenheit mit Haut und Haar hin, denn sie kommt, was echte veränderte Bewußtseinszustände betrifft, höchster Glückseligkeit sehr nahe, und betrachten Sie die Erfahrung als Wegweiser, der Sie zum Coolsein zurückführt.

Der ganze Trick mit dem Coolsein ist der, es cool zu finden, uncool zu sein.

Aussteigen aus dem System

Wie festgefügt es auch scheinen mag, es gibt kein System.

Es gibt nur Milliarden von Leuten, die sich mindestens fünf Tage die Woche zusammentun, um gewohnheitsmäßig Transaktionen durchzuführen, auf deren Form und Regel man sich zuvor geeinigt hat, die jedoch aufgrund der Weiterentwicklung der Dinge Veränderungen unterworfen sind und auf die eine oder andere Art zur Verpestung der Atmosphäre und Verschmutzung der Meere führen.

So entsteht durch den Gruppenkonsens das globale Verkehrschaos zur Hauptverkehrszeit, jeden Morgen und jeden Abend, und daher glauben Menschen überall auf der Welt an die Macht des Geldes. Eine Minderheit sorgt für die Aufrechterhaltung dieses Tohuwabohus, und die große Mehrheit fügt sich. Das ist normal und folgt aus dem ungenügenden Gebrauch der Vorstellungskraft seitens des einzelnen.

Als Krieger besitzen Sie jedoch die Freiheit, Ihren Weg selbst zu wählen, und solange Sie nicht zu sehr an Haus, Status und Besitz kleben, können Sie von dieser Wahlmöglichkeit auch Gebrauch machen, egal, welches Regime gerade an der Macht ist. Mit anderen Worten: Nur weil alle es tun, brauchen Sie es noch längst nicht zu tun. Daß die Mehrheit auf eine bestimmte Weise lebt und zweimal am Tag Verkehrsstaus verursacht, heißt nicht, daß diese Lebensweise auch für Sie die richtige ist. Wenn man sich einmal genau anieht, was die Mehrheit im Laufe der Jahre angerichtet hat, kann man ziemlich sicher sein, daß man auf dem richtigen Weg ist, wenn man das Gegenteil davon tut.

Damit will ich nicht etwa der Anarchie oder dem Chaos das Wort reden. Ich will damit nur sagen: Wenn Sie aus Ihrem unvergänglichen Kern heraus leben und in Harmonie mit Ihrem wahren Selbst sind, werden Sie Ihrem ureigenen Weg / Tao folgen und nicht unbedingt dem, auf dem alle anderen unterwegs zu sein scheinen. Dann werden Sie sich beruflich (siehe *Das Lebenswerk*,

S. 224) und privat automatisch außerhalb vom Acht-Stunden-Tag einrichten und meistens mit dem Rad oder, wenn es unbedingt sein muß, mit dem Auto gegen den Strom zur Arbeit fahren.

Sie sind ein Individuum, also ein undividierbares, unteilbares Wesen. Um authentisch zu sein und ein authentisches Leben führen zu können, müssen Sie sich folglich mit ungeteilter Aufmerksamkeit auf einen einzigen Weg konzentrieren, auf einen einzigen Punkt. Wenn Sie solcherart zentriert sind, sehen Sie, daß es gar kein System gibt, nur massenweise Individuen, die auf der Spielwiese herumtollen. Es ist kein System da, aus dem Sie aussteigen oder gegen das Sie rebellieren könnten. Sie spielen nach eigenen Regeln.

Dies gilt auch für den Fall, daß Sie unter einem totalitären Regime leben, dann müssen Sie nur verschwiegen sein. Ein Krieger ist immer frei.

Die Illusion von Systemen können Sie schnellstens durchschauen, wenn Sie die folgende Kopfüber-Meditation durchführen:

Bisher haben Sie immer angenommen, der Himmel sei oben und die Erde unten. Diese Ansicht beruht auf der längst überholten Theorie von einer flachen Erde. Da wir uns in Wirklichkeit auf einer Kugel befinden, läßt sich nur konstatieren, daß der Himmel außen und weiter vom Erdmittelpunkt entfernt und der Erdboden innen und näher am Erdmittelpunkt ist, bezogen auf den eigenen Standpunkt. Wenn das so ist, darf man getrost den ganzen Unsinn vom Himmel oben und der Erde unten in das ebenso uninnige Gegenteil umkehren, so daß die Erde oben und der Himmel unten ist.

Wie eine Fledermaus, die mit dem Kopf nach unten hängt, stellen Sie sich vor, am Erdboden zu hängen, der dann oben ist, während der Himmel, in den Ihr Kopf hinunterhängt, unten ist. Schauen Sie nach oben zum Fußboden und nach unten zur Decke. Die Baumwipfel reichen bis zum Himmel hinab. Vögel fliegen dort unten, und Flugzeuge sausen noch tiefer unten herum.

Führen Sie diese Übung im Liegen, Sitzen oder Stehen aus, und nehmen Sie sie dann auf einen Spaziergang oder zum Joggen mit. Die Visualisation ist sehr wirksam und kann Erbrechen verursachen, wenn man sie mit vollem Magen übertreibt. Außer daß sie Ihnen hilft, das scheinbare System generell zu durchschauen, ist die Meisterung der Kopfüber-Meditation auch sehr nützlich in belastenden Streßsituationen wie beispielsweise Dramen im Gerichtssaal und ähnlichem, wo die Illusion eines «Systems» besonders wirksam ist. Ein paar Augenblicke dieser Meditation konzentrieren Ihr Chi und bewirken eine geistige Sammlung. Im Kopfstand ist die Übung besonders effektiv.

Falls Sie noch tiefgreifender mit dem System brechen wollen, sollten Sie keine Kreditkarten benutzen und sich nur von Freunden Geld leihen.

Weltweite Unterstützung – die Menschenfamilie

Ein Krieger kann nicht in der Isolation leben.

Es wird Zeit, sich nicht länger zu isolieren, sondern sich mit allen anderen Menschen der globalen Familie zu verbinden, die gegenseitige Abhängigkeit zu akzeptieren, die Ressourcen gemeinsam zu nutzen und zum nächsten Kapitel der Story überzugehen, was immer das ist.

Das Ärgerliche ist, daß Ihnen eine Unzahl Ihrer Weltbrüder und -schwestern ab und zu sowohl auf die Nerven gehen als auch in die Quere kommen.

Sie arbeiten also an sich selbst, zentrieren sich und finden Ihre Bezugspunkte, sammeln sich, fassen sich ein Herz und ziehen hinaus auf den Spielplatz, wobei Sie geschickt an den Hinder- und Ärgernissen vorbeisteuern, die Ihnen die besagten Familienmitglieder in den Weg gelegt haben. Sie tun es deshalb, weil Sie als Krieger gelernt haben, daß Sie nicht in selbstgewählter Isolation leben können, es sei denn, Sie sind ein Einsiedler, der in einer Höhle von Luft lebt, und selbst auf letztere nehmen alle anderen ebenfalls Einfluß. Statt dessen lernen Sie, in einer gesunden Wechselbeziehung mit allen Erdbewohnern zu leben. Dies setzt Ihr Vertrauen darauf voraus, daß jeder davon seine jeweilige Rolle in dem Drama so gut spielt, wie er kann, auch wenn es manchmal so aussieht, als wäre er oder sie ein Schmierenkomödiant.

Dabei fangen Sie an, die Vollkommenheit eines jeden Menschen zu erkennen, dem Sie begegnen, Vollkommenheit in dem Sinne, daß jeder seine Rolle vollendet spielt, auch wenn seine Rolle darin besteht, Ihnen den letzten Nerv zu rauben oder Steine in den Weg zu legen.

Sobald Sie erst einmal die Vollkommenheit eines jeden Menschen erkennen, ziehen Sie nach dem ehernen Gesetz der Affinität im allgemeinen diejenigen an, die zum gegebenen Zeitpunkt gerade besonders vollkommen für Sie sind.

Wenn Sie sich dann mit klaren Augen umschauen, werden Sie Menschen in Ihrem unmittelbaren Umkreis sehen, die potentiell oder konkret bereit wären, sich auf ein Szenario gegenseitiger Unterstützung mit Ihnen einzulassen. Diese Leute können eine Verbindung zu Mitgliedern Ihrer Familie haben, müssen es aber nicht, sie sind jedoch auf jeden Fall Mitglieder Ihrer Kriegerfamilie. Behandeln Sie sie entsprechend Ihrer großzügigen Wesensart gut, und sie werden es ebenso machen. Kümmern Sie sich um die Mitglieder Ihrer Kriegerfamilie, und sie werden sich auch um Sie kümmern. Knüpfen Sie aber keine Erwartungen an Ihr Verhalten, um keine Enttäuschungen zu erleben. Jeder, selbst der edelste Krieger, wird Ihnen von Zeit zu Zeit auf die Nerven fallen, und dann müssen Sie verhandeln oder Platz machen.

Sagen Sie: «Ich habe einen unverstellten Blick. Ich habe Kraft. Ich weiß, was ich tue, und lasse mich von nichts und niemandem aufhalten.» Und: «Ich lebe in einer gesunden Wechselbeziehung mit der gesamten Schöpfung.» Und: «In aller Freiheit gebe und empfange ich Liebe.» Und: «Meine Mitmenschen helfen mir gern.»

Beziehungssurfen

*Sie sind nicht verpflichtet,
sich in jemandes Lebensstory verstricken zu lassen.*

Es gibt allerdings viele, die aus irrigen, eigennützigen Motiven den Versuch machen werden, Sie durch suggestive Hypnose und emotionale Manipulation einzufangen. Es steht Ihnen im jeweiligen Rahmen Ihrer Wirklichkeit (siehe *Welt* und *Weltbild*, S. 109) immer frei, mit Ihrer Zeit zu machen, was Sie wollen, nur wird Ihnen, wenn Sie gerade im Gefängnis sitzen oder in einem totalitären Staat leben, der Ihnen zur Verfügung stehende Einflußbereich und Handlungsspielraum eingeschränkter vorkommen.

Das heißt, daß Sie zwar jeden, der in Ihren Gesichtskreis tritt, mit dem Mitgefühl eines Buddha lieben können, sich aber nicht in dessen Lebensstory verstricken lassen sollten. Sie treten in Ihre irdische Phase als Individuum mit einer ureigenen Story ein und verlassen sie auch so wieder. Sie können Ihre Story anderen Individuen erzählen, sooft Sie wollen, aber sie bleibt Ihre Geschichte. Umgekehrt können andere Ihnen ihre Story mitteilen. Dadurch ist der freie Austausch von Energie bzw. Liebe zwischen Ihnen gewährleistet, der sich auf Ihr authentisches Selbst gründet statt auf ein ideales oder angepaßtes Selbst. Obwohl Loslassen schmerzhaft ist, wenn die Zeit gekommen ist, die Umlaufbahn zu erweitern, sollten Sie sich dadurch nicht entmutigen lassen, weiterzugehen, wenn Geheimnisse und Abenteuer auf der großen Straße winken.

Mit anderen Worten: Es steht Ihnen frei, sich dem Beziehungssurfen hinzugeben. Indem Sie sich korrekt verhalten (siehe *Umgangsformen*, S. 240) und aus Ihrem authentischen Selbst heraus leben, setzen Sie sich aktiv für den freien Austausch von Chi/Liebe/Information ein, mit wem Sie wollen, solange Sie wollen, in gegenseitigem Einvernehmen und in der Art, die Ihnen angemessen erscheint oder am angenehmsten ist. Und wenn Sie genug davon haben, können Sie immer in aller Freiheit wei-

terwandern, nur sollten Sie stets die Verbindung aufrechterhalten, um gegebenenfalls zurückkehren zu können.

Jeder auf diesem Planeten ist Ihre Schwester oder Ihr Bruder, und alle sind gemeinsam auf der großen Straße unterwegs, halten einander bei den Händen und helfen sich gegenseitig ins Unbekannte hinein. Diejenigen, die etwas voraus sind, weisen denjenigen den Weg, die etwas weiter zurückgeblieben sind.

(Es gibt eine Menge Chi / Liebe / Information, die ausgetauscht werden kann, aber vielleicht nicht genügend Zeit, also surfen Sie schleunigst los.)

Das Lebenswerk

Ganz gleich, womit Sie Ihren Lebensunterhalt verdienen,
Ihr Lebenswerk besteht in der Selbstheilung.

Heilen heißt heilmachen, ganz werden, sich zu einem voll funktionsfähigen, vollkommen interaktiven, multimedialen, vieldimensionalen lebenden Kunstwerk zu runden, das zur Freude, Unterhaltung und Bildung bzw. Bereicherung anderer die ureigene Wesensart aus der Tiefe des unvergänglichen Kerns heraus zum Ausdruck bringt. Die Ganzheit, die Sie darstellen, ist für die anderen beispielhaft und dient ihnen als Inspiration dafür, selbst Ganzheit zu erstreben.

Das Ganzsein oder Heilsein breitet sich über all Ihre Beziehungen aus wie ein Licht, das die Welt für jedermann wärmer und freundlicher macht. Mit anderen Worten: Indem Sie selbst heil werden, heilen Sie auch alle um sich herum. Dadurch, daß Sie die spezielle Botschaft, wer Sie sind, übermitteln und aussenden, bringen Sie der Welt ein einzigartiges Geschenk dar, Ihre ureigene Art von Liebe, Weisheit und Chi, und es ist wie eine Blume, die ihren göttlichen Zauber entfaltet und sich zur Freude und zum Wohl aller öffnet.

Es spielt keine Rolle, ob Sie als Kassierer/in in einem Supermarkt, als Börsenmakler/in, im Zirkus oder in einem Heim für verarmte Künstler tätig sind, Ihre eigentliche Arbeit hinter den Kulissen besteht darin, sich selbst und alle, denen Sie begegnen, egal in welcher Aufmachung, im Laufe Ihres normalen Tagewerks mit Ihrer Liebe, Kraft und Weisheit zu heilen. Sie brauchen nicht als Heiler tätig zu sein, um andere Menschen zu heilen. Sie können es zum Beispiel als Taxifahrer/in tun. Sie müssen bloß eine positive persönliche Ausstrahlung haben (siehe *Segnen* und *Verfluchen*, S. 166).

Sollten Sie sich jedoch zum Weg der Meisterung der fünf hohen Künste berufen fühlen, die nachfolgend erwähnt werden, haben Sie damit ein wunderbares Umfeld für Ihre Heilertätigkeit.

Wenn Sie dem Pfad der Selbstheilung folgen, werden sich wie von selbst alle Arten von Gelegenheiten ergeben, die Ihnen helfen können, sich voll und ganz zu verwirklichen.

Sagen Sie siebenmal ganz schnell: «Ich bringe jetzt die ganze unverfälschte Schönheit dessen, der ich bin, zum Ausdruck und teile sie mit allen, die meiner Welt angehören. Ich lasse sie aus allem herausscheinen, was ich tue, wie banal oder profan es auch sein mag. So lindere ich das Leiden in der Welt und vollbringe mein Lebenswerk.»

Graffiti

Die Zeichen an der Wand.

Die herrlichen Werke, die unsere Züge, öffentlichen Mauern und Brücken schmücken, sind wahrscheinlich die künstlerischen Aussagen, die am besten den Nerv unserer Zeit treffen. Sie werden mit großem persönlichem Einsatz des Künstlers gratis hergestellt und verleihen unseren ansonsten nichtssagenden Städten Charakter und Farbe. Die Malereien sind Ausdruck einer globalen Sprache und ein Hinweis darauf, daß wir das Individuum anerkennen und ehren müssen, diesen unteilbaren Geist in jedem von uns. Das Zeichen, das die Identität des jeweiligen Künstlers oder Künstlerteams offenlegt, repräsentiert das Alter ego oder höhere Selbst.

Das Sprühen ist allerdings fast überall verboten, außer in aufgeklärteren Enklaven wie etwa Amsterdam, und ich will Sie auch beileibe nicht zu derlei Aktivitäten ermutigen. Falls Sie jedoch dieser speziellen Form von Adrenalinsucht schon verfallen sein sollten, rate ich Ihnen, sich möglichst nicht von irgendwelchen Gesetzeshütern dabei erwischen zu lassen. Sie werden die Stelle klug wählen müssen, und Sie sollten keinesfalls Privateigentum verunstalten. Ihre Intention muß die sein, die Lebensqualität anderer positiv zu beeinflussen. Dadurch ziehen Sie positive Energie an und erhöhen Ihren Kredit bei denen da oben (Schutzengeln und ähnlichem), die dann geneigter sein werden, bei Ihrer Arbeit über Sie zu wachen.

Bitten Sie stets um Schutz, machen Sie von allen mentalen Möglichkeiten des Schutzes Gebrauch, und tragen Sie immer die Telefonnummer eines sachkundigen Anwalts bei sich, der rund um die Uhr erreichbar ist. Es gibt zwar nichts, womit authentische, adrenalingeprägte Straßenkunst in ihrer kompromißlosen Reinheit zu vergleichen wäre, aber Sie könnten dennoch leicht auf dem kreativen Weg weiter fortschreiten, wenn Sie zur Leinwand überwechseln (siehe *Das Berufsleben: die fünf hohen Künste*, S. 227).

Das Berufsleben: die fünf hohen Künste

Die fünf hohen Künste: eine großartige Berufsmöglichkeit für alle, die nichts Besseres zu tun haben.

Der Tradition nach pflegte ein taoistischer Krieger danach zu streben, Meister oder Meisterin der fünf hohen Künste zu werden. Das sind die Kunst der Selbstverteidigung oder des Boxens (schlagen wir sie nieder ...), die Kunst der Medizin oder des Heilens (flicken wir sie wieder zusammen ...), die Kunst der Meditation und Magie (sammeln wir uns nach all dem Hauen und Stechen), die Kunst der Musik und des Gesangs (was wäre sonst der Sinn all dessen?) und die Kunst der Dichtung oder Kalligraphie (mit Worten kommunizieren und faszinieren). Kriegskunst, Heilkunst, Zauberkunst, Tonkunst und Faszinationskunst sind die fünf hohen Künste.

Ein Krieger, der diese Künste gemeistert hat, erfreut sich eines gesunden, erfüllten, ausgewogenen Lebens und ist stets in der Lage, seinen Lebensunterhalt zu bestreiten, das heißt zu überleben, zu blühen und zu gedeihen, selbst im Fall großer sozialer, politischer, wirtschaftlicher, geologischer und ökologischer Katastrophen, und vielfältigen geselligen Umgang zu zu pflegen.

Um es kurz zu machen: Erlernen Sie eine Kampfkunst (sehr zu empfehlen sind Tai-Chi, Xing-Yi und Pa-Kua), so daß Sie geschützt, beweglich und fit sind, Ihr Chi unter Kontrolle haben und sich einer guten Gesundheit erfreuen.

Erlernen Sie eine Heilkunst wie Akupunktur, Massage, Knochenrichten oder Chi-Übertragung, damit Sie etwas für die Menschen in ihrer Umgebung tun können. Erlernen Sie die Meditation, um inneren Frieden und Klarheit zu gewinnen, und die Magie, um neue Welten erschaffen zu können. Lernen Sie, ein Instrument zu spielen, lernen Sie Singen, Tanzen, Schauspielen, Jonglieren, Geschichtenerzählen oder eine andere bildende bzw. visuelle Kunst, so daß Sie die Leute unter- und bei Laune halten können, mit anderen Worten: Leiten Sie Gruppen. Lernen Sie,

sich mit Worten, ob mündlich oder schriftlich, klar auszu-
drücken, um andere belehren zu können (in Kampfkunst, Medizin, Meditation, Musik und Faszination).

Auf diese Weise haben Sie immer etwas zum Tausch anzubie-
ten. Dann werden Sie stets ein Dach über dem Kopf und etwas
im Magen haben, und wer weiß, vielleicht werden Sie sogar ein
Star (oder Barfußdoktor).

Heilung

Sind Sie geheilt?

Sie gehen nicht einfach eines Tages zu einem Heiler, werden geheilt, und das war es. Heil und ganz zu werden ist ein Prozeß der
Selbstfindung. Der Heiler hilft Ihnen nur, den Punkt der Stille in
sich zu entdecken, wo das geistige Geschwätz verstummt und Sie
das Gefühl haben, Ihre Haut ganz auszufüllen. Wenn Sie ganz in
Ihrer Haut drin sind, kann nichts anderes hinein, so daß kein
Platz da ist für Störungen und Krankheiten, weil ja Sie darin
stecken. Jedesmal, wenn Sie diesen Punkt der Stille erfahren, vertiefen Sie den Prozeß Ihrer Ganzwerdung. Ihr Sosein aus der
Fülle Ihrer selbst ergibt sich immer dann, wenn Sie die Wirklichkeit Ihrer drei Tantiens und Ihres Geistkörpers erfahren, wobei
Ihr Bewußtsein im oberen Tantien konzentriert ist, in der Höhle
des ursprünglichen Geistes in der Mitte Ihres Gehirns. In diesem
Fall haben Sie jedesmal die Gelegenheit, Ihre Schmerzen und
Gebrechen zu heilen, indem Sie Chi in die betroffene Stelle
leiten. Denn es ist das Chi, das Sie heilt und das jeder Heiler zu
beeinflussen sucht, wenn er Sie behandelt. Das Chi ist das Zau-
bermittel, das Sie mit Ihrem Geist freisetzen, und es hat die
Macht, gebrochene Knochen wieder zusammenzufügen oder gar
den Körper von Krebs zu befreien, sofern Sie wirklich gesund
werden wollen.

Die wirkungsvollste Einflußnahme auf das Chi ist eine Kombination aus Akupunktur und Chi-Übertragung per Hand, beides von einem taoistischen Heiler (zum Beispiel von diesem Ihrem Barfußdoktor) ausgeführt. Zwar wird alles getan, um auch die Symptome zum Abklingen zu bringen, aber nicht die Krankheit selbst wird behandelt, sondern der kranke Mensch, denn welche Form die Krankheit auch haben mag, im Grunde ist sie bloß ein Anzeichen für eine tieferliegende Störung, durch die das Chi blockiert wird. Sobald wieder ein bewußter Kontakt zur Mitte hergestellt ist, löst sich die Spannung dort auf. Ist der Wesenskern wieder frei, teilt sich diese Entspannung auch der Körperoberfläche mit, das blockierte Chi kann wieder ungehindert fließen, und die Symptome klingen nach einiger Zeit ab. Wenn der Augenblick gekommen ist, in dem Sie Ihren Körper verlassen müssen, erleichtert Ihnen die Förderung der Stille in Ihrem innersten Wesenskern den Prozeß und hilft Ihnen, mitten im Hinübergehen Ruhe und Gelassenheit zu finden.

Sie tragen selbst die Verantwortung sowohl für Ihren Gesundheitszustand als auch für Ihre Genesung. Der Heiler hilft Ihnen nur bei Ihrer Selbstheilung.

Suchen Sie lieber, statt sich auf die Schulmedizin einzulassen – außer wo es absolut geboten erscheint –, einen Heiler auf. Dabei kommt es nicht so sehr auf die angewandte Technik an, sondern auf die ausübende Person. Ob mit Aromatherapie, Reiki, Shiatsu, Massage, Akupunktur, Craniosakraltherapie, Homöopathie, Kristallheilen, Hypnotherapie, Psychotherapie oder auch mit der guten alten Trepanation (wobei ein Loch in den Schädel gebohrt wird), ein authentischer Heiler (ob er einer ist, riecht man förmlich) wird Sie heilen können, was immer er praktiziert. Der springende Punkt ist, daß nicht er, sondern Sie selbst sich heilen; der Heiler hilft Ihnen nur, sich daran zu erinnern, wie.

Stellen Sie sich bildhaft vor, wie das Lebenselixier, eine kostbare goldene Flüssigkeit, in Ihrem Gehirn kreist, jede Zelle anfüllt, durch Ihren Hals in Brust und Unterleib hinabfließt, in all Ihren

Organen kreist, durch Ihre Hüften weiter hinabströmt, in Ihren
Geschlechtsorganen kreist und dann durch Ihre Beine in die Füße
und durch Ihre Arme in die Hände fließt. Diese kostbare goldene
Lebensflüssigkeit, die jede lebendige Zelle Ihres Körpers erfüllt,
macht einen neuen Menschen aus Ihnen und tut Ihnen wohl.
Fühlen Sie sich wie ein neuer Mensch. Fühlen Sie sich wohl.

Wahnsinn

Von einem Spinner zum anderen.

Wahnsinn ist vielleicht so ähnlich, wie die Kontrolle über seinen
Computer zu verlieren. Egal, welche Taste man drückt, immer
spuckt die Festplatte willkürlich Informationen aus, die nicht
unbedingt ein klares Muster erkennen lassen, jedoch oft eine
oder mehrere Programmschleifen umfassen, aus denen nicht
herauszukommen ist.

Der Wahnsinn lauert dicht unter der Oberfläche Ihres schein-
bar so stabilen Bewußtseins in den dunklen Tiefen des Chaos
und kneift Sie jedesmal ins Ohr, wenn Sie dem gegenwärtigen
Augenblick entfliehen.

Vielleicht waren Sie als kleines Kind, als Sie wegen Ihres zarten
Alters noch keine feste psychische Struktur entwickelt hatten, oft
gezwungen, dem gegenwärtigen Augenblick zu entfliehen, weil
die Schmerzen, die Ihnen von anderen zugefügt wurden, zu groß
waren und zu lange anhielten, als daß Ihre Seele sie hätte ertragen können. Dann dürften Sie auch als Erwachsener dazu neigen, von Zeit zu Zeit ein wenig wahnsinnig zu werden.

Doch da die Welt, in der wir leben, selbst vollkommen verrückt ist und jeder darin bis zu einem gewissen Grad ein Irrer –
Wärter und Insassen gleichermaßen –, wer wollte da beurteilen,
wer verrückt ist und wer nicht? Wahnsinn ist eine spirituelle
Reise in die Gefilde des Chaos, und die sich dorthin aufmachen,

sollten nach Möglichkeit stets mit der Hochachtung behandelt werden, die unerschrockenen Forschungsreisenden zusteht. Das heißt allerdings nicht, daß Sie Respekt mit Dummheit verwechseln und einen Irren mit Neigung zur Gewalttätigkeit in Ihrem Haus herumlaufen lassen sollten.

Im Licht des gesammelten Wahnsinns dieses globalen Irrenhauses ist das einzige Kriterium zur Beurteilung von Wahnsinn, ob jemand seine soziale Funktionsfähigkeit in dem Maße verliert, daß er den anderen zur Last fällt, einem also furchtbar auf den Wecker geht. Bis zu dem Punkt können Sie ruhig total verrückt sein, denn solange Sie Ihre sozialen Funktionen wahrnehmen, das heißt fähig sind, Ihren Dialog mit der Außenwelt verständlich genug zu führen, um von anderen das zu bekommen, was Sie brauchen, und im Gegenzug das Ihre zu tun, kommen Sie ungeschoren davon. Aber sobald Sie sich Ihrer Verantwortung entledigen, sich in der Welt als funktionsunfähig erweisen und sich über längere Zeit wie toll gebärden, dummes Zeug daherreden und anderen Leuten auf die Nerven fallen, werden Sie abgeholt, eingesperrt und jeden Tag mit Psychopharmaka vollgestopft, bis Ihre Lippen verkrusten und aufplatzen und Ihre Augen und Ihr Geist so stumpf geworden sind, daß Sie nicht mehr als Sicherheitsrisiko eingestuft und wieder in die Gesellschaft zurückgeschickt werden.

Suchen Sie, falls Sie das Gefühl haben, wahnsinnig zu werden, einen guten Heiler auf, der Ihnen hilft, aus Ihren geistigen Programmschleifen heraus- und wieder in den Körper zurückzukommen.

Wenn Sie die in diesem Buch beschriebenen Meditations- und Kontemplationsübungen eine Zeitlang durchführen, werden Sie eine psychische Struktur entwickeln, die stark genug ist, um es mit jedem unterschwellig auf der Lauer liegenden Wahnsinn aufzunehmen, und dann brauchen Sie Ihre Macht nicht an andere abzugeben, sondern erhalten sich Ihren Status als voll funktionsfähiger Krieger.

Gewalt

Gewaltsam den Freiraum eines anderen Lebewesens physisch,
emotional oder energetisch zu verletzen ist ein Anzeichen für
Wahnsinn, außer, es handelt sich um Selbstverteidigung, und in
diesem Fall ist nur das Minimum an Schaden zuzufügen, das
ausreicht, um die Kraft des Angreifers zu neutralisieren und
weiterem Ärger vorzubeugen.

Um einen Gegener zu überwinden, sollten Sie Ihren Gegenschlag mit vernichtender Wirkung ausführen, jedoch nicht tri-
umphieren. Wenn Sie selbst von Ihrem Gegner überwältigt werden, sollten Sie alles tun, um so wenig wie möglich abzubekom-
men (siehe *Nachgeben* und *Dranbleiben*, S. 117), und sich nicht
lange in der Niederlage suhlen.

Gewalt, ob zwischen zwei einzelnen Menschen (zum Beispiel
eine Vergewaltigung, eine Schlägerei, ein Angriff mit einem ab-
gebrochenen Flaschenhals, das Zuschlagen mit einem stumpfen
Gegenstand, Messerstechereien, Folter und Mord) oder als
Gruppenaktivität (wie eine Massenvergewaltigung, eine Massen-
schlägerei, ein Bandenkrieg, ein Bürgerkrieg, ein internationaler
Krieg oder ein Weltkrieg) verursachen riesige, häßliche Löcher
und Risse in den Energiefeldern sowohl der Täter als auch der
Opfer, ganz zu schweigen von deren Angehörigen und Freunden.
Diese Entstellungen im Energiefeld strahlen exponential nach
außen und wirken sich schließlich auf alle Lebewesen dieser
Erde aus.

Zu gegebener Zeit beschreiben diese gestörten Energiemuster
eine vollständige Schleife rückwärts und stürzen sich mit dreifacher Stärke auf den Täter (so jedenfalls lautet die Geschichte).

Lassen Sie also, wenn Sie selbst in Frieden leben wollen, andere in Frieden. Tun Sie alles in Ihrer Macht Stehende, um Gewalt zu verhüten oder abzuschwächen, wann immer Sie können,

und wenden Sie nach Möglichkeit nie selbst Gewalt an, sei es physisch, emotional oder energetisch. Wenn Sie mit Ihrer wahren Natur in Kontakt sind – die ihrer Essenz nach aus reiner, göttlicher Liebe besteht –, wird es ein Anlaß für Sie sein, tief nachzudenken und zum Geist Ihres bezwungenen Widersachers zu beten, selbst wenn Sie nur eine Mücke erschlagen. Einem anderen Menschen das Leben zu nehmen steht vollkommen außer Diskussion, außer im Extremfall einer echten Selbstverteidigung.

Atmen Sie durch eine imaginäre Öffnung in der Mitte Ihrer Brust ein und aus, und spüren Sie, wie Ihr Herz von Frieden erfüllt wird. Stellen Sie sich bildhaft vor, daß dieser Frieden aus Ihrer Brust nach außen dringt wie ein feiner rosa Nebel, der das Antlitz der Erde bedeckt und alle gewaltsamen Regungen neutralisiert.

Führen Sie diese Übung immer dann aus, wenn Sie bei dem Gedanken an all die Gewalt in der Welt schier verzweifeln.

Großzügigkeit

Nicht so knickerig, Sie Knauser!

Großzügig zu sein ist die Kunst, das Neue in Ihr Leben einzulassen, indem Sie wie aus einer unerschöpflich sprudelnden Quelle vorbehaltlos Liebe, Chi, Informationen, Zeit, Raum, Geld, Nahrungsmittel und andere Besitztümer an diejenigen weggeben, die gerade Mangel leiden.

Um Ihre Rolle als Wohltäter leichten Herzens spielen zu können, müssen Sie den Mut haben, darauf zu bauen, daß das im Augenblick Notwendige im Überfluß zur Verfügung steht, und die feste Überzeugung, daß alles, was Sie der Welt in Gestalt eines oder mehrerer Mitmenschen aus freiem Willen geben, Ihnen tausendfach vergolten wird, allerdings nicht unbedingt durch ebenjene Menschen oder in der gleichen Form.

Geben Sie anderen, was sie brauchen, und andere werden Ihnen geben, was Sie brauchen. Jemand braucht eine Mark für eine Tasse Tee oder Kaffee. Sie rücken ein Markstück heraus. Sie selbst brauchen 100 000 Mark für ein kreatives Projekt. Jemand anders gibt sie Ihnen. Das ist das Grundmuster, obwohl es oft eine wesentlich kompliziertere Form annimmt. Die Welt ist ein Kontinuum, und alle Teile sind im Kern miteinander verknüpft und verbunden.

Aus ganzem Herzen in der richtigen Form zu geben (siehe *Coolsein*, S. 217) und irgendeinem Teil dieses Kontinuums etwas zukommen zu lassen ist das gleiche, als würde man es dem Ganzen geben. Wenn Sie freizügig an das Ganze austeilen, wird im Gegenzug das Tao freizügig an Sie austeilen. Und da das Tao erheblich mehr gratis an Sie vergeben kann als umgekehrt, sind Sie dabei immer der Gewinner.

Alle Dinge, von den feinstofflichsten bis hin zu den allergreifbarsten, haben ihren Ursprung im Tao. Die Quelle ist unerschöpflich. Je mehr Sie weggeben, um so mehr sprudelt nach.

Als Wohltäter müssen Sie sich auch selbst öffnen können, um etwas zu empfangen, denn sonst wird der Strom blockiert. Sowohl die Großzügigkeit als auch das Annehmenkönnen stellen sich ein, wenn das Herzzentrum frei und entspannt ist.

Visualisieren Sie eine Öffnung in Ihrer Brust, durch die Sie sanft ein- und ausatmen. Immer wenn Sie einatmen, kommt Ihnen in Ihrem Leben unerschöpflicher Überfluß zu (alles, was Sie brauchen). Immer wenn Sie ausatmen, lassen Sie unerschöpflichen Überfluß denen zukommen, die ihn brauchen.

Sagen Sie: «Ich lebe in einer Welt des Überflusses. Alles, was in diesem Augenblick not tut, ist im Überfluß vorhanden. Je mehr ich freizügig weggebe, um so mehr wird erzeugt.»

Und nun fließen Sie einfach über (vor Freude)!

Geld

Geld wächst auf Bäumen.

Geld ist lediglich eine Form von Energie oder Chi. Ein Maß Geld entspricht einem Maß Chi.

An Geld ist eigentlich nichts auszusetzen oder gutzuheißen. Es ist ein reines Energiemaß, und wenn diese Energie fließt, ist man «flüssig».

Geld fließt durch die globale Gesellschaft wie Chi durch den Körper. Die Körperteile, die besonders entspannt, also glücklich und empfänglich sind, ziehen das meiste Chi an, und die Teile, die eher verkrampft und gedrückt sind, das wenigste. Doch ebenso, wie diese Chi-Verteilung im Körper willentlich verändert werden kann, läßt sich auch die Geldverteilung im eigenen Leben und in der ganzen Gesellschaft willentlich verändern (die Finanzmarktstrategen tun das Tag für Tag auf globaler Ebene). Geld ist nicht die Wurzel allen Übels. Das kann es nicht sein, weil Geld nur eine Idee ist, an die zu glauben wir uns alle geeinigt haben. Ihm wohnt keinerlei eigener Wert inne. Es ist ein Mythos. Geld ist lediglich ein harmloses Maß, dessen wir uns bedienen, um den Energieaustausch zwischen einzelnen und Gruppen von Menschen zu bewerkstelligen, der sonst wegen der großen Zahl von Beteiligten kaum zu handhaben wäre.

Gier ist die Wurzel allen Übels.

Gier entsteht aus der irrigen Überzeugung oder Angst, es gäbe eine grundlegende Knappheit an Energie bzw. Chi und dieser begrenzte Vorrat würde sich erschöpfen, wenn er ausgeteilt würde. Das hieße, was der eine gewinnt, verliert der andere. Dabei ist es in Wirklichkeit so, daß immer mehr Energie bzw. Chi erzeugt wird, je mehr davon verbraucht wird. Einfacher ausgedrückt: Je mehr Geld Sie haben, um so mehr bringen Sie in Umlauf.

Chi/Energie ist eine spirituelle Kraft. Geld als Symbol des Chi ist deshalb im weitesten Sinne ebenfalls eine spirituelle Kraft.

Spirituelle Kraft ist lebensfördernd und gut, und darum ist auch das Geld gut. *Quod erat demonstrandum.*

Je mehr gute, dem Leben förderliche spirituelle Kraft (Geld / Reichtum) Sie erzeugen und in Umlauf bringen, desto besser. Das gilt natürlich nur für ehrlich erworbenes oder vermehrtes Geld und schließt alles aus, was anderen auf irgendeine Art abgepreßt, also beispielsweise durch Raub, arglistige Täuschung oder Betrug unehrlich erworben wurde, durch Anwendung von körperlicher Gewalt oder nicht.

Gehen Sie freizügig mit Geld um, aber verpulvern Sie es nicht einfach. Halten Sie es zusammen, wie Sie Ihr Chi zusammenhalten. Verbrauchen Sie es mit der klaren Intention, es nur für das zu verwenden, was nötig ist, wie Sie auch mit Ihrem Chi verfahren würden. Seien Sie nicht knauserig, denn damit blockieren Sie nur den Lebensstrom für sich und andere.

Haben Sie, wenn Sie Geld ausgeben, immer vor Augen, wie es von Ihnen ausgeht, seine Runden in der globalen Gesellschaft dreht und um ein Vielfaches vermehrt zu Ihnen zurückkehrt.

Sagen Sie jedesmal, wenn Sie einen Pfennig ausgeben: «Jeder Pfennig, den ich ausgebe, kehrt als Groschen zu mir zurück.»

Im folgenden die Geldbaum-Visualisation. Führen Sie sie mindestens einmal pro Woche durch, und Sie werden nie in Geldnot kommen. Zwei bis drei Tage später müßten Sie, wenn alles normal läuft, eine merkliche Zunahme Ihrer Geldmittel beobachten.

Stellen Sie sich vor, Sie säßen unter einem großen, freundlichen Baum und lehnten sich an seinen Stamm. Wie Sie hinaufschauen in seine astreiche Krone, sehen Sie, daß die Blätter Banknoten mit hohem Nennwert sind (z. B. Hundertmarkscheine). Während Sie dasitzen und schauen, fallen die Geldscheine allmählich ab und segeln um Sie herum zu Boden. Je mehr Sie hinschauen, um so schneller fallen sie. Sobald ein Schein abfällt, sprießt schon der nächste an seiner Stelle. Wenn der Haufen Geld ringsum so weit

*angewachsen ist, daß er ausreicht, um Ihre derzeitigen Bedürfnisse
zu befriedigen (so groß oder klein, wie Sie wollen), sammeln Sie
die Scheine ein, packen Ihre Taschen, einen Koffer, eine Truhe oder
ähnliches damit voll, danken dem Geldbaum und begeben sich
wieder ins Hier und Jetzt mit dem Wissen, daß Sie dem Baum jederzeit aufs neue einen Besuch abstatten können.*

Besitz

In Wirklichkeit gehört Ihnen gar nichts, nicht einmal Ihr Körper.
Alles ist nur eine Leihgabe, deshalb sollten Sie kein Chi daran
wenden, sich an irgend etwas zu klammern. Das Tao gibt, und
das Tao nimmt. Nehmen Sie das dankbar an. Alles ist Ihnen
lediglich zur Pflege anvertraut.

Halten Sie Ihre Siebensachen auf einem Minimum. Aller Besitz,
der über das hinausgeht, was Sie wirklich brauchen, zehrt bloß
von Ihrem Chi.

Leichten Fußes auszuschreiten wie ein Krieger heißt, darauf
vorbereitet zu sein, im Nu alle Besitztümer fahrenzulassen, wenn
die Situation es erfordert, wie zum Beispiel bei Raubüberfällen,
Erdbeben, feindlichen Luftangriffen, Überflutung durch den
plötzlichen Anstieg des Meeresspiegels, Tod usw.

Auf der anderen Seite sollten Sie alles, was Sie haben, wert-
schätzen und so gut wie möglich pflegen, so daß es, wenn es in
andere Hände übergeht, gutes Chi ausstrahlt.

*Stellen Sie sich lebhaft vor, daß all Ihre Besitztümer, Ihre Häuser,
Kleider, seetüchtigen Yachten, Juwelen, Töpfe, Pfannen usw. von
einem blauen Spezialeffektlicht eingehüllt werden, das von Ihrer
Höhle des ursprünglichen Geistes in der Mitte Ihres Gehirns aus-*

geht. *Visualisieren Sie sie, wie sie in diesem Licht leuchten, als wären sie plötzlich zum Leben erwacht. Dadurch beugen Sie einem unbewußten Chi-Verlust vor; es hilft Ihnen, die Dinge loszuwerden, die Sie nicht länger brauchen, und zieht magisch neue Dinge an, die Sie brauchen.*

Risiko

Seien Sie immer bereit, alles, was Sie haben, dafür einzusetzen, daß Ihre Story weitergeht.

Wann immer Sie es wagen, den spontanen Regungen Ihres Herzens zu folgen (siehe *Spontaneität*, S. 128), wird das Tao Ihnen stets recht geben, auch wenn andere Ihr Vorgehen falsch verstehen. Neue Möglichkeiten ergeben sich nur, wenn Sie Risiken eingehen. Das heißt aber nicht, daß Sie Ihr eigenes oder anderer Leute Leben aufs Spiel setzen sollten, indem Sie übereilt handeln (siehe *Coolsein*, S. 217).

Sagen Sie: «Ich bin bereit, alles zu riskieren, was ich habe, um meine Lebensstory zu erfüllen.»

Tugendhaftigkeit

Um ein hervorragender Krieger zu sein, müssen Sie Tugendhaftigkeit besitzen. Das ist kein unerreichbares Ideal.

Tugendhaft zu sein heißt nichts anderes, als mit seinem ganzen authentischen Selbst (siehe *Urheberschaft*, S. 103) die Situation zu meistern, in der man sich gerade befindet. Tugendhaftigkeit ist kein Dauerzustand, der, ist er einmal erreicht, für immer garantiert bleibt, sondern er entscheidet sich jeden Augenblick von neuem. Sie treten genauso oft in den Zustand der Tugendhaftigkeit ein und fallen wieder aus ihm heraus, wie Sie einschlafen und wieder aufwachen.

Um Tugendhaftigkeit zu erlangen, müssen sie vollkommen in Ihrem Körper zentriert und fest mit Ihrem unvergänglichen Kern verbunden sein. Dann kann Ihr wahres (spirituelles) Wesen durchbrechen und die Oberhand gewinnen in all Ihren Gedanken, Worten und Werken. Wenn das geschieht, ist alles, was Sie tun und lassen, tugendhaft. Mit Moral hat das nichts zu tun (siehe *Moral* und *Unmoral*, S. 132).

Vereinbarungen

Machen Sie keine Drohung oder Versprechen,
wenn Sie sie es nicht wahr machen oder nicht halten wollen
(dann wäre es besser, nichts zu sagen).

Wenn Sie eine Vereinbarung treffen, dann halten Sie sich daran. Sagen Sie nichts einfach so daher.

Gehen Sie möglichst keine Vereinbarungen, Verträge oder Verpflichtungen, ob offiziell oder privat, mit jemandem ein, bei denen Sie das Gefühl haben, sie nicht unbedingt einhalten zu können. Das gilt ebenso für eine private Verabredung mit einem Freund um acht wie für eine Eheschließung. Es ist immer in Ordnung, wenn Sie sagen, Sie wüßten es nicht, bis Sie Klarheit gewonnen haben oder gezwungen sind, Stellung zu beziehen, und dann wissen Sie es sehr schnell.

Selbstverständlich steht Ihnen immer frei, Ihre Meinung zu ändern, nur sollten Sie in diesem Fall alle Beteiligten davon in Kenntnis setzen, damit neu verhandelt werden kann, und gewillt sein, die volle Verantwortung für die Folgen zu übernehmen.

Jedesmal, wenn Sie sich über eine Vereinbarung hinwegsetzen, wie unbedeutend diese auch in dem Moment erscheinen mag, schwächen Sie Ihre Verbindung zum universellen Räderwerk, was den Energie- bzw. Chi-Fluß zwischen Ihnen und der Welt blockiert und zu verminderter Manifestationskraft führt (siehe *Manifestation*, S. 155).

Falls dies geschieht – und von Zeit zu Zeit ist es unvermeidlich (alle Menschen machen nun einmal Fehler) –, sollten Sie sich selbst nicht verurteilen, sondern einfach die entsprechende Beobachtung machen (siehe *Beobachtung statt Beurteilung*, S. 91) und auf eine Festigung Ihres Entschlusses hinwirken, sich in Zukunft an Ihr Wort zu halten. Machen Sie zusätzlich ein bißchen Psycholooping, um Ihre Beziehung zum Universum wieder ins Lot zu bringen.

Umgangsformen

Seien Sie stets höflich, achten Sie alles Leben so, als wär's das eigene, und halten Sie sich ans Protokoll.

Für jede Situation gibt es ein natürliches Protokoll bzw. Tao, das nur klar zu erkennen ist, wenn der Geist still und empfänglich genug ist, um es intuitiv zu erfassen und dann den ehrenvollsten, richtigen und passenden Weg zu finden.

Behandeln Sie jeden, dem Sie begegnen, als handelte es sich um einen geliebten Angehörigen. Nicht, daß Sie den betreffenden schätzen oder gar lieben müßten. Sie sollten ihm einfach nur mit dem Respekt und der Güte entgegentreten, die Sie auch Ihrer Mutter oder sich selbst zollen würden, egal, wie schäbig er aussehen mag.

Jeder, dem Sie begegnen, hat eine Botschaft oder ein Geschenk für Sie. Behandeln Sie jeden so, als sei er ein Guru, der gekommen ist, um Ihnen zur Selbsterkenntnis zu verhelfen.

WÄHLEN SIE IHREN EIGENEN

WEG

Treten Sie immer in Augenkontakt, denn dadurch wird eine geistige Verbindung geschaffen, die tieferen Einblick gewährt und gegenseitige Achtung entstehen läßt. Lassen Sie sich aber nicht durch durchbohrende Blicke einschüchtern und dann womöglich übervorteilen (siehe *Intuition*, S. 176).

Ärger gibt es, wenn eine Person meint, von einer anderen übersehen und folglich nicht respektiert zu werden. Das kann sehr schnell passieren, und deshalb sollten Sie auf alles achten, was vorgeht. Lassen Sie anderen den Vortritt, ohne untertänig zu sein, und geben Sie ihnen sogar ruhig recht, denn wichtig ist nur, daß Sie höflich bleiben. Sich anders zu verhalten wäre alles andere als cool (siehe *Coolsein*, S. 217).

Zweierbeziehungen

Es ist durchaus möglich, gleichzeitig Krieger zu sein und in einer Zweierbeziehung zu leben, ohne einander vollkommen verrückt zu machen; ich kenne ein paar solche Paare. Aber Sie müssen schon ein Meister sein, wenn die Beziehung ein Leben lang halten soll.

Eine dauerhafte Zweierbeziehung zu unterhalten und trotzdem in allem seinem Kriegertum treu zu bleiben setzt voraus, daß beide Partner erleuchtete Meister und Meisterinnen sind.

Da dies selten der Fall ist, stumpfen die meisten Zweierbeziehungen mit der Zeit ab oder enden in Tränen. Die Menschen tun sich zusammen, auch wenn ihnen das nicht immer klar ist, um ein Spiegelbild zu haben und einander dabei zu helfen, sich zu verwandeln, mehr über sich zu lernen und zu wachsen. Das findet nicht immer auf die zuträglichste, ruhigste und angenehmste Art statt, sondern ist oftmals schmerzhaft. Wir flüchten uns in Beziehungen, um unser Leid zu vergessen, nur um genau damit wieder konfrontiert zu sein.

Nach den ersten drei «Wonnemonaten», wenn die ersten Dämonen zum Vorschein kommen und unüberbrückbare Differenzen zutage treten, werden Sie unweigerlich beide Ihr ganzes Kommunikationstalent aufbieten müssen, um über den weiteren Umgang miteinander zu reden. Der sich abzeichnende Bruch, die Unruhe, die Fluchtträume und die Angst vor dem Verlassenwerden sind die Lektionen, die Sie lernen müssen.

Während dieses ganzen Traras kann sich aber auch echte Liebe entwickeln, um zwischen den frostigen Augenblicken der Unzufriedenheit durchzuscheinen, und das ist es ja, wonach Sie sich sehnen und was es so verdammt schwermacht, loszulassen, wenn das Ende (ob durch Tod oder Verlassenwerden) naht.

Bis dahin halten wir weiter die Augen offen und träumen.

Kinder

Kinder kommen in einem Zustand der Reinheit und Vollkommenheit aus dem großen undifferenzierten Absoluten zu uns, und dann machen wir es mit ihnen wie mit allem auf dieser Erde: Wir verkorksen sie.

Wenn es nicht die Mutter tut, dann der Vater oder die Babysitterin, die Geschwister, die Lehrer, die Medien usw. Verkorkst zu werden ist das menschliche Schicksal. Und gut so, denn ebendiese Verzerrungen, die den Qualen der Kindheit entspringen, verleihen uns die Farbe, die uns für alle anderen so interessant macht.

Jedes Kind, das in die Welt gerutscht kommt, bringt die gesamte universelle Blaupause mit und kann uns alle belehren.

Ein Kind vorsätzlich physisch, emotional oder seelisch zu mißbrauchen, und sei es auch nur andeutungsweise, ist ein Verbrechen am Universum selbst und wird alle Beteiligten wahrscheinlich um viele Leben zurückwerfen.

Wenn Sie hingegen ein Kind vor Mißbrauch schützen, es aus der Hölle der Verelendung befreien, tun Sie dem Universum einen wahren Liebesdienst und werden auf dem Rücken goldener Drachen die Winde der neun himmlischen Gefilde so viele Ewigkeiten lang reiten, wie Sie wünschen.

Mit jedem neuen kleinen Wesen, das ankommt, steigt auch die Chance einer vollständigen Befreiung der Menschheit. Schützen, erhalten und pflegen Sie neues Leben, wo immer Sie können.

Position beziehen

Nehmen Sie nur dann einen Standpunkt ein, wenn Sie nicht mehr umhinkommen, und keinen Augenblick früher.

Andere werden Sie oft bedrängen, sich für das eine oder andere zu entscheiden. Schränken Sie jedoch nie voreilig Ihre Flexibilität ein, indem Sie einen Standpunkt einnehmen, es sei denn, Sie haben keine andere Wahl mehr. Vergessen Sie nicht, daß Meinungen, also Standpunkte, nur Meinungen sind, die so wechselhaft sind wie das Wetter im Frühling. Achten Sie sie, die eigenen und die der anderen, aber nehmen Sie sie nicht allzu ernst.

Überhaupt sollten Sie nichts zu ernst nehmen und stets Ihren Sinn für Humor behalten. Als Krieger, der mit den Unbilden des Kampfes konfrontiert ist, haben Sie in Ihrem Sinn für Humor einen Ihrer stärksten Verbündeten, wenn Sie auf die andere Seite hinüberwollen, ohne völlig den Verstand zu verlieren.

Wenn Sie auch nur eine Sekunde annehmen, das Tao, die Götter und Göttinnen, die Engel, die niederen Gottheiten und wen es da sonst noch so gibt, alles ernsthafte spirituelle Wesen, säßen nicht herum und lachten sich die Kronenchakren schief, sogar in ebendiesem Moment, dann sind Sie völlig auf dem Holzweg. Das Tao ist nur mit von der Partie, um seinen Spaß zu haben (siehe *Der Taoismus und das Tao*, S. 19).

Das Tao hat gut lachen, weil es alle Seiten sieht, denn es ist überall und nirgends. Das wäre unmöglich, wenn es sich resolut auf einen festen Standpunkt fixiert hätte. Seien Sie wie das Tao. Flexibel. Alles fließt.

Seien Sie allen Möglichkeiten gegenüber aufgeschlossen, bis Sie keine andere Wahl mehr haben, als sich zu entscheiden, und dann werden Sie genau wissen, was zu tun ist. Bis dahin sollten Sie herzlich lachen.

Veränderung

Alles verändert sich. Nur die Veränderung ist von ewiger Dauer, sonst nichts.

Der Wandel ist eine Kraft, von der Sie sich freudig mitreißen lassen müssen, statt ihr Widerstand zu leisten. Wie ein schnelles, wildes, riesenhaftes Monster stürzt es sich kopfüber in die Tiefen des Unbekannten, mit Ihnen auf dem Rücken.

Sie können nicht absteigen, denn es geht viel zu schnell. Es kann nicht anhalten, denn es kennt nur die ununterbrochene Bewegung.

Obwohl es Zyklen durchläuft, scheinen Sie nie zweimal an denselben Ort zu kommen. Die Story Ihres Lebens entfaltet sich weiter, und Sie können nichts dagegen tun, folglich könnten Sie sich ebensogut gleich fügen. Geben Sie sich einfach dem Ritt hin, und sagen Sie in der Überzeugung, daß alle Dinge zum Guten zusammenwirken:

«*Aller Wandel ist gut. Aller Wandel ist gut. Aller Wandel ist gut. Aller Wandel ist gut. Aller Wandel ist gut. Aller Wandel ist gut. Aller Wandel ist gut. Aller Wandel ist gut. Aller Wandel ist gut.*»

Gut!

Zeiteinteilung

Die Zeit ist endlos.

Obwohl sie auch mit sechzig Minuten pro Stunde vergeht, und wenn Sie viel zu tun haben, teilen Sie sie am besten in Stücke, in die Sie dann die anstehenden Aufgaben einpassen können.

Wenn Sie sich zuerst einmal innerlich vorstellen, wie Sie Ihre Arbeitslast innerhalb der vorgegebenen Spanne erfolgreich bewältigen, haben Sie, wenn der Zeitpunkt tatsächlich gekommen ist, die Wahl, ob Sie den betreffenden Zeitabschnitt strecken oder verkürzen wollen, je nachdem, wie öde oder spannend das Vorhaben ist.

Die Geschwindigkeit, mit der eine Zeitspanne verstreicht, richtet sich danach, wie interessiert oder gelangweilt Sie bei der Sache sind. Darum ist es durchaus möglich, die Zeit auszudehnen, um übermenschliche, eines Kriegers würdige Mengen zu erledigen.

Umgekehrt können Sie sie auch verkürzen, wenn Sie sich langweilen, etwa während einer stumpfsinnigen Stunde in der Schule oder auf einem endlosen Langstreckenflug. Sie sollten sie jedoch nicht zu stark verkürzen, denn es ist Ihr Leben, durch das Sie eilen.

Gehen Sie eine starke, funktionierende Beziehung zu einem Terminkalender oder Organizer ein, und seien Sie so diszipliniert, daß Sie jeder bevorstehenden Tätigkeit einen realistischen Zeitabschnitt zugestehen. Halten Sie sich strikt, ohne Zwanghaftigkeit, an den Plan, und bleiben Sie geistig trotzdem so flexibel, daß Sie auch mit Überraschungen fertig werden. Behelfen Sie sich mit Listen und Diagrammen, um Ihre Gedanken zu ordnen, aber lassen Sie das Listenaufstellen nicht zur Verzögerungstaktik werden.

Seien Sie pünktlich. Zuspätkommen ist eine Machtdemonstration, mit der Sie bloß anderer Leute Zeit stehlen. Frühzeitig anzufangen ist kein Fehler, solange Sie nicht zu früh zur Hochform auflaufen und dann ausbrennen.

Wenn Sie gewohnheitsmäßig zu spät kommen, sollten Sie es mit der folgenden Affirmation probieren:

«Es ist mir unmöglich, jemals zu spät zu kommen. Nichts fängt für mich an, ehe ich dort bin.»

Sprechen Sie, wenn Sie Zeit strecken wollen, einfach zu Beginn des jeweiligen Zeitabschnitts, den Sie auszudehnen wünschen, direkt zu Ihrem Geistkörper, und sagen Sie: «Bitte streck diese Zeitspanne!»

(Ich verrate Ihnen aber nicht, wie Sie die Zeit verkürzen können! Was soll die ganze Eile überhaupt?)

Die Umwandlung von Schadstoffen

Willkommen, Schmutz!

Wenn Sie Ihren Glauben auf die Theorie gründen, daß alles, was ist, auch so ist, wie es sein soll, und daß alles zum Guten zusammenwirkt, dann muß die ganze ungeheure, zum Himmel stinkende, gemeingefährliche Verschmutzung unserer Luft, unseres Wassers, unserer Nahrung und unseres Sonnenlichts dazu da sein, uns zu evolutionären Veränderungen zu verhelfen, die immer schon für uns vorgesehen waren.

Lehnen Sie sich nicht gegen die Umweltverschmutzung auf, sondern begrüßen Sie sie als Katalysator für den evolutionären Wandel. Verwandeln Sie sie mit der Kraft ihrer Intention in Chi. Bauen Sie darauf, daß Ihr Chi, auch wenn es ein wenig angeschmutzt ist, Sie beschützt, und setzen Sie ohne einen Blick zurück Ihren Weg auf der großen Straße fort.

Sollte es sich herausstellen, daß es ein Fehler war, diese Überzeugung zu hegen, haben Sie wenigstens nicht Jahre damit vertan, wie ein trauriges Umweltopfer durch die Gegend zu laufen (siehe *Urheberschaft*, S. 103, *Selbstmitleid*, S. 137, und *Weltunter-gangsstimmung*, S. 148).

Sagen Sie: «Ich habe die Macht, alles Gift in positives, lebensför-derndes Chi zu verwandeln.» Das werden Sie allerdings mindestens dreiundsechzigmal wiederholen müssen, damit es bis in die tieferen Schichten Ihres Schaltsystems vordringt.

Medienmüll

Alles, was Sie im Fernsehen oder Kino sehen, aus dem Internet herunterladen, im Radio oder auf CD hören oder in der Zeitung, in Illustrierten und Büchern einschließlich dieses Handbuches lesen, ist das Geistesprodukt von jemand anderem.

Wie bei allen Geistesprodukten gilt auch hierbei, daß ein kleiner Teil von den unendlich vielen Quintillionen Bits, Tag für Tag auf Ihre Festplatte geladen, ganz nützlich sein kann.

Der größere Teil jedoch wird am besten sofort auf den Müll geworfen.

Was Sie im Fernsehen als Nachrichten sehen, ist im Grunde nur eine Version der betreffenden Ereignisse. Diese Version ist von so vielen irrigen oder subjektiven Faktoren durchsetzt einschließlich wirtschaftlicher und politischer Hintergedanken, daß sie auf keinen Fall blindlings als «die Wahrheit» hingenommen werden kann.

Im Laufe eines Tages kommen Sie überall an Plakatwänden vorbei, leuchten Ihnen unterwegs Werbeslogans von Sweatshirts und Jogginganzügen entgegen, springen Ihnen Aufkleber auf Autoheckfenstern in die Augen, hören Sie Stimmen, aus Türen, die sich öffnen und wieder schließen, während Sie vorbeigehen, und führen Sie sich zu allem Überfluß noch Ihre gewohnten

Lieblingsmedien zu Gemüte, so daß Ihre Sinne mit Reizen überflutet sind und Ihr Kopf bis obenhin mit dem Gedankengut anderer Leute vollgestopft ist.

Daran können Sie nichts ändern, außer weniger fernzusehen usw., aber behalten Sie die Medienflut um sich herum im Auge, denn sie neigt dazu, immer mehr Macht über Sie zu gewinnen.

Außerdem können Sie diese geistige Vergiftung, wenn Sie sie bewußt annehmen, durch die Kraft Ihrer Intention in reine Intelligenz verwandeln, indem Sie einfach sagen:

«Ich wandle automatisch den ganzen Medienmüll in reine Intelligenz um. Mein Geist verarbeitet alle eingehenden Informationen zu meinem Besten.»

Ebenso, wie Sie anderer Leute Gedankengut nutzen oder konsumieren, sollten Sie, wann immer möglich, auch selbst etwas beitragen. Verbreiten Sie mit allen Mitteln, die Ihnen zur Verfügung stehen, Ihre eigene einzigartige Heilsbotschaft in der Welt. Nur keine Schüchternheit! Wir haben die nötigen Frequenzen, aber es mangelt uns noch an Beiträgen.

Und wir brauchen Informationen. Wer weiß, vielleicht ist das, was Sie zu sagen haben, genau das, worauf wir alle gewartet haben.

Scheiden tut weh!

Andere Menschen treten in Ihren Umkreis. Dann verlassen sie Ihr Gesichtsfeld wieder. Es herrscht Kommen und Gehen, Kommen und Gehen. Das ist die Grundbewegung des Daseinsmeeres selbst: Yin und Yang, Zusammenziehen und Ausdehnen.

Es fällt mir sehr schwer, «auf Wiedersehen» zu sagen, «gehaben Sie sich wohl, eine gute Reise zu vielen schönen Orten, und hoffentlich wirkt sich das Lesen in diesem Handbuch so positiv auf Ihr Leben aus, daß Sie mit Tausendmeilenstiefeln vorankommen», aber jetzt ist dieser Zeitpunkt gekommen. Schwer ist der Abschied wegen meiner Trennungsängste.

Sie sind mir ans Herz gewachsen. Sehr lange, wie mir jetzt scheint, habe ich dagesessen und für Sie geschrieben und vermessen die Verbindung mit den tiefsten Gründen Ihrer Seele angestrebt, daß ich Sie inzwischen liebe. Dabei weiß ich nicht einmal, wie Sie aussehen.

Ich habe in der kreativen Enge diverser Hütten und Bungalows in Südthailand für Sie geschrieben, in Hotelzimmern auf den Balearen und an geheimen Aufenthaltsorten in London (dieser coolen Metropole).

Es war eine lange, bewegte, schwere Geburt, aber jetzt ist sie geschafft, und ich möchte Ihnen herzlich danken, daß Sie das Buch gelesen haben.

(Sie sind jetzt ein anerkannter Krieger! Fordern Sie Ihre Mitgliedskarte und den geheimen Sirenenring an!)

Bestimmt habe ich jede Menge ausgelassen, und ohnehin gäbe es noch erheblich mehr zu sagen – es kommt noch einiges auf Sie zu! (Passen Sie bloß auf!)

Bis später,

Ihr Barfußdoktor

Register

Abschied 250

Achtsamkeit 43

Affirmationen 111, 116, 130, 201, 247

Allerheiligstes 34

Angst 179

Angst vor der Leere 99

Astralreisen 172

Atmung 35

Atmung, Vier-Stufen- 40

Augenblick, der gegenwärtige 135

Auslandsreisen 205

Aussteigen 219

Barfußdoktor 11

Beifall 145

Beobachtung, Beurteilung 91

Berufsleben – Künste, die fünf hohen 227

Besitz 237

Besorgnis 114

Beten 167

Beziehungssurfen 223

Blick auf den Hintergrund 13

Chi 24f.

Coolsein 217

Definitionen 16

Discokultur 162

Drogen 208

Ei, das mentale 73

Entspannung 48

Erfolg ohne Mühe 159

Faschismus 22

Fokus 112

Füße 52

Geduld 168

Gegensätze, die Einheit der 130

Geistkörper 76, 93

Geld 235

Gewalt 232

Graffiti 225

Großzügigkeit 233

Grunderfordernisse 183

Haltung 45

Heiliger Raum 32

Heilung 228

Hinterkopf, aus dem eigenen – heraustreten 174

Hula-Hoop-Schleife 70

Hygiene 192

Intention 83

Intuition 176

Kacken, Pinkeln 196

Kinder 243

Kondome 201

Konzentraton aufs Wesentliche 158

Körperbewußtsein 41

Krieger 17

Kulte, Gurus, Meister/Meisterinnen 216

Lasso, das blaue 154

Laufen 125

Lebensgeister heben 54

Lebenswerk 224

Leere, die Angst vor 99

Leistungen, besondere 172

locker sein 78

Loslassen 95

Luft 186

Manifestation 155

Medienmüll 248

Meditation 88

Meinungen 110

Menschenfamilie 221

Mißerfolg 177

Moral, Unmoral 132

Muße, Aufschieben 101

Nachgeben, Dranbleiben 117

Nähe, menschliche 195

Nahrung 187ff.

Negativität 139

Niemand-Kontemplation, die 82

Obdach 184

Orientierung 150

Outfit 189

Panik 149

Position beziehen 244

psychische Schleife 65

Psycholooping 66

Risiko 238

Sanftheit 87

Schadstoffen, Umwandlung von 247

Schlaf 193

Schutzschild, der mentale 70

Segnen, Verfluchen 166

Selbstmitleid 137

Sex 198

Sicheinfügen 206

Sinken 50

Spontaneität 128

Stabilisierungskontemplation 143

Stadt 16

Stärke, wahre 85

Tantiens, die drei 57

Taoismus, Tao 19

Tod 181

Training 31

Transport 203

Tugendhaftigkeit 238

Umgangsformen 240

Unauffälligkeit 123

Urheberschaft 103

Veränderung 245

Vereinbarungen 239

Verletzlichkeit 142

Verlust 81, 98

Vertrauen 105

Vertrauen zu sich selbst 107

Vier Unzen 119

Visualisation 152

Visualisation der drei freundlichen Gottheiten 61

Visualisation der inneren Landschaft 58

voll, leer 29

Vorbereitung 170

Vordrängeln 161

Wahnsinn 230

Warnung 9
Wasser 187
Welt, Weltbild 109
Welten, Spagat zwischen
  zwei 93
Weltuntergangsstimmung
  148

Werkzeuge 196
Yin-Yang 25
Zeiteinteilung 246
Zentrieren 44
Zweierbeziehungen 242
Zweifel 116

«Und wenn der große Phönix frei fliegt, sieh genau hin, was er behutsam zwischen seinen Krallen trägt.» *No-Eyes*

Stephen Arroyo
Astrologie, Psychologie und die vier Elemente
(transformation 18579)
Einer der führenden Astrologen Amerikas skizziert die Bedeutung der vier Elemente als archaische Kräfte für die Seele und weist auf die bislang ungenutzten Möglichkeiten hin, astrologisches Wissen in der Psychotherapie einzusetzen.

Jim Dreaver
Die heilende Energie in dir
Schritte zur volkommenen Heilung
(transformation 60497)

Wolfram Frietsch
Die Geheimnisse der Rosenkreuzer *Ein westlicher Einweihungsweg*
(transformation 60495)

Stephen Levine
Noch ein Jahr zu leben *Wie wir dieses Jahr leben können, als wäre es unser letztes*
(transformation 60494)

Mark Matousek
Sex, Tod, Erleuchtung *Eine spirituelle Odyssee*
(transformation 60442)

Gabriele Quinque
Tempelschlaf *Ägyptische Einweihung als Reise zum inneren Geheimnis*
(transformation 60271)

WOLFRAM FRIETSCH

Die Geheimnisse der Rosenkreuzer

Mary Summer Rain
Der Phönix erwacht *Weisheit und Visionen*
(transformation 18558)

Irina Tweedie
Wie Phönix aus der Asche *Mein Abenteuer der Selbstfindung auf dem Weg der Sufis*
(transformation 60148)

Janwillem van de Wetering
Ein Blick ins Nichts
Erfahrungen in einer amerikanischen Zen-Gemeinde
(transformation 17936)
Das Koan und andere Zen-Geschichten
(transformation 60270)

Weitere Informationen zu der Reihe *rororo transformation* finden Sie in der **Rowohlt Revue**, kostenlos im Buchhandel, und im Internet: **www.rororo.de**